MINDSET DE EXPLORADOR

MINDSET DE EXPLORADOR

Por que algumas pessoas veem as coisas claramente e outras não

JULIA GALEF

ALTA BOOKS
GRUPO EDITORIAL
Rio de Janeiro, 2023

Mindset de Explorador

Copyright © 2023 da Starlin Alta Editora e Consultoria Eireli.
ISBN: 978-65-5520-665-4

Translated from original The Scout Mindset. Copyright © 2021 by Julia Galef. ISBN 9780735217553. This translation is published and sold by permission of Portfolio / Penguin An imprint of Penguin Random House LLC, the owner of all rights to publish and sell the same. PORTUGUESE language edition published by Starlin Alta Editora e Consultoria Eireli, Copyright © 2023 by Starlin Alta Editora e Consultoria Eireli.

Impresso no Brasil — 1a Edição, 2023 — Edição revisada conforme Acordo Ortográfico da Língua Portuguesa de 2009.

Todos os direitos estão reservados e protegidos por Lei. Nenhuma parte deste livro, sem autorização prévia por escrito da editora, poderá ser reproduzida ou transmitida. A violação dos Direitos Autorais é crime estabelecido na Lei nº 9.610/98 e com punição de acordo com o artigo 184 do Código Penal.

A editora não se responsabiliza pelo conteúdo da obra, formulada exclusivamente pelo(s) autor(es).

Marcas Registradas: Todos os termos mencionados e reconhecidos como Marca Registrada e/ou Comercial são de responsabilidade de seus proprietários. A editora informa não estar associada a nenhum produto e/ou fornecedor apresentado no livro.

Erratas e arquivos de apoio: No site da editora relatamos, com a devida correção, qualquer erro encontrado em nossos livros, bem como disponibilizamos arquivos de apoio se aplicáveis à obra em questão.

Acesse o site www.altabooks.com.br e procure pelo título do livro desejado para ter acesso às erratas, aos arquivos de apoio e/ou a outros conteúdos aplicáveis à obra.

Suporte Técnico: A obra é comercializada na forma em que está, sem direito a suporte técnico ou orientação pessoal/exclusiva ao leitor.

A editora não se responsabiliza pela manutenção, atualização e idioma dos sites referidos pelos autores nesta obra.

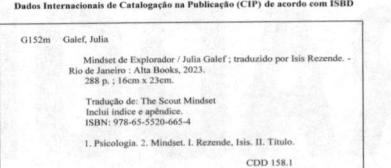

Dados Internacionais de Catalogação na Publicação (CIP) de acordo com ISBD

G152m Galef, Julia
  Mindset de Explorador / Julia Galef ; traduzido por Isis Rezende. - Rio de Janeiro : Alta Books, 2023.
  288 p. ; 16cm x 23cm.

  Tradução de: The Scout Mindset
  Inclui índice e apêndice.
  ISBN: 978-65-5520-665-4

  1. Psicologia. 2. Mindset. I. Rezende, Isis. II. Título.

2022-3650
  CDD 158.1
  CDU 159.947

Elaborado por Vagner Rodolfo da Silva - CRB-8/9410

Índice para catálogo sistemático:
1. Psicologia 158.1
2. Psicologia 159.947

Produção Editorial
Editora Alta Books

Diretor Editorial
Anderson Vieira
anderson.vieira@altabooks.com.br

Editor
José Ruggeri
j.ruggeri@altabooks.com.br

Gerência Comercial
Claudio Lima
claudio@altabooks.com.br

Gerência Marketing
Andréa Guatiello
andrea@altabooks.com.br

Coordenação Comercial
Thiago Biaggi

Coordenação de Eventos
Viviane Paiva
comercial@altabooks.com.br

Coordenação ADM/Finc.
Solange Souza

Direitos Autorais
Raquel Porto
rights@altabooks.com.br

Assistente Editorial
Thales Silva

Produtores Editoriais
Illysabelle Trajano
Maria de Lourdes Borges
Paulo Gomes
Thiê Alves

Equipe Comercial
Adenir Gomes
Ana Carolina Marinho
Daiana Costa
Everson Rodrigo
Fillipe Amorim
Heber Garcia
Kaique Luiz
Luana dos Santos
Maira Conceição

Equipe Editorial
Ana Clara Tambasco
Andreza Moraes
Arthur Candreva
Beatriz de Assis
Beatriz Frohe
Betânia Santos
Brenda Rodrigues
Erick Brandão
Elton Manhães
Fernanda Teixeira
Gabriela Paiva
Henrique Waldez
Karolayne Alves
Kelry Oliveira
Lorrahn Candido
Luana Maura
Marcelli Ferreira
Mariana Portugal
Matheus Mello
Milena Soares
Patricia Silvestre
Viviane Corrêa
Yasmin Sayonara

Marketing Editorial
Amanda Mucci
Guilherme Nunes
Jessica Nogueira
Livia Carvalho
Pedro Guimarães
Talissa Araújo
Thiago Brito

Atuaram na edição desta obra:

Revisão Gramatical
Edit Siegert
Fernanda Lutfi

Tradução
Isis Rezende

Copidesque
Luciana Ferreira

Diagramação
Catia Soderi

Editora afiliada à: ASSOCIADO

Rua Viúva Cláudio, 291 — Bairro Industrial do Jacaré
CEP: 20.970-031 — Rio de Janeiro (RJ)
Tels.: (21) 3278-8069 / 3278-8419
www.altabooks.com.br — altabooks@altabooks.com.br
Ouvidoria: ouvidoria@altabooks.com.br

Para Luke, o melhor explorador que já conheci

SUMÁRIO

INTRODUÇÃO...ix

PARTE I
O Caso do Mindset de Explorador

1. DOIS TIPOS DE PENSAMENTO *3*
2. O QUE O SOLDADO ESTÁ PROTEGENDO.............................. *17*
3. POR QUE A VERDADE É MAIS VALIOSA DO QUE IMAGINAMOS......*29*

PARTE II
Desenvolvendo Autoconsciência

4. SINAIS DE UM EXPLORADOR *45*
5. NOTANDO O PRECONCEITO *61*
6. QUÃO CERTO VOCÊ ESTÁ?... *75*

PARTE III
Prosperando Sem Ilusões

7. LIDANDO COM A REALIDADE *93*
8. MOTIVAÇÃO SEM AUTOENGANO *107*
9. INFLUÊNCIA SEM EXCESSO DE CONFIANÇA *123*

PARTE IV
Mudando de Ideia

10. COMO ESTAR ERRADO *139*
11. MERGULHE NA CONFUSÃO *153*
12. FUJA DA SUA CÂMARA DE ECO *171*

PARTE V
Repensando a Identidade

13. COMO AS CRENÇAS SE TORNAM IDENTIDADES *189*
14. MANTENHA SUA IDENTIDADE COM LEVEZA *203*
15. UMA IDENTIDADE DE EXPLORADOR *219*
CONCLUSÃO *235*

Agradecimentos *239*
Apêndice A — Previsões do Spock *241*
Apêndice B — Respostas da prática de calibração *243*
Notas *245*
Índice *269*

INTRODUÇÃO

QUANDO VOCÊ PENSA em alguém com excelente discernimento, que características lhe vêm à mente? Talvez você pense em coisas como inteligência, esperteza, coragem ou paciência. Todas essas são virtudes admiráveis, mas há uma característica que pertence ao topo da lista que é tão esquecida que nem mesmo tem um nome oficial.

Então, eu lhe dei um. Eu a chamo de *mindset de explorador: a motivação para ver as coisas como elas são, não como você gostaria que fossem.*

O mindset de explorador é o que permite que você reconheça quando está errado, busque seus pontos cegos, teste suas suposições e mude de curso. É o que o leva a fazer perguntas honestas a si mesmo, como "Eu fui o culpado por essa discussão?" ou "Esse risco vale a pena?" ou "Como eu reagiria se alguém de outro partido político fizesse a mesma coisa?" Como o falecido físico Richard Feynman disse uma vez: "O primeiro princípio é que você não deve enganar a si mesmo — e você é a pessoa mais fácil de enganar."

Nossa capacidade de enganar a nós mesmos foi um tema em alta ao longo dos anos 2000 e 2010. A mídia popular e os livros mais vendidos como *How We Know What Isn't So* [Como Sabemos o Que Não É Assim, em tradução livre], *Previsivelmente Irracional, Por que as Pessoas Acreditam em Coisas Estranhas, Mistakes Were Made (But Not by Me)* [Erros Foram Cometidos (Mas Não por Mim), em tradução livre], *Você Não É Tão Esperto Quanto Pensa, Denialism* [Negação, em tradução livre], *Why Everyone (Else) Is a Hypocrite* [Por que Todos (os Demais) São Hipócritas, em tradução livre] e *Rápido e Devagar: Duas Formas de Pensar* criaram uma imagem nada lisonjeira de um cérebro humano programado para o autoengano: nós racionalizamos nossas falhas e erros. Nós nos permitimos ter pensamentos positivos. Selecionamos a dedo as evidências que confirmam nossos preconceitos e apoiam nosso grupo político.

Essa imagem não está errada, mas tem alguma coisa faltando.

Sim, muitas vezes racionalizamos nossos erros — mas nós às vezes os reconhecemos também. Mudamos de ideia com menos frequência do que deveríamos, mas com mais frequência do que poderíamos. Somos criaturas complexas que às vezes escondem a verdade de nós mesmas e às vezes a confrontam. Este livro é sobre o lado menos explorado dessa moeda, os momentos em que conseguimos *não* nos enganar e o que podemos aprender com esses sucessos.

MEU CAMINHO EM direção a este livro começou em 2009, depois que deixei a pós-graduação e mergulhei de cabeça em um projeto pessoal que se tornou uma nova carreira: ajudar as pessoas a pensarem sobre questões difíceis em suas vidas pessoais e profissionais. A princípio, imaginei que isso envolveria ensinar às pessoas coisas como probabilidade, lógica e vieses cognitivos, e mostrar a elas como esses assuntos se aplicavam à vida cotidiana. Mas, depois de vários anos conduzindo workshops, lendo estudos, fazendo consultoria e entrevistando pessoas, eu finalmente aceitei que *saber pensar* não era a "cura para tudo" como eu acreditava que era.

Saber que você deve testar suas suposições não melhora automaticamente seu julgamento, mais do que saber que você deve se exercitar automaticamente melhora sua saúde. Ser capaz de recitar uma lista de preconceitos e falácias não o ajuda a menos que você esteja disposto a reconhecer esses preconceitos e falácias em seu próprio pensamento. A maior lição que aprendi é algo que desde então já foi corroborado por pesquisadores, como veremos neste livro: nosso julgamento não é limitado pelo conhecimento tanto quanto é limitado pela atitude.

Entretanto, nada disso significa que eu sou um exemplo perfeito do mindset de explorador. Eu racionalizo erros; evito pensar nos problemas; e fico na defensiva em resposta às críticas. Mais de uma vez durante minha pesquisa para este livro, percebi que tinha essencialmente desperdiçado uma entrevista porque a gastei tentando convencer meu entrevistado de que minha tese estava correta, em vez de tentar entender seu ponto de vista. (A ironia de minha mente fechada durante uma entrevista sobre mente aberta não passou despercebida.)

Mas sou melhor do que costumava ser, e você também pode ser — esse é o objetivo deste livro. Minha abordagem tem três pontas.

1. RECONHEÇA QUE A VERDADE NÃO ESTÁ EM CONFLITO COM SEUS OUTROS OBJETIVOS

Muitas pessoas resistem ativamente a ver a realidade com precisão porque acreditam que a precisão é um obstáculo para seus objetivos — que, se querem ser felizes, bem-sucedidas e influentes, é melhor ver a si mesmas e ao mundo através de lentes distorcidas.

Parte do meu objetivo ao escrever este livro era esclarecer as coisas. Existem muitos mitos por aí sobre o autoengano, alguns dos quais foram até mesmo promovidos por cientistas de prestígio. Por exemplo, talvez você tenha lido um dos muitos artigos e livros que afirmam que "estudos mostram" que o autoengano faz parte da saúde mental e que ver o mundo de forma realista só leva à depressão. No Capítulo 7, examinaremos a pesquisa questionável por trás dessas afirmações e descobriremos como os psicólogos se enganaram sobre os benefícios do pensamento positivo.

Ou talvez você tenha a crença comum de que quando está fazendo algo difícil, como abrir uma empresa, você precisa ser delirantemente confiante. Você pode se surpreender ao saber que alguns dos empresários mais famosos do mundo esperavam que suas empresas não dessem certo.

Jeff Bezos calculou a probabilidade de sucesso da Amazon em cerca de 30%. Elon Musk estimou uma chance de 10% de sucesso para cada uma de suas empresas, Tesla e SpaceX. No Capítulo 8, compreenderemos seu raciocínio e por que é valioso ter uma imagem clara das probabilidades que você está enfrentando.

Ou talvez você compartilhe este sentimento generalizado: "Claro, ser objetivo é uma coisa boa se você for um cientista ou um juiz. Mas, se você é um ativista tentando mudar o mundo, não precisa de objetividade — você precisa de paixão." Na verdade, como veremos no Capítulo 14, o mindset de explorador complementa a paixão. Vamos viajar de volta ao auge da crise da AIDS na década de 1990 e descobrir por que o mindset de explorador foi tão crucial para o sucesso dos ativistas em deter a epidemia.

2. APRENDA A USAR FERRAMENTAS QUE FACILITAM VER CLARAMENTE

Eu enchi este livro com ferramentas concretas que você pode usar para melhorar o mindset de explorador. Por exemplo, como você pode saber quando seu próprio raciocínio é tendencioso? Não é tão simples quanto perguntar a si mesmo: "Estou sendo tendencioso?" No Capítulo 5, aprenderemos por meio de experimentos mentais como o teste externo, o teste cético seletivo e o teste de conformidade para examinar seu raciocínio sobre o que você acredita e o que deseja.

Como você decide o quão certo está sobre uma determinada crença? No Capítulo 6, praticaremos algumas técnicas de introspecção que o ajudarão a definir seu nível de certeza de 0 a 100% e o treinaremos para reconhecer o que você sente quando está fazendo uma afirmação em que não acredita realmente.

Você já tentou ouvir o "outro lado" de um problema e se sentiu frustrado ou com raiva? Isso pode ser porque você o está abordando da maneira errada. No Capítulo 12, compartilharei algumas dicas que tornam muito mais fácil aprender a partir de perspectivas opostas.

3. APRECIE AS RECOMPENSAS EMOCIONAIS DO MINDSET DE EXPLORADOR

Ferramentas concretas são importantes, mas também espero deixá-los com algo mais. Encarar a realidade com todas as suas incertezas e decepções pode parecer desolador. Mas, à medida que ler os exemplos de "exploradores" deste livro (meu termo para pessoas que são especialmente boas em alguns aspectos do mindset de explorador, mesmo que ninguém seja perfeito), você notará que eles não parecem deprimidos. Em sua maior parte, eles são calmos, alegres, brincalhões e decididos.

Isso porque, embora possa não ser óbvio olhando de fora, o mindset de explorador é emocionalmente recompensador. É empoderador ser capaz de resistir à tentação do autoengano e saber que você pode enfrentar a realidade mesmo quando ela é desagradável. Existe uma tranquilidade que resulta da compreensão do risco e de chegar a um acordo com as probabilidades que você está enfrentando. E há uma leveza revigorante na sensação de ser livre para explorar ideias e seguir as evidências onde quer que elas levem, sem ser restringido pelo que você "deveria" pensar.

Aprender a apreciar essas recompensas emocionais é o que faz o mindset de explorador persistir. Para esse fim, incluí neste livro alguns dos meus exemplos inspiradores favoritos de exploradores que ajudaram a mim e a outros a cultivar o mindset de explorador ao longo dos anos.

NOSSA JORNADA NOS levará pelos mundos da ciência, negócios, ativismo, política, esportes, criptomoeda e sobrevivência. Vamos mergulhar os pés nas Guerras Culturais, nas Guerras das Mamães e nas Guerras das Probabilidades. Ao longo do caminho, vamos desvendar as respostas para quebra-cabeças como: por que a visão do rabo de um pavão deixou Charles Darwin doente? O que fez um profissional cético sobre mudança climática mudar de lado? Por que algumas vítimas de esquemas de pirâmide semelhante a um culto conseguem se libertar enquanto outras ficam presas?

Este livro não é um discurso retórico sobre como as pessoas são irracionais. Nem é uma tentativa de repreendê-lo para que pense "corretamente". É um passeio por uma maneira diferente de ser, que está enraizada no apetite pela verdade e que é útil e satisfatória — e, na minha opinião, lamentavelmente subestimada. Estou animada para compartilhar isso com você.

PARTE I

O Caso do Mindset de Explorador

Capítulo 1

Dois Tipos de Pensamento

EM 1894, uma faxineira da embaixada alemã na França encontrou algo em uma lata de lixo que lançaria o país inteiro no caos. Era um memorando rasgado — e a faxineira era uma espiã francesa.[1] Ela passou o memorando para o alto escalão do exército francês, que o leu e percebeu com alarme que alguém de dentro estava vendendo segredos militares valiosos para a Alemanha.

O memorando não estava assinado, mas a suspeita caiu rapidamente sobre um oficial chamado Alfred Dreyfus, o único membro judeu do estado-maior do exército. Dreyfus fazia parte de um pequeno número de oficiais de patente alta o suficiente para ter acesso às informações confidenciais mencionadas no memorando. Ele não era bem querido. Seus colegas oficiais o consideravam frio, arrogante e orgulhoso.

Enquanto o exército investigava Dreyfus, histórias suspeitas começaram a se acumular. Um homem relatou ter visto Dreyfus perambulando em algum lugar, fazendo perguntas investigativas. Outro relatou ter ouvido Dreyfus elogiar o Império Alemão.[2] Dreyfus fora visto pelo menos uma vez em um estabelecimento de jogos de azar. Havia rumores de que ele tinha amantes, apesar de ser casado. Dificilmente sinais de um caráter confiável!

Sentindo-se cada vez mais confiantes de que Dreyfus era o espião, os oficiais do exército francês conseguiram obter uma amostra de sua caligrafia para comparar com o memorando. Elas combinavam! Bem, pelo menos eram semelhantes. Era inegável que havia algumas inconsistências, mas certamente não poderia ser uma coincidência que a caligrafia fosse tão parecida. Eles queriam ter certeza, então enviaram o memorando e a amostra da escrita de Dreyfus a dois especialistas para avaliação.

O especialista número 1 declarou que elas combinavam! Os oficiais se sentiram justificados. O especialista número 2, entretanto, não ficou convencido. Era bem possível que as duas amostras de escrita viessem de fontes diferentes, disse ele aos oficiais.

Um veredicto contraditório não era o que os oficiais esperavam. Mas então eles se lembraram que o especialista número 2 trabalhava com o Banco da França. O mundo das finanças estava cheio de judeus poderosos. E Dreyfus era judeu. Como eles poderiam confiar no julgamento de alguém com tais conflitos de interesse? Os oficiais tomaram uma decisão. Dreyfus era o culpado.

Dreyfus insistiu que era inocente, mas sem sucesso. Ele foi preso e um tribunal militar o considerou culpado de traição em 22 de dezembro de 1894. Ele foi condenado à prisão perpétua na apropriadamente chamada Ilha do Diabo, uma ex-colônia de leprosos na costa da Guiana Francesa, do outro lado do Oceano Atlântico.

Quando Dreyfus ouviu a decisão, ficou em choque. Depois de ser arrastado de volta para a prisão, ele considerou o suicídio, mas acabou decidindo que tal ato apenas provaria sua culpa.

O ritual final antes de mandar Dreyfus embora foi tirar sua insígnia do exército em público, um evento apelidado de "a degradação de Dreyfus". Enquanto um capitão do exército arrancava o galão do uniforme de Dreyfus, um oficial contou uma piada antissemita: "Ele é judeu, lembre-se. Ele provavelmente está calculando o valor desse galão de ouro."

Enquanto Dreyfus desfilava passando por seus colegas soldados, jornalistas e multidões de curiosos, ele gritou: "Eu sou inocente!" A multidão, enquanto isso, cuspia insultos e gritava: "Morte aos judeus!"

Assim que chegou à Ilha do Diabo, ele foi mantido em uma pequena cabana de pedra sem contato humano, exceto por seus guardas, que se recusaram a falar com ele. À noite, ele ficava algemado à cama. Durante o dia, escrevia cartas implorando ao governo para reabrir seu caso. Mas, no que dizia respeito à França, a questão estava resolvida.

"POSSO ACREDITAR?" VS. "DEVO ACREDITAR?"

Pode não parecer, mas os policiais que prenderam Dreyfus não tinham a intenção de incriminar um homem inocente. Da perspectiva deles, eles estavam conduzindo uma investigação objetiva das evidências, e as evidências apontavam para Dreyfus.[*]

Mas embora, para eles, a investigação parecesse objetiva, ela foi claramente influenciada por seus motivos. Eles estavam sob pressão para encontrar o espião rapidamente e já estavam inclinados a desconfiar de

---

[*] É importante notar que os promotores de Dreyfus colocaram um dedo na balança da justiça, entregando ao juiz um dossiê de cartas falsas que incriminavam Dreyfus. No entanto, os historiadores não acreditam que os policiais que prenderam Dreyfus planejaram incriminá-lo intencionalmente desde o início; em vez disso, eles se convenceram de sua culpa e se dispuseram a jogar sujo para garantir sua convicção.

Dreyfus. Então, uma vez que as rodas da investigação foram colocadas em movimento, outro motivo nasceu: eles tinham que provar que estavam certos ou arriscariam perder suas reputações e, potencialmente, seus empregos.

A investigação de Dreyfus é um exemplo de um aspecto da psicologia humana chamado raciocínio motivado, no qual nossos motivos inconscientes afetam as conclusões que tiramos.[3] A melhor descrição de raciocínio motivado que já vi foi a do psicólogo Tom Gilovich. Ele disse que quando queremos que algo seja verdade nos perguntamos: "Posso acreditar nisso?", procurando uma desculpa para aceitá-lo. Quando não queremos que algo seja verdade, perguntamos a nós mesmos: "Devo acreditar nisso?", buscando uma desculpa para rejeitá-lo.[4]

Quando os policiais começaram a investigar Dreyfus, eles avaliaram rumores e evidências circunstanciais através das lentes de "Posso aceitar isso como evidência de culpa?", errando mais pelo lado da credulidade do que teriam se já não estivessem motivados para suspeitar dele.

Quando o especialista número 2 disse a eles que a letra de Dreyfus não correspondia ao memorando, os oficiais se perguntaram: "Devo acreditar?" e acharam um motivo para não fazê-lo: o suposto conflito de interesses do especialista número 2 devido à sua fé judaica.

Os policiais até vasculharam a casa de Dreyfus em busca de evidências incriminatórias e não encontraram nenhuma. Então, eles se perguntaram: "Ainda podemos acreditar que Dreyfus é culpado?" e foram capazes de inventar um motivo: "Ele provavelmente se livrou das evidências antes de chegarmos aqui!"

Mesmo que você nunca tenha ouvido a expressão *raciocínio motivado*, tenho certeza de que já está familiarizado com o fenômeno. Está em tudo ao seu redor com nomes diferentes — negação, pensamento positivo, viés de confirmação, racionalização, tribalismo, autojustificação, excesso de confiança, ilusão. O raciocínio motivado é tão fundamental para a forma como nossas mentes funcionam que é quase estranho ter um nome especial para ele; talvez devesse apenas ser chamado de *raciocínio*.

Você pode ver isso na forma como as pessoas compartilham alegremente novas histórias que apoiam suas narrativas sobre a América do Norte ou o capitalismo ou "as crianças de hoje", enquanto ignoram histórias que não o fazem. Você pode ver isso na maneira como racionalizamos os sinais de alerta em um relacionamento novo e empolgante, e sempre pensamos que estamos fazendo mais do que deveríamos no trabalho. Quando um colega de trabalho erra, ele é incompetente; mas, quando somos nós que erramos, é porque estávamos sob muita pressão. Quando um político do partido rival viola a lei, isso prova o quão corrupto é todo o partido, contudo, quando um de nossos políticos infringe a lei, ele é apenas um indivíduo corrupto.

Mesmo há 2 mil anos, o historiador grego Tucídides descreveu o raciocínio motivado das cidades que acreditavam poder derrubar seus governantes atenienses: "[Seu] julgamento baseava-se mais em desejos cegos do que em qualquer previsão correta; pois é um hábito da humanidade... usar a razão soberana para colocar de lado o que ela não deseja."[5] O de Tucídides é o primeiro relato do fenômeno que encontrei até agora. Mas não tenho dúvidas de que os humanos se irritaram e se divertiram com o raciocínio motivado uns dos outros por muitos milhares de anos antes disso. Talvez se nossos ancestrais do Paleolítico tivessem desenvolvido uma linguagem escrita, teríamos encontrado uma reclamação rabiscada nas paredes da caverna de Lascaux: "Og é louco se ele pensa que é o melhor caçador de mamutes."

RACIOCÍNIO COMO COMBATE DEFENSIVO

O complicado sobre o raciocínio motivado é que, embora seja fácil de detectar em outras pessoas, não *parece* ser raciocínio motivado quando vem de dentro. Quando raciocinamos, parece que estamos sendo objetivos. Justos. Avaliando desapaixonadamente os fatos.

Abaixo da superfície de nossa consciência, no entanto, é como se fôssemos soldados, defendendo nossas crenças contra evidências ameaçadoras. Na verdade, a metáfora do raciocínio como um tipo de combate defensivo está embutida no nosso idioma, tanto que é difícil falar sobre raciocínio sem usar uma linguagem militarista.[6]

Falamos sobre nossas crenças como se fossem posições militares, ou mesmo fortalezas, construídas para resistir a ataques. As crenças podem ser *arraigadas, bem fundamentadas, baseadas em fatos* e *apoiadas por argumentos*. Elas *repousam sobre bases sólidas*. Podemos ter uma *firme* convicção ou opinião *forte*, estar *seguros* de nossas crenças ou ter uma fé *inabalável* em algo.

Os argumentos são formas de ataque ou de defesa. Se não tomarmos cuidado, alguém pode *abrir buracos em* nossa lógica ou *derrubar* nossas ideias. Podemos encontrar um argumento decisivo contra algo em que acreditamos. Nossas posições podem ser *desafiadas, destruídas, prejudicadas* ou *enfraquecidas*. Portanto, procuramos evidências que *apoiem, reforcem,* ou *suportem*, nossa posição. Com o tempo, nossas visões se tornam *reforçadas, fortificadas e consolidadas*. E nós ficamos *entrincheirados* em nossas crenças, como soldados enfurnados em uma trincheira, a salvo das rajadas do inimigo.

E se mudarmos de ideia? Isso é rendição. Se um fato é *inevitável*, podemos a*dmitir, conceder* ou *permitir*, como se o estivéssemos deixando entrar em nossas barreiras. Se percebermos que nossa posição é *insustentável*, podemos *abandoná-la, desistir* ou *conceder um ponto*, como se estivéssemos cedendo terreno em uma batalha.*

---

* Mesmo palavras que não parecem ter qualquer conexão com a metáfora de combate defensivo, muitas vezes revelam uma quando você investiga suas origens. *Refutar* uma afirmação é argumentar que não é verdade, mas a palavra originalmente se referia a repelir um ataque. Você já ouviu falar de alguém que é um *staunch believer* [no inglês, similar a um crente ferrenho]? Em inglês *staunch* é uma parede construída de maneira sólida. Ou talvez você já tenha ouvido falar de alguém *adamant in their beliefs* [no inglês, similar a uma pessoa inflexível em suas crenças], uma palavra que antes se referia a uma pedra mítica inquebrável.

Ao longo dos próximos capítulos, aprenderemos mais sobre raciocínio motivado ou, como eu chamo, *mentalidade de soldado* — por que nossas mentes são construídas dessa forma? O raciocínio motivado nos ajuda ou nos prejudica? —, mas, primeiro, estou feliz em informar que este não é o fim da linha para o pobre Dreyfus. Sua história continua, quando um novo personagem entra em cena.

PICQUART REABRE O CASO

Conheça o coronel Georges Picquart: aparentemente, um homem convencional, não o tipo que você esperaria que iria sacudir as coisas.

Picquart nasceu em 1854 em Estrasburgo, França, em uma família de oficiais e soldados do governo, e alcançou uma posição de destaque no exército francês ainda jovem. Como a maioria de seus compatriotas, ele era patriota, católico e antissemita. Porém, não de forma agressiva. Ele era um homem refinado e considerava a propaganda contra os judeus, como as tiradas publicadas nos jornais nacionalistas da França, de mau gosto. Mas o antissemitismo estava no ar que ele respirava, e ele cresceu com uma atitude reflexivamente desdenhosa para com o povo judeu.

Portanto, Picquart não teve dificuldade em acreditar quando, em 1894, foi informado de que o único membro judeu do estado-maior francês era um espião. Quando Dreyfus alegou inocência durante seu julgamento, Picquart observou-o de perto e concluiu que era um ato. E durante a "degradação", quando a insígnia de Dreyfus foi arrancada, foi Picquart quem contou aquela piada antissemita ("Ele é judeu, lembre--se. Ele provavelmente está calculando o valor daquele galão de ouro").

Pouco depois de Dreyfus ser despachado para a Ilha do Diabo, o Coronel Picquart foi promovido e encarregado do departamento de contra-espionagem que havia liderado a investigação de Dreyfus. Ele foi incumbido de acumular evidências adicionais contra Dreyfus, caso a condenação fosse questionada. Picquart começou a investigação, mas não conseguiu encontrar nada.

No entanto, um assunto mais urgente logo teve precedência — havia outro espião! Mais cartas rasgadas para os alemães foram descobertas. Dessa vez, o culpado parecia ser um oficial francês chamado Ferdinand Walsin Esterhazy. Esterhazy tinha problemas com a bebida e com o jogo e estava profundamente endividado, o que lhe deu um amplo motivo para vender informações para a Alemanha.

Mas, enquanto Picquart estudava as cartas de Esterhazy, ele começou a notar algo. A caligrafia precisa e inclinada era estranhamente familiar... isso o lembrou do memorando original atribuído a Dreyfus. Ele estava imaginando coisas? Picquart recuperou o memorando original e colocou-o ao lado do de Esterhazy. Seu coração saltou para a garganta. A caligrafia era idêntica.

Picquart mostrou as cartas de Esterhazy ao analista de caligrafia interno do exército, aquele que testemunhou que a caligrafia de Dreyfus correspondia ao memorando original. "Sim, essas cartas correspondem ao memorando", concordou o analista.

"E se eu dissesse que essas cartas foram escritas recentemente?", perguntou Picquart. O analista deu de ombros. Nesse caso, disse ele, os judeus devem ter treinado o novo espião para imitar a caligrafia de Dreyfus. Picquart não achou esse argumento plausível. Cada vez mais, com pavor, ele começou a enfrentar a conclusão inevitável de que eles haviam condenado um homem inocente.

Ele tinha uma última esperança: o arquivo selado de evidências usado no julgamento de Dreyfus. Seus colegas oficiais garantiram que ele só precisava consultá-lo para se convencer da culpa de Dreyfus. Então Picquart o recuperou e vasculhou seu conteúdo. Mas ele ficou desapontado mais uma vez. Pelo que podia ver, o arquivo que ele fora levado a acreditar que era tão condenatório não continha nenhuma evidência concreta, apenas especulações.

Picquart ficou indignado com as racionalizações de seus colegas oficiais e seu desinteresse na questão de saber se eles haviam condenado um homem inocente a apodrecer na prisão. Ele continuou com sua investigação, mesmo quando a resistência que encontrou no exército se transformou em inimizade absoluta. Seus superiores o enviaram em uma missão perigosa na esperança de que ele nunca mais voltasse. Quando a manobra falhou, eles o prenderam sob a acusação de vazar informações confidenciais.

Mas, depois de dez anos, uma temporada na prisão e vários julgamentos adicionais, Picquart obteve sucesso. Dreyfus foi totalmente perdoado e reintegrado ao exército.

Dreyfus viveu por mais 30 anos após sua reintegração. Sua família se lembra dele como sendo estoico sobre toda a provação, embora sua saúde nunca mais tenha sido a mesma depois de seus anos na Ilha do Diabo. O verdadeiro espião, Esterhazy, fugiu do país e morreu na pobreza. E Picquart continuou a ser perseguido pelos inimigos que havia feito no exército, mas em 1906 foi nomeado ministro de Guerra pelo primeiro-ministro francês, Georges Clemenceau, que admirava o trabalho de Picquart durante o que veio a ser conhecido como o "caso Dreyfus".

Sempre que alguém perguntava a Picquart por que ele havia feito isso — por que havia trabalhado tão incansavelmente para descobrir a verdade que exonerava Dreyfus, arriscando a própria carreira e sua liberdade no processo — sua resposta era simples, e sempre a mesma: "Porque isso era meu dever."

"É VERDADE?"

O caso Dreyfus polarizou uma nação e surpreendeu o mundo. Entretanto, para mim, seu aspecto mais intrigante é a psicologia de seu herói improvável, o coronel Picquart. Como seus colegas, Picquart tinha muitos motivos para acreditar que Dreyfus era culpado. Ele não confiava nos judeus e não gostava de Dreyfus como pessoa. Além disso, ele sabia que, se descobrisse que Dreyfus era inocente, isso teria custos significativos: um grande escândalo para o exército e um golpe em sua própria carreira por causar aquele escândalo. Porém, ao contrário do caso de seus colegas, esses motivos não distorceram a capacidade de Picquart de discernir o verdadeiro do falso, o plausível do implausível.

O processo de Picquart de perceber que Dreyfus era inocente é um exemplo notável do que os cientistas cognitivos às vezes chamam de raciocínio motivado por metas de precisão. Em contraste com o raciocínio motivado por metas de direção, que avalia as ideias através das lentes do "Posso acreditar?" e "Devo acreditar?", o raciocínio motivado por metas de precisão avalia as ideias através das lentes do "É verdade?".

Quando Picquart foi em busca de evidências adicionais contra Dreyfus, esperando e desejando descobri-las, ele não conseguiu encontrar nada que parecesse convincente. Quando examinou a caligrafia de Esterhazy, foi capaz de reconhecer sua semelhança com o memorando supostamente escrito por Dreyfus. Quando lhe foi oferecida uma desculpa conveniente para explicar a nova evidência ("O novo espião provavelmente foi treinado para imitar a caligrafia de Dreyfus"), ele não foi capaz de considerá-la plausível o suficiente para aceitar. E, quando estudou a pasta de provas contra Dreyfus, que sempre presumiu ser condenatória, foi capaz de ver que não era condenatória de forma alguma.

Se o raciocínio motivado por metas de direção é como ser um soldado lutando contra evidências ameaçadoras, o raciocínio motivado por metas de precisão é como ser um explorador formando um mapa do cenário estratégico. O que há além da próxima colina? Isso é uma ponte sobre o rio ou meus olhos estão me enganando? Onde estão os perigos, os atalhos, as oportunidades? Sobre quais áreas eu preciso de mais informações? Quão confiável é minha inteligência?

O explorador não é indiferente. Um explorador pode desejar descobrir que o caminho é seguro, que o outro lado está fraco ou que há uma ponte convenientemente localizada onde suas forças precisam cruzar o rio. Mas, acima de tudo, ele quer aprender o que realmente está lá, não se enganar desenhando uma ponte em seu mapa onde na realidade não existe uma. Estar no mindset de explorador significa querer que seu "mapa" — sua percepção de si mesmo e do mundo — seja o mais preciso possível.

Claro, todos os mapas são simplificações imperfeitas da realidade, como um explorador bem sabe. Esforçar-se por um mapa preciso significa estar ciente dos limites de sua compreensão, prestando atenção às regiões de seu mapa que são especialmente incompletas ou possivelmente erradas. E significa estar sempre aberto para mudar de ideia em resposta a novas informações. No mindset de explorador, não existe uma "ameaça" às suas crenças. Se você descobrir que estava errado sobre algo, ótimo — você melhorou seu mapa e isso só pode ajudá-lo.

SEU MINDSET PODE SOLIDIFICAR OU DERRUBAR SEU JULGAMENTO

A vida é feita de julgamentos e, quanto mais você evitar distorcer sua percepção da realidade, melhor ela será.

O mindset de explorador é o que o impede de se enganar com perguntas difíceis sobre as quais as pessoas tendem a racionalizar, como: preciso fazer um exame para esse problema médico? É hora de deixar essa situação crítica ou seria desistir muito cedo? Esse relacionamento vai melhorar? Qual é a probabilidade de meu parceiro mudar de ideia sobre o desejo de ter filhos?

No trabalho, essas perguntas difíceis podem incluir: eu realmente preciso demitir aquele funcionário? O quanto preciso me preparar para a apresentação de amanhã? É melhor para minha empresa arrecadar um grande financiamento agora ou estou apenas tentado pela validação instantânea que o levantamento de fundos me daria? Eu realmente preciso continuar melhorando este produto antes de lançá-lo ou estou somente procurando motivos para adiar o lançamento?

O mindset de explorador é o que nos leva a questionar nossas suposições e testar nossos planos. Ao propor um novo recurso para um produto ou uma manobra militar, se perguntar "Quais são as maneiras mais prováveis de isso falhar?" permite que você fortaleça antecipadamente seu plano contra essas possibilidades. Se você é médico, isso significa considerar diagnósticos alternativos antes de ceder a seu diagnostico inicial. Como um mestre clínico costumava se perguntar — se ele suspeitasse que um paciente tinha pneumonia, por exemplo — "Se isso não for uma pneumonia, o que mais seria?".[7]

Mesmo os trabalhos que não parecem depender do mindset de explorador geralmente necessitam dele quando você olha mais de perto. A maioria das pessoas associa ser advogado com defender um lado, o que soa como mentalidade de soldado. Mas, quando um advogado está escolhendo casos e se preparando para o julgamento, ele precisa ser capaz de formar uma imagem precisa dos pontos fortes e fracos de seu caso. Superestime seu próprio lado e você estará se preparando para um brutal choque de realidade no tribunal. É por isso que advogados experientes costumam citar objetividade e autoceticismo como algumas das habilidades mais importantes que tiveram de aprender ao longo de sua carreira. Como disse um importante advogado: "Quando você é jovem, quer tanto ajudar seu cliente que diz a si mesmo: 'Realmente não há um elefante na sala, realmente não há um grande elefante cinza com uma fita rosa no pescoço...'"[8]

Em nossos relacionamentos com outras pessoas, construímos narrativas autocontidas que parecem, olhando de dentro, simplesmente fatos objetivos. O "meu parceiro está me ignorando friamente" de uma pessoa pode ser o "estou respeitosamente dando espaço a ele" de outra. O "autêntico" de uma pessoa pode ser o "rude" de outra. Estar disposto a considerar interpretações diferentes — até mesmo acreditar que poderia haver outras interpretações razoáveis além da sua — requer um mindset de explorador.

Ser o tipo de pessoa que acolhe a verdade, mesmo que seja doloroso, é o que faz com que outras pessoas estejam dispostas a ser honestas com você. Você pode *dizer* que deseja que seu parceiro lhe conte sobre quaisquer problemas em seu relacionamento, ou que seus funcionários lhe falem sobre quaisquer problemas na empresa, mas, se você ficar na defensiva ou em modo de ataque ao ouvir a verdade, não é provável que a ouça com muita frequência. Ninguém quer ser o mensageiro que leva um tiro.

Mentalidade de Soldado	Mentalidade de Explorador
O raciocínio é como um combate defensivo.	O raciocínio é como fazer um mapa.
Decidir em que acreditar perguntando "Posso acreditar nisso?" ou "Devo acreditar nisso?" dependendo de seus motivos.	Decidir em que acreditar perguntando: "Isto é verdade?"
Descobrir que você está errado significa sofrer uma derrota.	Descobrir que você está errado significa revisar seu mapa.
Procurar evidências para fortalecer e defender suas crenças.	Procurar evidências que tornem seu mapa mais preciso.
Conceitos relacionados: raciocínio motivado por metas de direção, racionalização, negação, autoenganação, pensamento positivo.	Conceitos relacionados: raciocínio motivado por metas de precisão, busca da verdade, descoberta, objetividade, honestidade intelectual.

O explorador e o soldado são arquétipos. Na verdade, ninguém é um explorador perfeito, assim como ninguém é puramente um soldado. Nós flutuamos entre as mentalidades de um dia para o outro e de um contexto para o outro.

Um comerciante pode ser na maior parte do tempo como um explorador no trabalho, feliz em testar suas próprias suposições e descobrir que estava errado sobre o mercado... e depois voltar para casa e ser um soldado em sua vida pessoal, sem querer reconhecer os problemas em seu casamento ou considerar a possibilidade de estar errados. Um empreendedor pode ter um mindset de explorador ao falar com um amigo sobre sua empresa, perguntando-se em voz alta se seu plano atual é um erro... e então mudar para o mindset de soldado no dia seguinte no escritório, defendendo seu plano reflexivamente quando seu cofundador o critica.

Somos todos uma mistura de explorador e soldado. Mas algumas pessoas, em alguns contextos, são melhores exploradoras do que a maioria.

Como Picquart, elas estão mais genuinamente desejosas da verdade, mesmo que não seja o que esperavam, e menos dispostas a aceitar argumentos ruins que sejam convenientes. Elas estão mais motivadas para sair, testar suas teorias e descobrir seus erros. Elas estão mais conscientes da possibilidade de que seu mapa da realidade possa estar errado e mais abertas a mudar de ideia. Este livro é sobre o que essas pessoas estão fazendo certo e o que podemos aprender com elas para nos ajudar a passar de soldado a explorador.

Primeiro, temos que começar levando o soldado a sério. Por que o mindset do soldado é tão frequentemente o nosso padrão? O que o torna tão tenaz? Ou, dito de outra forma, se o mindset do explorador é tão bom, por que todo mundo já não o está usando o tempo todo? Esse é o assunto do próximo capítulo: O Que o Soldado Está Protegendo.

Capítulo 2

O Que o Soldado Está Protegendo

TENTO CUMPRIR A regra de que, quando você defende a mudança de algo, deve ter certeza que entende por que é assim em primeiro lugar.

Essa regra é conhecida como cerca de Chesterton, em homenagem a G. K. Chesterton, o escritor britânico que a propôs em um ensaio em 1929.[1] Imagine que você descubra uma estrada com uma cerca construída sem nenhum motivo específico que você possa ver. Você diz a si mesmo: "Por que alguém construiria uma cerca aqui? Isso parece desnecessário e estúpido, vamos derrubá-la." Mas, se você não entende por que a cerca está lá, argumentou Chesterton, não pode ter certeza de que não há problema em derrubá-la.

Costumes ou instituições de longa data são como essas cercas, disse ele. Reformadores ingênuos olham para eles e dizem: "Não vejo a utilidade disso; vamos tirar isso daqui." Mas os reformadores mais ponderados respondem: "Se você não vê o uso disso, certamente não vou deixar que você o tire. Vá embora e pense. Então, quando puder voltar e me dizer que vê a utilidade disso, permitirei que você o destrua."[2]

Neste livro, estou propondo uma espécie de reforma. Estou argumentando que em muitas, se não em todas, as situações, seria melhor abandonar nossa configuração padrão de mentalidade de soldado e aprender a seguir a mentalidade de explorador. E eu gostaria de ser um reformador cuidadoso, não ingênuo. Não importa o quão forte pareça ser o caso a favor dos benefícios da mentalidade de explorador, o argumento está incompleto até que saibamos o que a mentalidade de soldado está fazendo lá em primeiro lugar. O raciocínio motivado nos beneficia de maneiras importantes? O que podemos perder se o deixarmos de lado?

Especialistas em muitos campos exploraram o raciocínio motivado de diferentes maneiras, de psicólogos a economistas comportamentais, e de psicólogos evolucionistas a filósofos. A esta altura, existe uma vasta literatura sobre a questão "Para que serve o raciocínio motivado?". Eu a dividi em seis categorias sobrepostas: conforto, autoestima, ânimo, persuasão, imagem e pertencimento.

CONFORTO: EVITANDO EMOÇÕES NÃO AGRADÁVEIS

Houve um certo cartoon que esteve por toda parte na internet em 2016, graças à maneira como parecia capturar o humor global da época. Ele retrata um cachorro usando um chapéu, sentado a uma mesa. Ao seu redor, a sala está em chamas. O cão força um sorriso e insiste: "Está tudo bem."

A mentalidade de soldado nos ajuda a evitar emoções negativas como medo, estresse e arrependimento. Às vezes, fazemos isso com negação, como o cachorro que diz "Está tudo bem". Outras vezes, buscamos narrativas reconfortantes sobre o mundo e optamos por não examiná-las muito de perto. *Tudo acontece por um bom motivo. As pessoas recebem o que merecem. Quanto mais escura a noite, mais brilhantes são as estrelas.* Na fábula de Esopo "A Raposa e as Uvas", uma raposa vê um cacho de uvas suculentas no alto de um galho que ela não consegue alcançar e conclui que as uvas estavam azedas de qualquer maneira. Usamos um raciocínio semelhante ao das "uvas azedas" quando não conseguimos algo que queremos. Quando alguém com quem tivemos um ótimo primeiro encontro não retorna nossas ligações, podemos decidir que foi um tédio de qualquer maneira. Quando uma oferta de emprego escapa de nossos dedos, concluímos: "É para o melhor; as horas teriam sido brutais."

Um primo próximo da uva azeda é o limão doce: quando não parece viável resolver um problema, podemos tentar nos convencer de que nosso "problema" é na verdade uma bênção, e que não o mudaríamos mesmo que pudéssemos. Até muito recentemente na história da humanidade, a dor insuportável era uma parte inevitável do parto. Como não havia nada que pudéssemos fazer a respeito, muitos médicos e clérigos argumentaram que a dor era uma coisa boa, porque promovia o crescimento espiritual e a força de caráter. As dores do parto foram distribuídas por Deus, "e muito sabiamente, com certeza", garantiu um obstetra às pessoas em 1856.[3]

Agora que temos acesso à anestesia peridural, não insistimos mais na doçura daquele limão em particular. Mas ainda dizemos coisas semelhantes sobre envelhecimento e morte — que eles são lindos e dão sentido à vida. "Talvez a mortalidade não seja simplesmente um mal, talvez seja até uma bênção", argumentou Leon Kass, que presidiu o Conselho de Bioética na administração do presidente George W. Bush. Talvez, ele sugere, nossa capacidade de sentir amor dependa de consciência da finitude de nossas vidas.[4]

Analisando outro aspecto dessa história, o fato reconfortante em que acreditar nem sempre é otimista. Às vezes é o oposto: não há esperança, então você não precisa se preocupar com isso. Se você está lutando para acompanhar uma aula difícil, pode ser tentador concluir: "Isso é inútil, nunca vou me sair bem o suficiente para aumentar minha nota." O momento de desistência oferece uma onda de doce alívio. Ou você pode decidir que não há motivo para se preparar para um desastre futuro em potencial, como um terremoto ou tsunami, então não precisa pensar sobre isso. "A maioria das pessoas levanta as mãos e diz: 'É o destino, está fora do meu controle'", diz Eric Klinenberg, professor de sociologia da Universidade de Nova York que estuda a psicologia da preparação para desastres.[5]

AUTOESTIMA: SENTINDO-SE BEM SOBRE NÓS MESMOS

No filme *Eleição*, a personagem Tracy Flick é ambiciosa e trabalhadora, mas luta para fazer amigos. "Tudo bem", ela diz a si mesma. "Cheguei a aceitar que pouquíssimas pessoas estão realmente destinadas a ser especiais, e nós voamos sozinhas... se você vai ser incrível, tem que ser solitário."[6] Como Tracy, costumamos usar a mentalidade de soldado para proteger nossos egos, encontrando narrativas lisonjeiras para fatos nada lisonjeiros. *Posso não ser rico, mas é porque tenho integridade. Não tenho muitos amigos porque as pessoas se sentem intimidadas por mim.*

Todos os tipos de crenças podem ser convocados para o serviço, defendendo nossos egos, porque se relacionam de alguma forma com nossos pontos fortes ou fracos. Se sua mesa está constantemente coberta por pilhas de livros e papéis, você pode ser especialmente receptivo à afirmação "A bagunça é um sinal de criatividade". Se você tem tempo e renda disponível para viajar muito, pode acreditar que "Você não pode ser uma pessoa verdadeiramente completa sem ter visto o mundo". Se você se saiu mal no vestibular, pode ser especialmente simpático a argumentos como: "Testes padronizados não medem o quão inteligente você é, apenas o quão bom você é em fazer os testes."

Com o tempo, nossas crenças sobre o mundo se ajustam para acomodar nosso histórico. Um estudo no fim da década de 1990 acompanhou os alunos ao longo de quatro anos de faculdade, monitorando o CR (coeficiente de rendimento) que eles esperavam alcançar, o CR que realmente alcançaram e suas crenças sobre a importância das notas. Os alunos que sempre tiveram um desempenho inferior às suas próprias expectativas começaram cada vez mais a concluir que "As notas não são tão importantes assim."[7]

Sua autoimagem molda até mesmo suas crenças mais fundamentais sobre como o mundo funciona. As pessoas mais pobres têm maior probabilidade de acreditar que a sorte desempenha um grande papel na vida, enquanto as pessoas mais ricas tendem a dar crédito apenas ao trabalho árduo e ao talento. Quando o economista Robert Frank escreveu em uma coluna do *New York Times* que a sorte era um ingrediente importante (embora não suficiente) para o sucesso, o comentarista de negócios da Fox, Stuart Varney, irritou-se. "Você sabe o quanto me senti insultado quando li isso?" ele perguntou a Frank. "Vim para a América sem nada há 35 anos. Eu fui bem-sucedido, acredito que por meio de trabalho árduo, talento e risco, e você escreve no *New York Times* que isso é sorte."[8]

Novamente, há outro aspecto nessa história: o raciocínio motivado pelo bem da autoestima nem sempre significa acreditar que você é brilhante e talentoso e que todos gostam de você. Os psicólogos fazem uma distinção entre *autopromoção*, que significa estimular seu ego com crenças positivas, e *autoproteção*, que significa evitar golpes em seu ego. Por uma questão de autoproteção, você pode errar ao assumir o pior sobre si mesmo. Em um vídeo popular, a YouTuber Natalie Wynn chama isso de "epistemologia masoquista" — *tudo o que machuca é verdade*. Muitas pessoas se identificaram com o termo. Como uma espectadora comentou: "Parece mais seguro presumir que as pessoas pensam que não sou atraente, do que ter esperanças de que alguém me ache bonita quando na verdade não acham."[9]

ÂNIMO: MOTIVANDO-NOS PARA FAZER COISAS DIFÍCEIS

Escrevi este livro enquanto morava em São Francisco, a cidade onde todos os seus motoristas de Uber têm uma visão para a próxima empresa de tecnologia de 1 bilhão de dólares. Aqui, é senso comum que o otimismo irracional é uma coisa boa — é o que motiva você a se lançar em desafios assustadores, ignorar os opositores e perseverar quando as coisas ficarem difíceis. Então não é de admirar que, em uma pesquisa com empreendedores, quase todos estimaram a probabilidade de sucesso de sua empresa em pelo menos 7 em 10, com um terço deles dando a si mesmos uma chance surpreendente de 10 em 10, apesar do fato de que a taxa básica de sucesso de startups está próxima de 1 em 10.[10]

Uma estratégia que usamos para justificar essa alta confiança é minimizar a relevância das probabilidades de base e dizer a nós mesmos que o sucesso é puramente uma questão de tentar o suficiente. Como um blogueiro motivacional prometeu: "[Você] tem 100% de chance de ser bem-sucedido em fazer o que ama contanto que se comprometa com isso e levante da cama para fazê-lo todos os dias."[11]

Outra jogada mental é focar seletivamente as características de uma situação que justificam o otimismo, enquanto ignora aquelas que justificam o pessimismo. Quando eu estava começando uma organização, sabia que a maioria das organizações falha, mas me tranquilizei com o pensamento: "Estamos em uma posição melhor do que a maioria porque já temos uma rede de apoiadores." Isso era verdade e um motivo para otimismo. Mas eu poderia ter observado: "Nossa organização está em uma posição pior do que a maioria porque todos nós somos jovens e inexperientes", o que também era verdade.

Precisamos de ânimo para tomar decisões difíceis e agir com convicção. É por isso que os tomadores de decisão muitas vezes evitam considerar planos alternativos ou desvantagens de seu plano atual. Um sociólogo chamado Nils Brunsson passou um tempo em uma empresa sueca na década de 1970 e observou que, quando eles realizavam reuniões para "decidir" um projeto para trabalhar, na verdade gastavam pouquíssimo tempo comparando opções. Em vez disso, eles rapidamente se apoiavam em uma opção e passavam a maior parte da reunião levantando pontos a favor dela. "Isso os ajudou a criar entusiasmo para os projetos — um entusiasmo que consideraram necessário para superar as dificuldades", concluiu Brunsson.[12]

CONFORTO, AUTOESTIMA E ânimo são benefícios *emocionais*, o que significa que o alvo final de nossa enganação somos nós mesmos. Os próximos três benefícios da mentalidade de soldado são um pouco diferentes. Persuasão, imagem e pertencimento são benefícios *sociais* — nesses casos, o alvo final de nossa enganação são as outras pessoas por meio de nós mesmos.[13]

PERSUASÃO: CONVENCER A NÓS MESMOS PARA PODERMOS CONVENCER OS OUTROS

Quando Lyndon B. Johnson era senador, ele tinha um ritual que seus amigos e assessores chamavam de "trabalhar para cima". Quando precisava ser capaz de convencer as pessoas de algo, ele praticava argumentar essa posição, com paixão, repetidas vezes, desejando acreditar nela. Por fim, ele seria capaz de defendê-la com absoluta certeza — porque, a essa altura, ele estava certo, independentemente de quais fossem suas opiniões no início. "Não era uma atuação", disse George Reedy, secretário de imprensa de Johnson. "Ele tinha uma capacidade fantástica de se persuadir de que a 'verdade' que era conveniente para o presente era a verdade e tudo o que entrava em conflito com ela era a enganação dos inimigos."[14]

A capacidade de Johnson para o autoengano intencional era incomum. Mas todos nós fazemos isso até certo ponto, apenas menos intencionalmente: quando precisamos persuadir outras pessoas de algo, ficamos motivados a acreditar nisso nós mesmos e buscar argumentos e evidências para usar em sua defesa.

Quando os estudantes de direito se preparam para defender o querelante ou o réu em um tribunal simulado, eles passam a acreditar que seu lado do caso é moral e legalmente correto — mesmo quando os lados foram escolhidos aleatoriamente.[15] Como empresário, se você puder falar com entusiasmo sincero sobre como sua empresa está "arrasando agora", outras pessoas também podem acreditar. Lobistas, vendedores e arrecadadores de fundos podem enfatizar os pontos fortes e minimizar as falhas de sua causa ou produto para facilitar sua venda para outras pessoas.

Uma professora pode se convencer de que sua teoria é mais original do que realmente é, para que possa reivindicar o mesmo em suas palestras e escritos. Mesmo que algumas pessoas intimamente familiarizadas com sua área percebam que ela está superestimando seu ponto de vista, ela ainda pode ser capaz de se sair bem com a maioria das pessoas. Isso muitas vezes exige que ela "acidentalmente" interprete mal as teses de outras pessoas e não perceba que está atacando um falso argumento que ninguém está realmente fazendo.

Mesmo aqueles de nós que não são persuasores profissionais, temos muitas coisas em que gostaríamos que nossos amigos, familiares e colegas de trabalho acreditassem: *eu sou uma boa pessoa. Eu mereço sua simpatia. Estou tentando o meu melhor. Sou um funcionário valioso. Minha carreira está realmente decolando.* Quanto mais pudermos fazer com que acreditemos genuinamente nessas afirmações, e quanto mais evidências e argumentos pudermos coletar para apoiá-las, mais fácil será para nós persuadir outras pessoas a respeito delas (ou assim diz a lógica).

Como Johnson costumava dizer: "O que convence é a convicção."[16]

IMAGEM: ESCOLHENDO AS CRENÇAS QUE NOS FAZEM PARECER BEM

Quando estamos escolhendo roupas para vestir, decidindo entre ternos ou jeans, couro ou cânhamo, salto alto ou botas de cano alto, nos perguntamos implicitamente: "Que tipo de pessoa usaria isto? Alguém sofisticado, de espírito livre, não convencional, pé no chão? É assim que eu quero que outras pessoas me vejam?"

Escolhemos as crenças de maneira semelhante.* Os psicólogos chamam isso de gerenciamento de impressão e os psicólogos evolucionistas

---

* Devo essa analogia entre crenças e roupas a Robin Hanson, "Are Beliefs Like Clothes?" em http://mason.gmu.edu/~rhanson/belieflikeclothes.html.

o chamam de sinalização: ao considerar uma afirmação, nos perguntamos implicitamente: "Que tipo de pessoa acreditaria em uma afirmação como esta e é assim que eu quero que as outras pessoas me vejam?"

Pessoas diferentes gostam de se apresentar de maneira diferente com suas roupas, e o mesmo acontece com as crenças. Uma pessoa pode ser atraída pelo niilismo porque a faz parecer descolada, enquanto outra pode ser atraída pelo otimismo porque a torna simpática. Outra ainda pode gravitar em torno de posições moderadas em questões polêmicas para parecer madura. Observe que o objetivo aqui não é fazer com que outras pessoas compartilhem de suas crenças, como no caso da "Persuasão". O niilista não está tentando fazer outras pessoas acreditarem no niilismo. Ele está tentando fazer com que eles acreditem que *ele* acredita no niilismo.

Assim como há modas nas roupas, também há modas nas ideias. Quando uma ideia como "o socialismo é melhor que o capitalismo" ou "o aprendizado de máquina vai mudar o mundo" começa a ganhar aceitação em seus círculos sociais, você pode ficar motivado a adotá-la também para permanecer na moda. Isto é, a menos que ser do contra faça parte da sua imagem, caso em que a popularidade crescente de uma ideia pode torná-lo menos receptivo a ela, não mais.

Apesar de toda a variedade, algumas preferências sobre a apresentação pessoal são quase universais. Quase ninguém prefere andar com roupas sujas ou manchadas. Analogamente, quase ninguém quer ter crenças que os façam parecer loucos ou egoístas. Portanto, para o bem da nossa imagem, buscamos explicações defensáveis para o nosso comportamento, como: "O motivo pelo qual me oponho a novas construções no meu bairro é porque estou preocupado com seu impacto no meio ambiente. Certamente não é porque eu quero manter alto o valor de minha propriedade!"

Aqui, novamente, a incapacidade de entender algo pode ser útil. Lembro-me de sentar com um grupo de colegas no colégio, discutindo como alguém que conhecíamos ficou desgostoso sobre o sucesso recente de seu amigo. Uma garota em nosso grupo chamada Dana expressou perplexidade: "Por que alguém ficaria com ciúme de um amigo?"

"Ahh... Dana é tão pura que nem consegue compreender o conceito de ciúme!" alguém disse carinhosamente.

"Gente, eu realmente não entendo!" Dana protestou contra o coro de ahhhs. "Por que você não ficaria feliz que seu amigo está feliz?"

PERTENCIMENTO: ADESÃO A SEUS GRUPOS SOCIAIS

Em algumas comunidades religiosas, perder a fé pode significar perder o casamento, a família e todo o sistema de apoio social que o acompanha. Esse é um caso extremo, mas todos os grupos sociais têm algumas crenças e valores que esperam que os membros compartilhem implicitamente, como "a mudança climática é um problema sério" ou "os republicanos são melhores do que os democratas" ou "nosso grupo está lutando por um causa digna" ou "os filhos são uma bênção". A dissidência não necessariamente o fará ser literalmente expulso do grupo, mas ainda pode aliená-lo dos outros membros.

Para ser claro, concordar com um consenso não é inerentemente um sinal de mentalidade de soldado. No webcomic *XKCD*, um pai faz a seu filho aquela velha pergunta retórica: "Se todos os seus amigos pulassem de uma ponte, você pularia também?" Presume-se que a resposta correta seja um relutante: "Não, claro que não." Mas a criança responde: "Provavelmente", porque, afinal, o que é mais provável — que todos os seus amigos enlouqueceram ao mesmo tempo ou que a ponte está pegando fogo?[17] O garoto tem razão. Ceder ao consenso é muitas vezes uma heurística sábia, uma vez que você não pode investigar tudo por si mesmo, e outras pessoas sabem coisas que você não sabe.

O raciocínio motivado ocorre quando você nem mesmo gostaria de saber se o consenso estava errado. Uma amiga minha chamada Katja cresceu no que ela descreve como uma pequena cidade "hippie", onde todos tinham fortes opiniões ambientalistas, incluindo ela. Mas, assim que chegou ao ensino médio, Katja começou a encontrar argumentos online ou em seus livros de economia de que algumas políticas ambientalistas são ineficazes e que as madeireiras não são tão prejudiciais quanto as pessoas pensam.

Ela procurava intensamente por falhas na lógica. Mas às vezes, para seu alarme, os argumentos simplesmente pareciam... corretos. Nesses momentos, seu estômago embrulhava. "Eu me sentia mal quando recebia 'resposta errada'", ela me disse, "como quando havia algum argumento a favor da silvicultura para o qual eu não tinha imediatamente um bom contra-argumento".

Ajustar-se não é apenas sobre aceitar o consenso do grupo. Também significa demonstrar sua lealdade ao grupo, rejeitando qualquer evidência que ameace sua honra figurativa. Pessoas que se identificam fortemente como "gamers" (ou seja, endossam declarações como "Quando alguém critica os gamers, parece um insulto pessoal") são mais céticas em relação aos estudos que mostram que videogames violentos são prejudiciais.[18] Pessoas que se identificam fortemente como católicas (ou seja, endossam declarações como "Eu sinto solidariedade com os católicos") são mais céticas quando um padre católico é acusado de abuso sexual.[19]

E, em alguns grupos, se encaixar vem com restrições sobre o que você pode querer ou acreditar sobre si mesmo. É a chamada de síndrome da papoula alta: qualquer pessoa que pareça estar tentando ser uma "papoula alta", mostrando muito amor-próprio ou ambição, é reduzida ao tamanho dos demais. Se você deseja se adaptar a essa cultura, pode adquirir o hábito de minimizar suas realizações e objetivos — até mesmo na privacidade de sua própria mente.

QUANDO VOCÊ PENSA sobre todas as coisas para as quais usamos a mentalidade de soldado, torna-se óbvio por que as soluções frequentemente propostas para elas são fúteis. Essas correções geralmente envolvem palavras como "ensino" ou "treinamento", como em:

> *Precisamos ensinar aos alunos sobre vieses cognitivos.*
> *Precisamos treinar as pessoas em pensamento crítico.*
> *Precisamos educar as pessoas na razão e na lógica.*

Nenhuma dessas abordagens se mostrou muito promissora em mudar o pensamento das pessoas a longo prazo ou fora da sala de aula. E isso não deve nos surpreender. Usamos o raciocínio motivado não porque não conhecemos nada melhor, mas porque estamos tentando proteger coisas que são de vital importância para nós — nossa capacidade de nos sentirmos bem com nossas vidas e com nós mesmos, nossa motivação para tentar coisas difíceis e perseverar, nossa capacidade de ter uma boa aparência e persuadir, e nossa aceitação em nossas comunidades.

No entanto, o fato de que a mentalidade de soldado é muitas vezes nossa estratégia-padrão para conseguir o que queremos não significa necessariamente que seja uma *boa* estratégia. Por um lado, o tiro pode sair pela culatra. Em "Persuasão", vimos que estudantes de direito que são designados aleatoriamente para um lado de um caso judicial simulado tornam-se confiantes, depois de ler os materiais do caso, de que seu lado está moral e legalmente correto. Mas essa confiança não os ajuda a persuadir o juiz. Ao contrário, os estudantes de direito que estão mais confiantes nos méritos de seu próprio lado têm significativamente menos probabilidade de vencer a disputa — talvez porque não considerem e se preparem para refutar seus argumentos.[20]

Mesmo quando a mentalidade de soldado não apresenta um resultado indesejado, ainda não é óbvio que é a nossa melhor opção. Em vez de aumentar sua autoestima negando suas falhas, você poderia aumentar sua autoestima percebendo e consertando essas falhas. Em vez de buscar aceitação social suprimindo suas discordâncias com sua comunidade, você pode decidir sair e encontrar uma comunidade diferente na qual se encaixe melhor.

Este capítulo começou com a questão da cerca de Chesterton: a que propósito a mentalidade de soldado deve servir, e podemos ter certeza de que não há problema em derrubá-la? Até agora, respondemos à primeira metade dessa questão. Para responder à segunda, precisamos determinar se podemos obter as coisas que valorizamos com a mesma eficácia, ou ainda mais, sem a mentalidade de soldado. É disso que trata o próximo capítulo.

Capítulo 3

Por que a Verdade É Mais Valiosa do Que Imaginamos

VAMOS RECAPITULAR. NA mentalidade de soldado, nosso pensamento é guiado pela pergunta "Posso acreditar?" sobre as coisas que queremos aceitar e pela "Devo acreditar?" sobre coisas que queremos rejeitar. Usamos a mentalidade de soldado para nos ajudar a manter crenças que aumentam nossa autoestima, nos dar conforto, preservar nosso ânimo, persuadir outras pessoas, cultivar uma imagem atraente e nos ajudar a nos encaixar em nossos grupos sociais.

Na mentalidade de explorador, nosso pensamento é guiado pela pergunta "É verdade?". Nós a usamos para nos ajudar a ver as coisas com clareza para o bem do nosso julgamento, para que possamos corrigir problemas, perceber oportunidades, descobrir quais riscos valem a pena correr, decidir como queremos viver nossas vidas e, às vezes, entender melhor o mundo em que vivemos por pura curiosidade.

AS FUNÇÕES DA MENTALIDADE DE EXPLORADOR E DA MENTALIDADE DE SOLDADO

Usamos a mentalidade do soldado para adotar e defender as crenças que nos dão...	Usamos a mentalidade de explorador para ver as coisas claramente, para que possamos...
Benefícios emocionais: **Conforto** — lidar com decepção, ansiedade, arrependimento, inveja **Autoestima** — sentir-se bem com nós mesmos **Moral** — enfrentar desafios e não desanimar	**Fazer um bom julgamento** sobre quais problemas vale a pena consertar, quais riscos vale a pena correr, como perseguir nossos objetivos, em quem confiar, que tipo de vida queremos viver e como melhorar nosso julgamento ao longo do tempo
Benefícios sociais: Persuasão — convencer outras pessoas das coisas que nos beneficiam Imagem — parecer inteligente, sofisticado, compassivo, virtuoso Pertencer — ajustar-se aos nossos grupos sociais	

FAZEMOS TROCAS INCONSCIENTES

Este é um dos paradoxos de ser humano: nossas crenças servem a propósitos muito diferentes ao mesmo tempo. Invariavelmente, acabamos fazendo trocas.

Nós trocamos o julgamento pelo pertencimento. Se você mora em uma comunidade muito unida, pode ser mais fácil se encaixar se você usar a mentalidade de soldado para lutar contra quaisquer dúvidas que tenha sobre suas crenças e seus valores fundamentais. Por outro lado, se você se *permitir considerar* essas dúvidas, pode perceber que é melhor rejeitar as opiniões da sua comunidade sobre moral, religião ou papéis de gênero e decidir viver uma vida menos tradicional.

Nós trocamos julgamento por persuasão. Um amigo meu costumava trabalhar em uma instituição de caridade bem conhecida e ficou maravilhado com a forma como seu presidente conseguiu se convencer de que cada dólar do orçamento era bem gasto, para que ele pudesse apresentar esse argumento a doadores em potencial. Por outro lado, o autoengano do presidente também o fez relutar em cortar programas com falhas — porque, em sua mente, eles *não estavam* falhando. "Você teria um verdadeiro debate em suas mãos tentando provar a ele algo que era tão óbvio", relembrou meu amigo. Nesse caso, a mentalidade do soldado tornou o presidente melhor em persuadir as pessoas a lhe dar dinheiro, mas pior em decidir como usá-lo.

Nós trocamos julgamento por ânimo. Quando você cria um plano, focar apenas os aspectos positivos ("Esta é uma ótima ideia!") pode ajudá-lo a criar entusiasmo e motivação para executá-lo. Por outro lado, se examinar seu plano em busca de falhas ("Quais são as desvantagens? Como isso pode falhar?"), é mais provável que você perceba que há um plano melhor para o qual deve mudar.

Fazemos essas trocas, e muitas mais, o tempo todo, geralmente sem perceber que as estamos fazendo. Afinal, o ponto principal do autoengano é que ele ocorre sob nossa percepção consciente. Se você se pegasse pensando, explicitamente: "Devo admitir para mim mesmo que estraguei tudo?", a questão já seria discutível. Portanto, cabe às nossas mentes inconscientes escolherem, caso a caso, quais objetivos priorizar. Às vezes, escolhemos a mentalidade de soldado, promovendo nossos objetivos emocionais ou sociais em detrimento da precisão. Às vezes, escolhemos a mentalidade de explorador, buscando a verdade mesmo que ela não seja o que esperávamos.

E às vezes nossa mente inconsciente tenta obter as duas coisas. Quando dava workshops educacionais, fazia questão de checar com meus alunos para saber como as coisas estavam indo para eles. Eu sabia que, se um aluno estivesse confuso ou infeliz, seria melhor descobrir o quanto antes, para que eu pudesse tentar consertar o problema. Buscar feedback nunca foi fácil para mim, então fiquei orgulhosa de mim mesma por ter feito a coisa certa dessa vez.

Pelo menos, eu *estava* orgulhosa, até que percebi que estava fazendo algo que não tinha percebido. Sempre que perguntava a um aluno: "Então, você está gostando do workshop?", eu começava a balançar a cabeça, com um sorriso encorajador no rosto, como se dissesse: *a resposta é sim, certo? Por favor diga sim.* Claramente, meu desejo de proteger minha autoestima e felicidade estava competindo com meu desejo de aprender sobre os problemas para que eu pudesse resolvê-los. Aquela memória de mim mesma solicitando feedback honesto enquanto balançava a cabeça encorajadoramente e fazia perguntas tendenciosas agora está gravada em meu cérebro — a tensão entre o soldado e o explorador em uma única imagem.

SOMOS RACIONALMENTE IRRACIONAIS?

Uma vez que estamos constantemente fazendo essas trocas inconscientes entre as mentalidades de explorador e soldado, vale a pena perguntar: somos bons nisso? Somos bons em pesar intuitivamente os custos e benefícios de saber a verdade, em uma determinada situação, em comparação com os custos e benefícios de acreditar em uma mentira?

A hipótese de que a mente humana desenvolveu a capacidade de realizar bem essas trocas é chamada de hipótese da *irracionalidade racional*, cunhada pelo economista Bryan Caplan.[1] Se o nome soa como um paradoxo, é porque está usando dois sentidos diferentes da palavra *racional*: racionalidade epistêmica significa manter crenças que são bem justificadas, enquanto racionalidade instrumental significa agir de forma eficaz para atingir seus objetivos.

Ser racionalmente irracional, portanto, significaria que somos bons em escolher inconscientemente a irracionalidade epistêmica *vezes o suficiente* para atingir nossos objetivos sociais e emocionais, sem prejudicar muito o nosso julgamento. Uma pessoa racionalmente irracional negaria os problemas apenas quando o conforto da negação fosse suficientemente alto e sua chance de consertar o problema fosse suficientemente baixa. Um CEO racionalmente irracional aumentaria sua percepção da saúde de sua empresa apenas quando o impacto positivo em sua capacidade de persuadir os investidores fosse grande o suficiente para compensar o impacto negativo em sua tomada de decisão estratégica.

Então, somos racionalmente irracionais?

Se fossemos, não haveria muito mais para eu dizer neste livro. Eu poderia apelar ao seu senso de altruísmo e encorajá-lo a escolher com mais frequência a mentalidade de explorador pelo bem de ser um bom cidadão. Ou eu poderia apelar para o seu amor inato pela verdade por si mesma. Mas eu não poderia alegar que a mentalidade de explorador adicional o faria pessoalmente melhor se você já estivesse atingindo um equilíbrio ideal entre o explorador e o soldado.

O fato de que este livro está em suas mãos é um spoiler para minha resposta: não, estamos longe de ser racionalmente irracionais. Existem vários vieses principais em nossa tomada de decisão, várias maneiras pelas quais julgamos sistematicamente mal os custos e benefícios da verdade. No restante deste capítulo, exploraremos como esses preconceitos nos fazem *supervalorizar* a mentalidade de soldado, escolhendo-a com mais frequência do que deveríamos, e *subestimar* a mentalidade de explorador, escolhendo-a com menos frequência do que deveríamos.

SUPERVALORIZAMOS AS RECOMPENSAS IMEDIATAS DA MENTALIDADE DE SOLDADO

Um dos aspectos mais frustrantes de ser humano é nossa habilidade de minar nossos próprios objetivos. Nós pagamos para nos tornarmos membros de academias e raramente as usamos. Começamos as dietas e depois as quebramos. Nós procrastinamos escrever um artigo até a noite antes do prazo e amaldiçoamos nosso eu passado por nos colocar nessa situação.

A fonte dessa autossabotagem é o viés *presente*, uma característica de nossa tomada de decisão intuitiva, na qual nos preocupamos demais com as consequências de curto prazo e muito pouco com as consequências de longo prazo. Em outras palavras, estamos impacientes e ficamos mais impacientes à medida que as recompensas potenciais se aproximam.[2]

Quando você pensa em se tornar membro de uma academia, a troca parece valer a pena, em teoria. Gastar algumas horas por semana se exercitando, em troca de parecer e se sentir muito melhor? Me inclua nessa! Mas em qualquer manhã, quando você se depara com a escolha entre "desligar meu alarme e afundar alegremente de volta no sono" ou "ir para a academia e fazer um progresso imperceptível em direção aos meus objetivos de condicionamento físico", é uma decisão muito mais difícil. As recompensas de escolher dormir até tarde são imediatas; as recompensas de escolher se exercitar são difusas e demoradas. Que diferença uma sessão de exercícios fará para seus objetivos de condicionamento físico a longo prazo, afinal?

É amplamente conhecido que o viés presente molda nossas escolhas sobre como agir. O que é muito menos avaliado é que também molda nossas escolhas sobre como pensar. Assim como dormir até tarde, interromper sua dieta ou procrastinar seu trabalho, colhemos as recompensas de pensar na mentalidade de soldado imediatamente, enquanto os custos só aparecem mais tarde. Se você está preocupado com um erro que cometeu e se convence de que "não foi minha culpa", você é recompensado com um alívio emocional instantâneo. O custo é que você perde a oportunidade de aprender com seu erro, o que significa que é menos capaz de evitar que aconteça novamente. Mas isso não o afetará até algum momento desconhecido no futuro.

Superestimar seus traços positivos é mais eficaz nos primeiros dias de um relacionamento (romântico, profissional ou outro). Quando alguém o encontra pela primeira vez, ele tem pouquíssimas informações sobre sua qualidade como funcionário ou colega, então é forçado a confiar mais em alternativas como: "Quão confiante ele parece com suas qualidades?" Porém, quanto mais tempo uma pessoa passa com você, mais informações ela obtém sobre seus verdadeiros pontos fortes e fracos e menos precisa usar sua confiança como alternativa.

Ser excessivamente otimista sobre sua chance de sucesso lhe dá uma explosão de motivação imediata. Mas esses benefícios motivacionais diminuem com o tempo, ou até têm resultados negativos, quando o sucesso demora mais tempo do que você previu. Como Francis Bacon disse: "A esperança é um bom café da manhã, mas um jantar ruim."

SUBESTIMAMOS O VALOR DA CONSTRUÇÃO DE HÁBITOS DE EXPLORADOR

Quando você acorda de manhã e vai para a academia, o benefício dessa escolha não está apenas nas calorias que queima ou no tônus muscular que desenvolve naquele dia. O benefício também está no fato de que você está reforçando habilidades e hábitos valiosos. Isso inclui o hábito de ir à academia, obviamente, mas também a habilidade mais ampla de fazer coisas difíceis e o hábito mais amplo de cumprir suas promessas a si mesmo.

Nós sabemos disso em teoria. Mas pode ser difícil apreciar visceralmente esses benefícios, especialmente quando o alarme toca às 6h da manhã e sua cama está aconchegante e quente. Um único dia, por si só, não faz muita diferença para seus hábitos e habilidades gerais. "Posso ir amanhã", você pensa ao desligar o alarme. O que é verdade — mas, é claro, você vai pensar a mesma coisa amanhã.

Analogamente, o benefício de uma mentalidade de explorador não é apenas tornar seu mapa da realidade um pouco mais preciso. O benefício está nos hábitos e habilidades que você reforça. Mesmo quando está pensando sobre algo como política externa, que não impacta sua vida diretamente, a maneira como você pensa ainda a impacta *indiretamente*, porque você está reforçando hábitos gerais de pensamento. Cada vez que você diz: "Ah, esse é um bom argumento, eu não tinha pensado nisso", fica um pouco mais fácil para você reconhecer bons argumentos em geral. Cada vez que você opta por verificar um fato antes de citá-lo, torna-se um pouco mais provável que se lembre de verificar seus fatos em geral. Cada vez que você está disposto a dizer: "Eu estava errado", fica um pouco mais fácil estar errado em geral.

Esses e outros hábitos valiosos de exploradores se acumulam com o tempo. Mas, em qualquer caso específico, é difícil para o benefício "melhorar incrementalmente meus hábitos de pensamento" competir com as recompensas vívidas e imediatas da mentalidade de soldado.

SUBESTIMAMOS OS EFEITOS COLATERAIS DO AUTOENGANO

Uma linha de pensamento frequentemente utilizada para criar graça em sitcoms é o "engano gera mais engano". Você já viu isso antes — o protagonista comete algumas faltas menores, como esquecer de comprar um presente de Natal para sua esposa. Para encobri-la, ele conta uma pequena mentira. Por exemplo, ele dá a ela o presente que comprou originalmente para seu pai, fingindo que comprou para ela. Mas então ele precisa contar outra mentira para encobrir a primeira mentira: "É uma gravata... uh, certo, eu queria dizer que acho que você fica sexy com gravatas!"... e, no fim do episódio, sua esposa está usando gravata todos os dias.

Essa linha de pensamento é exagerada para efeito cômico, mas é baseada em um fenômeno real: quando você conta uma mentira, é difícil prever exatamente a que você se comprometeu no futuro.

Assim como as mentiras que contamos aos outros, as mentiras que contamos a nós mesmos têm efeitos colaterais. Suponha que você tende a racionalizar seus próprios erros e, consequentemente, se veja como mais perfeito do que realmente é. Isso tem um efeito colateral em suas opiniões sobre as outras pessoas: agora, quando seus amigos e familiares erram, você pode não ser tão solidário. Afinal, *você* nunca comete tais erros. *Por que eles não podem simplesmente ser melhores? Não é tão difícil.*

Ou suponha que, para o bem de sua autoestima, você se veja através de lentes cor-de-rosa, julgando-se mais charmoso, interessante e impressionante do que realmente parece ser para as outras pessoas. Aqui está um possível efeito colateral: como você explica o fato de que as mulheres não parecem estar interessadas em namorar você, dado o grande partido que é? Bem, talvez elas sejam todas superficiais.

Mas essa conclusão desencadeia um efeito colateral próprio. Como você explica por que seus pais, amigos ou comentaristas da internet continuam tentando convencê-lo de que a maioria das mulheres não é tão superficial quanto você pensa? Bem, eu acho que você não pode confiar nas pessoas para dizer as coisas como elas são — as pessoas simplesmente dizem o que acham que devem dizer, não é? Essa conclusão, por sua vez, cria ainda mais efeitos colaterais em seu mapa da realidade.

Esses são exemplos para fins ilustrativos, e não necessariamente representativos. É difícil saber exatamente como o efeito colateral de um determinado ato de autoengano o prejudicará no futuro, ou se sequer o prejudicará. Em muitos casos, talvez o dano seja insignificante. Mas o fato de o dano ser retardado e imprevisível deve soar um alarme. Esse é exatamente o tipo de custo que tendemos a negligenciar quando pesamos custos e benefícios intuitivamente. Os efeitos colaterais são mais uma razão para suspeitar de que subestimamos o custo de nos enganarmos — e, portanto, estamos escolhendo a mentalidade de soldado com muita frequência e a mentalidade de explorador muito raramente.

SUPERESTIMAMOS OS CUSTOS SOCIAIS

Você já mentiu para seu médico? Se sim, você não está sozinho. Em duas pesquisas recentes, 81% e 61% dos pacientes, respectivamente, admitiram ocultar informações de seu médico sobre coisas importantes, como se estavam tomando seus medicamentos regularmente ou se entendiam as instruções recebidas por ele.[3] Os motivos mais comuns que os pacientes deram para esse comportamento? Constrangimento e medo de serem julgados. "A maioria das pessoas quer que seu médico tenha uma opinião positiva sobre elas", disse o autor principal do estudo.[4]

Pense em como essa troca é perversa. Em primeiro lugar, seu médico quase certamente não o julga tão severamente quanto você teme que ele o faça. Ele viu centenas de pacientes com doenças constrangedoras ou maus hábitos semelhantes. Mais importante, a opinião do seu médico sobre você *não importa* — ela tem impacto quase nulo em sua vida, carreira ou felicidade. Racionalmente, faz muito mais sentido ser totalmente honesto com seu médico para que você possa obter o melhor conselho médico possível.

Essa é outra maneira pela qual nossa intuição sobre custos e benefícios é distorcida — superestimamos a importância de como nos relacionamos com as outras pessoas. Os custos sociais, como parecer esquisito ou fazer papel de bobo, *parecem* muito mais significativos do que realmente são. Na realidade, as outras pessoas não estão pensando em você tanto quanto você intuitivamente pensa que elas estão, e as opiniões delas sobre você não têm tanto impacto em sua vida quanto parece que têm.

Como resultado, acabamos fazendo trágicas trocas, sacrificando muito da felicidade potencial para evitar custos sociais relativamente pequenos. Se você convidar alguém para sair e ela disser não, isso não é o fim do mundo — mas pode parecer que é. A perspectiva de rejeição é tão estressante que muitas vezes inventamos racionalizações para justificar não fazê-lo, nos convencendo de que não estamos interessados em um relacionamento, ou de que não temos tempo para namorar agora, ou de que ninguém iria querer nos namorar de qualquer maneira, então nem vale a pena tentar.

No Capítulo 2, na seção sobre pertencimento, descrevi a síndrome da papoula alta, na qual as pessoas que são percebidas como ambiciosas demais são reduzidas em seu tamanho. É um fenômeno real, mas reagimos de forma exagerada a ele. A economista Julie Fry estuda as atitudes sobre a ambição na Nova Zelândia, onde a síndrome da papoula alta tem sido historicamente comum. Um dia ela voltou a entrar em contato com uma mulher que havia entrevistado dois anos antes, para renovar a permissão de publicação de sua gravação.

Na entrevista original, a mulher alegou que achava a ideia de ambição pouco atraente e preferia permanecer estável na carreira. Mas agora ela estava alegremente liderando uma equipe em sua empresa. Ela relatou à Fry que a conversa delas sobre ambição dois anos antes a fez substituir o pensamento de: "Isso não é para mim, não estou interessada", para "Bem, não preciso ser atrevida e agressiva, mas talvez seja aceitável eu estender a mão e colher algo".[5]

Quando nos permitimos refletir sobre um custo social que temos evitado (ou quando outra pessoa nos pede para refletir sobre isso, como no caso dessa neozelandesa), muitas vezes percebemos: "Ei, isso não é grande coisa, afinal. Posso decidir assumir um pouco mais de responsabilidade no trabalho e tudo ficará bem. Ninguém vai me odiar por isso." Mas, quando deixamos a decisão a cargo de nossos instintos, até mesmo uma sugestão de risco social potencial leva a uma reflexiva reação de: "Evite a todo custo!"

Corremos até risco de morte para evitar parecer tolos na frente de estranhos. Em *Big Weather: Chasing Tornadoes in the Heart of America* [*Clima Intenso: Perseguindo Tornados no Coração dos EUA*, em tradução livre] o escritor Mark Svenvold descreve estar em um motel em El Reno, Oklahoma, enquanto um tornado se aproximava. A televisão do motel tocou um alarme e um aviso do Serviço Meteorológico Nacional rolou na parte inferior da tela: "VÁ PARA UM ABRIGO IMEDIATAMENTE." Svenvold se perguntou se suas últimas horas de vida seriam realmente passadas em um motel barato.

Mesmo assim, ele hesitou em agir. Dois homens locais estavam bebendo cerveja do lado de fora do motel, encostados indiferentemente em seu caminhão, aparentemente sem se abalarem pelo tornado que se aproximava. Ele estava sendo ingênuo? A recepcionista do motel também parecia calma. Svenvold perguntou a ela se o motel tinha um porão onde ele pudesse se proteger. "Não, não temos um porão", respondeu ela, com um toque do que ele considerou desprezo.

Como Svenvold mais tarde lembrou, "o desprezo da funcionária do motel, moradora local, me envergonhando, um visitante ignorante, em negação" e os dois homens do lado de fora "bebendo implacavelmente suas cervejas" deixaram a indecisão paralisá-lo. Depois de 30 minutos duvidando de seu próprio julgamento, ele percebeu que os homens do lado de fora tinham ido embora, e só então ele finalmente sentiu permissão para fugir.[6]

Ficamos excessivamente tentados por recompensas imediatas, mesmo quando elas têm um custo altíssimo mais tarde. Nós subestimamos o dano cumulativo de crenças falsas e o benefício cumulativo de praticar hábitos de explorador. Superestimamos o quanto as outras pessoas nos julgam e quanto impacto seus julgamentos têm em nossas vidas. Como resultado de todas essas tendências, acabamos por estar dispostos a sacrificar nossa capacidade de ver com clareza em troca de recompensas emocionais e sociais de curto prazo. Isso não significa que a mentalidade de explorador é sempre a melhor opção — mas significa que temos um viés a favor da mentalidade de soldado, *mesmo quando o explorador é uma escolha melhor.*

100%
Soldado ⟶ 100%
Explorador

ESTARÍAMOS EM MELHOR SITUAÇÃO ESCOLHENDO A MENTALIDADE DE SOLDADO COM MENOR FREQUÊNCIA, E A DE EXPLORADOR COM MAIOR FREQUÊNCIA DO QUE NOSSOS INSTINTOS NOS MANDAM FAZER

Descobrir que nossos cérebros têm esses desvios embutidos da tomada de decisão ideal pode parecer uma má notícia. Mas na verdade são boas notícias. Isso significa que há espaço para melhorias, oportunidades inexploradas para tornar nossas vidas melhores, se pudermos aprender a confiar menos na mentalidade de soldado e mais na mentalidade de explorador.

UM MAPA DE PRECISÃO É MAIS ÚTIL AGORA

Se você tivesse nascido há 50 mil anos, estaria meio que preso à tribo e à família em que nasceu. Não havia muita escolha de carreira também. Você poderia caçar, forragear ou ter filhos, dependendo de seu papel na tribo. Se você não gostasse, bem, era uma pena.

Temos muito mais opções agora. Especialmente se vive em um país relativamente desenvolvido, você tem a liberdade de escolher onde morar, que carreira seguir, com quem se casar, iniciar ou terminar um relacionamento, ter filhos, quanto pedir emprestado, onde investir, como gerenciar sua saúde física e mental e muito mais. Se suas escolhas tornam sua vida melhor ou pior, depende de seu julgamento, e seu julgamento depende de sua mentalidade.

Viver no mundo moderno também significa que temos muito mais oportunidades para consertar coisas de que não gostamos em nossas vidas. Se você é ruim em alguma coisa, pode ter aulas, ler um livro *Para Leigos*, assistir a um tutorial do YouTube, conseguir um professor ou contratar alguém para fazer isso por você. Se você está se irritando com os costumes sociais restritivos de sua cidade, pode encontrar pessoas com quem se identifica online ou se mudar para uma cidade grande. Se sua família é abusiva, você pode cortar os laços com ela.

Se você está infeliz em geral, pode visitar um terapeuta, fazer mais exercícios, mudar sua dieta, experimentar antidepressivos, ler livros de autoajuda ou filosofia, meditar, ser voluntário para ajudar outras pessoas ou ir para um lugar que receba mais luz solar ao longo do ano.

Nem todas essas soluções são igualmente eficazes para todos e nem todas valem o esforço ou o custo. Decidir quais soluções vale a pena tentar é uma questão de julgamento. Decidir quais problemas em sua vida vale a pena tentar resolver, em vez de simplesmente aprender a conviver, também é uma questão de julgamento.

Essa abundância de oportunidades torna a mentalidade de explorador muito mais útil do que teria sido para nossos ancestrais. Afinal, de que adianta admitir que seus problemas existem se você não pode resolvê-los? Qual é o ponto de perceber seus desacordos com sua comunidade se não pode sair dela? Ter um mapa preciso não ajuda muito quando você tem permissão para percorrer apenas um único caminho.

Então, se seus instintos subestimam a verdade, isso não é surpreendente — nossos instintos evoluíram em um mundo diferente, mais adequado para o soldado. Cada vez mais, nosso mundo está se tornando um que recompensa a capacidade de ver claramente, especialmente a longo prazo; um mundo no qual sua felicidade não depende tanto de sua capacidade de se adaptar à vida, às habilidades e aos grupos sociais em que você nasceu.

Cada vez mais, o mundo é do explorador agora.

PARTE II

Desenvolvendo Autoconsciência

Capítulo 4

Sinais de um Explorador

UM DOS MEUS prazeres secretos de leitura é um fórum no Reddit chamado "Am I the Asshole?" ["Eu sou o babaca?", em tradução livre] em que as pessoas descrevem um conflito recente em suas vidas e pedem a outros que avaliem quem estava certo.

Em uma postagem de 2018, alguém no fórum descreveu o seguinte dilema.[1] Ele está namorando uma garota há um ano e quer que ela more com ele. O problema é que ela tem um gato e ele os acha irritantes. Portanto, ele gostaria que sua namorada desse seu gato antes de se mudar. Mas, embora ele tenha explicado sua posição para ela "com muita calma e racionalidade", de acordo com ele, sua namorada se recusou a ceder. Ela e seu gato são um pacote, diz ela. Ele acha que ela está sendo irracional e apela ao Reddit para apoiá-lo.

Eles não o apoiam. Em vez disso, eles o informam que, embora ele possa não gostar de gatos, os animais de estimação das pessoas são extremamente importantes para elas, e você não pode simplesmente pedir a alguém para dar o gato porque você o acha irritante. O veredicto nesse caso foi muito mais unânime do que o normal: "Sim, você é o babaca."

Um fator-chave que nos impede de seguir a mentalidade de explorador com mais frequência é a nossa convicção de que já estamos nela. Neste capítulo, examinaremos algumas coisas que nos fazem sentir como exploradores, mesmo quando não o somos — seguidos por mais alguns indicadores genuínos da mentalidade de explorador.

SENTIR QUE ESTÁ SENDO OBJETIVO NÃO FAZ DE VOCÊ UM EXPLORADOR

Essa frase que tirei da postagem do Redditor — "muito calma e racionalmente" — é reveladora. Nós nos consideramos objetivos porque nos sentimos objetivos. Nós examinamos nossa própria lógica e ela parece sólida. Não detectamos nenhum sinal de preconceito em nós mesmos. Sentimo-nos sem emoção, desapaixonados.

Mas o fato de você se sentir calmo não significa que está sendo justo, como esse Redditor provou inadvertidamente. E ser capaz de explicar uma posição "racionalmente", como ele colocou — quando as pessoas geralmente querem dizer que podem apresentar um argumento convincente a favor de sua posição —, não significa que a posição seja justa. É claro que seu argumento parece atraente para você; o argumento de todos parece atraente para eles. É assim que funciona o raciocínio motivado.

Na verdade, considerar-se racional pode apresentar um resultado negativo. Quanto mais objetivo você pensa ser, mais confia em suas próprias intuições e opiniões como representações precisas da realidade e fica menos inclinado a questioná-las. "Sou uma pessoa objetiva, então minhas opiniões sobre o controle de armas devem ser corretas, ao contrário das opiniões de todas aquelas pessoas irracionais que discordam de mim", pensamos. Ou "eu sou imparcial, então se este candidato a emprego parece melhor para mim, ele realmente deve ser melhor".

Em 2008, o financista Jeffrey Epstein foi condenado por solicitar sexo a meninas menores de idade. Vários anos depois, um jornalista levantou o caso em uma entrevista com o físico Lawrence Krauss, um amigo próximo de Epstein. Krauss rejeitou as acusações, dizendo:

> Como cientista, sempre julgo as coisas com base em evidências empíricas e ele sempre teve mulheres de 19 a 23 anos ao seu redor, mas nunca vi nada mais, então, como cientista, presumo que quaisquer que fossem os problemas, eu acreditaria nele em detrimento de outras pessoas.[2]

Esse é um apelo muito duvidoso ao empirismo. Ser um bom cientista não significa recusar-se a acreditar em qualquer coisa até que você veja com seus próprios olhos. Krauss simplesmente confia mais em seu amigo do que nas mulheres que o acusaram ou nos investigadores que confirmaram essas acusações. Isso não é ciência objetiva. Quando você parte da premissa de que é um pensador objetivo, você dá às suas conclusões um ar de irrepreensível que elas geralmente não merecem.

SER INTELIGENTE E BEM INFORMADO NÃO FAZ DE VOCÊ UM EXPLORADOR

"Que idiota", exclamamos quando alguém compartilha uma opinião excepcionalmente equivocada no Facebook. "Acho que as pessoas não se importam mais com fatos e evidências", suspiramos quando lemos sobre alguma crença pseudocientífica em moda. Jornalistas escrevem ensaios sombrios sobre o "culto à ignorância"[3] e o "anti-intelectualismo" do público, e publicam livros com títulos como *Just How Stupid Are We? Facing the Truth About the American Voter* [Quão Estúpidos Somos Nós? Enfrentando a Verdade sobre o Eleitor Americano, em tradução livre].[4]

Uma linguagem como essa parece implicar que o problema com nosso discurso — a razão pela qual tantas pessoas têm as visões "erradas" sobre técnicas controversas — é a falta de conhecimento e capacidade de raciocínio. Se as pessoas fossem mais inteligentes e bem informadas, perceberiam seus erros!

Mas isso é verdade? O professor de direito de Yale, Dan Kahan, fez uma pesquisa com os norte-americanos sobre suas opiniões políticas e suas crenças sobre as mudanças climáticas.

Como era de se esperar, essas duas coisas estavam altamente correlacionadas. Os democratas liberais eram muito mais propensos do que os republicanos conservadores a concordar com a declaração "Há evidências sólidas do aquecimento global recente devido principalmente à atividade humana, como a queima de combustíveis fósseis".[*]

Até agora, nada surpreendente. A diferença é que Kahan também mediu a "inteligência científica" de seus entrevistados com uma coleção de perguntas diferentes: alguns eram quebra-cabeças projetados para testar a habilidade de raciocínio, como "se 5 máquinas levam 5 minutos para fazer 5 ferramentas, quanto tempo levaria 100 máquinas para fazer 100 ferramentas?" Outras questões eram testes de conhecimento científico básico, como "Os lasers funcionam focalizando as ondas sonoras — verdadeiro ou falso?" e "Qual gás constitui a maior parte da atmosfera terrestre: hidrogênio, nitrogênio, dióxido de carbono ou oxigênio?"

Se o conhecimento e a inteligência protegem você do raciocínio motivado, então esperaríamos descobrir que quanto mais as pessoas sabem sobre ciência, mais elas concordam umas com as outras sobre questões

---

[*] Esse padrão não implica que liberais e conservadores se envolvam em raciocínios motivados sobre as mudanças climáticas na mesma medida, apenas que as pessoas, em geral, se envolvem em raciocínios motivados sobre essa questão.

científicas. Kahan descobriu o oposto. Nos níveis mais baixos de inteligência científica, não há polarização alguma — cerca de 33% dos liberais e conservadores acreditam no aquecimento global causado pelos humanos. Mas, à medida que a inteligência científica aumenta, as opiniões liberais e conservadoras divergem. No momento em que você atinge o mais alto percentil de inteligência científica, a crença liberal no aquecimento global causado pelos humanos aumenta para quase 100%, enquanto a crença conservadora cai para 20%.[5]

O mesmo padrão em forma de funil aparece quando você pergunta às pessoas suas opiniões sobre outras questões científicas com forte carga ideológica: o governo deve financiar pesquisas com células-tronco? Como o universo começou? Os humanos evoluíram de espécies animais inferiores? Em todas essas questões, as pessoas com os mais altos níveis de inteligência científica também eram as mais politicamente polarizadas em suas opiniões.[6]

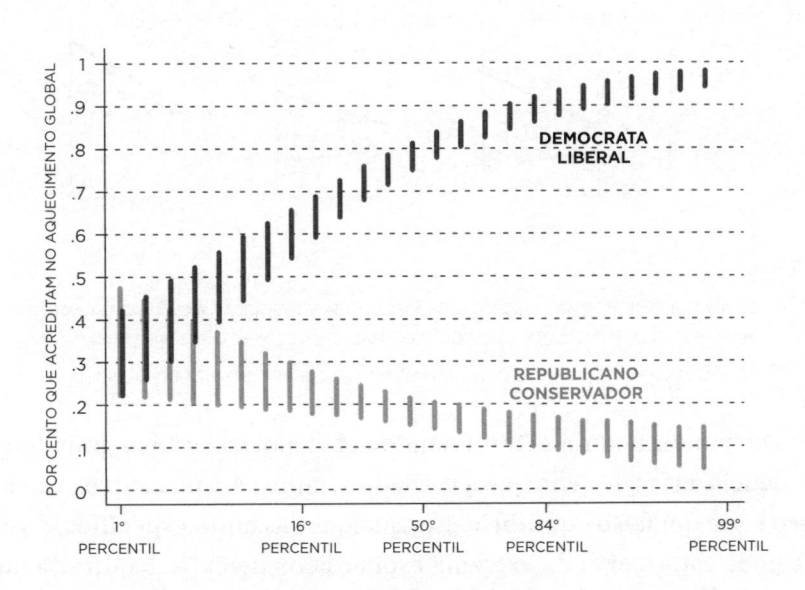

A INTELIGÊNCIA CIENTÍFICA ORDINÁRIA

CONFORME A INTELIGÊNCIA DA CIENTÍFICA AUMENTA, OS LIBERAIS E OS CONSERVADORES DIVERGEM SE HÁ "EVIDÊNCIA SÓLIDA" DE AQUECIMENTO GLOBAL POR CAUSA HUMANA. ADAPTADO DE KAHAN (2017), FIGURA 8, PÁGINA 1012.

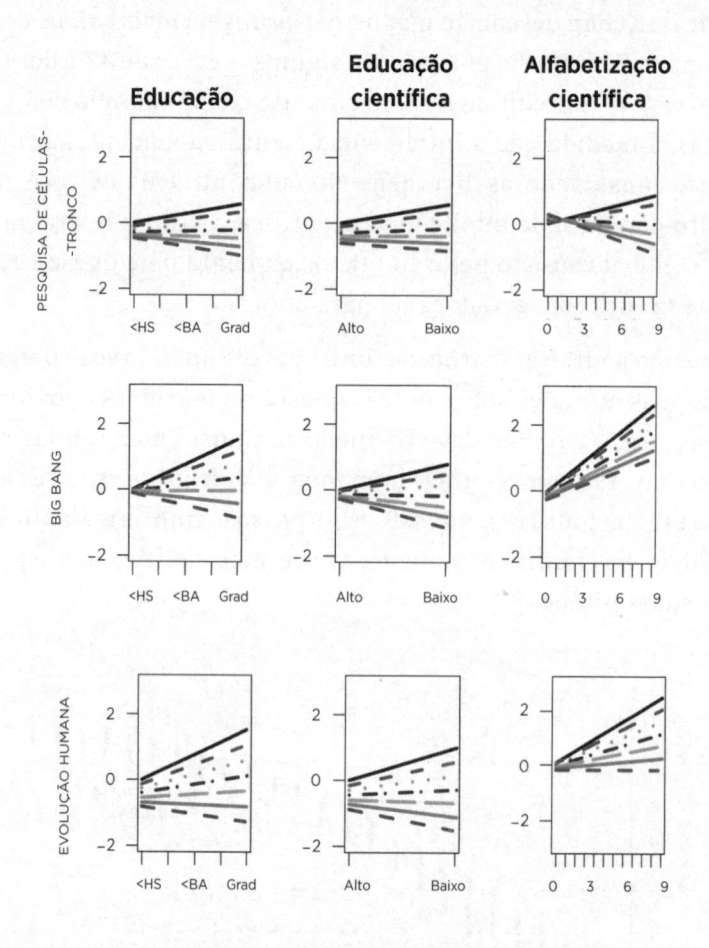

SOBRE QUESTÕES CIENTÍFICAS DE CARGA IDEOLÓGICA — PESQUISA EM CÉLULAS-TRONCO, BIG BANG E EVOLUÇÃO HUMANA — PESSOAS COM MAIS CONHECIMENTO SÃO MAIS POLARIZADAS POLITICAMENTE. ADAPTADO DE DRUMMOND & FISCHHOFF (2017), FIGURA 1, PÁGINA 4.

Da maneira como estou falando sobre polarização, alguns leitores podem inferir que acho que a verdade sempre está no centro. Não acho; isso seria um falso equilíbrio. Em qualquer assunto específico, a verdade pode estar perto da extrema esquerda ou da extrema direita ou em qualquer outro lugar. A questão é simplesmente que, à medida que as pessoas se tornam mais bem informadas, deveriam começar a convergir para a verdade, *onde quer que ela esteja*. Em vez disso, vemos o padrão oposto — quando as pessoas ficam mais bem informadas, elas divergem.

Esse é um resultado crucialmente importante, porque ser inteligente e ter conhecimento sobre um determinado tópico são mais duas coisas que nos dão uma falsa sensação de segurança em nosso próprio raciocínio. Um alto QI e um diploma avançado podem lhe dar uma vantagem em domínios ideologicamente neutros, como resolver problemas matemáticos ou descobrir onde investir seu dinheiro. Mas eles não o protegerão de preconceitos em questões de forte carga ideológica.

Falando nisso... a pergunta "Algumas pessoas são mais propensas a preconceitos do que outras?" tem uma forte carga ideológica. E, com certeza, os pesquisadores que estudam o preconceito são vítimas do próprio fenômeno que estão estudando.

Por décadas, é senso comum entre os psicólogos que os conservadores são *inerentemente* mais propensos ao preconceito do que os liberais. É a chamada teoria da "rigidez da direita", que o conservadorismo atrai pessoas com certos traços de personalidade inatos: mente fechada, autoritarismo, dogmatismo, medo da mudança e da novidade. É uma teoria irresistível se você for um liberal — o que a maioria dos psicólogos acadêmicos é. Uma pesquisa recente de psicólogos sociais e de personalidade descobriu que a proporção de liberais para conservadores autoidentificados era de quase 14 para 1.[7]

Talvez isso tenha algo a ver com o motivo pelo qual o campo como um todo estivesse tão disposto a aceitar a teoria da "rigidez da direita", embora a pesquisa por trás dela seja duvidosa, para dizer o mínimo. Confira algumas das perguntas que normalmente são usadas para determinar se alguém tem uma personalidade "rígida":[8]

> Você concorda que "homossexuais e feministas deveriam ser elogiados por serem corajosos o suficiente para desafiar os 'valores da família tradicional'"? Se não, você é rígido.
>
> Você é a favor da pena de morte? Se sim, você é rígido.
>
> Você é a favor do socialismo? Aborto legalizado? Se não, então sim, você adivinhou que — você é rígido.

Felizmente, você será mais rápido em reconhecer o problema com essa pesquisa do que os psicólogos acadêmicos. Essas perguntas supostamente medem a rigidez, mas na verdade medem se você tem crenças conservadoras. O que significa que a teoria de que os conservadores têm personalidades mais rígidas do que os liberais não é uma descoberta empírica — é uma tautologia.

Inteligência e conhecimento são apenas ferramentas. Você pode usá-las para ver o mundo com clareza, se é isso que está motivado a fazer. Ou você pode usá-las para defender um ponto de vista específico, se é o que deseja. Mas não há nada inerente às ferramentas que o torna um explorador.

PRATICAR A MENTALIDADE DE EXPLORADOR FAZ DE VOCÊ UM EXPLORADOR

Certa noite, em uma festa, eu estava falando sobre como é difícil ter desentendimentos produtivos, em que as pessoas mudem de ideia, no Twitter. Um homem do grupo opinou: "Não acho nada difícil."

"Uau! Qual é seu segredo?", perguntei.

Ele deu de ombros. "Não há segredo. Basta trazer à tona os fatos."

Franzi a testa, confusa. "E isso... funciona? Você menciona fatos e as pessoas mudam de ideia?"

"Sim, o tempo todo", disse ele.

No dia seguinte, examinei seu feed do Twitter para descobrir o que eu estava perdendo. Li meses de tweets, mas não consegui encontrar uma única instância que correspondesse à descrição que ele me deu na festa. Sempre que alguém discordava de algo que ele dizia em um tweet, ele ignorava, zombava ou simplesmente informava que o outro estava errado e considerava a discussão encerrada.

É fácil *pensar*: "É claro que mudo de ideia em resposta às evidências" ou "É claro que aplico meus princípios de forma consistente" ou "É claro que sou justo", sejam essas coisas verdadeiras ou não. O teste da mentalidade de explorador não revela se você se vê como o tipo de pessoa que faz essas coisas, mas sim se pode apontar casos concretos em que, de fato, fez essas coisas.

Sentir-se razoável, ser inteligente e bem informado, estar ciente do raciocínio motivado — todas essas coisas *parecem* que deveriam ser indicadores da mentalidade de explorador, mas, surpreendentemente, têm pouco a ver com isso. O único sinal real de ser um explorador é você agir como um. No resto deste capítulo, vamos explorar cinco sinais da mentalidade de explorador, pistas comportamentais de que alguém se preocupa com a verdade e vai buscá-la inclusive quando não é forçado, e mesmo quando a verdade não é favorável.

1. Você diz às outras pessoas quando percebe que elas estavam certas?

Na Guerra Civil Americana, a cidade de Vicksburg foi de extrema importância. Estava estrategicamente situada às margens do rio Mississippi, o que significava que quem quer que a controlasse poderia controlar o movimento de tropas e suprimentos para cima e para baixo no país. Como disse o presidente da Confederação Jefferson Davis, "Vicksburg é a cabeça do prego que mantém as duas metades do Sul juntas".[9]

O chefe do exército da União, o general Ulysses S. Grant, havia tentado, sem sucesso, dominar Vicksburg durante meses. Finalmente, em maio de 1863, ele estabeleceu um plano ousado para se aproximar da cidade de uma direção inesperada, usando subterfúgios para esconder dos confederados o progresso de suas tropas. O presidente Abraham Lincoln estava preocupado — o plano lhe pareceu muito arriscado. Mas, dois meses depois, no Dia da Independência Norte Americana, o exército de Grant saiu vitorioso no centro de Vicksburg.

Lincoln nunca conheceu Grant pessoalmente, mas decidiu escrever uma carta para ele depois de saber da vitória. "Meu caro General", começava. Depois de expressar sua gratidão, Lincoln continuou:

> Desejo dizer mais uma palavra... Achei que você deveria descer o rio e se juntar ao General Banks; e, quando você virou para o norte, a leste do Big Black, pensei que era um erro. Eu agora desejo fazer um reconhecimento pessoal de que você estava certo e eu estava errado.[10]

A carta era "perfeitamente adequada" para Lincoln, um colega dele comentou mais tarde ao lê-la. O presidente nunca teve dificuldade em dizer a outras pessoas que o julgamento delas era superior.[11]

Tecnicamente, a mentalidade do explorador requer apenas que você seja capaz de reconhecer para si mesmo que estava errado, não para as outras pessoas. Ainda assim, a disposição de dizer "Eu estava errado" para outra pessoa é um forte sinal de alguém que valoriza a verdade acima de seu próprio ego. Você consegue pensar em casos em que fez o mesmo?

2. Como você reage às críticas pessoais?

Talvez você tenha um chefe ou amigo que insista em dizer: "Eu respeito a honestidade! Eu só quero que as pessoas sejam francas comigo", apenas para reagirem mal quando alguém tenta fazer valer suas palavras. Eles se ofendem, ficam na defensiva ou atacam quem estava dando o feedback negativo. Ou talvez agradeçam educadamente àquela pessoa por sua honestidade e, a partir de então, a ignoram.

É muito mais fácil *dizer* que você recebe bem as críticas do que realmente aceitá-las. Mas, em muitos domínios, obter feedback honesto é essencial para a melhoria. Sua habilidade de falar em público poderia ser melhorada? Seus clientes têm reclamações? Existem coisas que você está fazendo como chefe, funcionário, amigo ou parceiro romântico que são frustrantes para outras pessoas?

Para avaliar seu conforto com críticas, não é suficiente apenas se perguntar: "Estou aberto a críticas?" Em vez disso, examine seu histórico. Existem exemplos de críticas que você fez? Você recompensou um crítico (por exemplo, promovendo-o)? Você se esforça para tornar mais fácil para outras pessoas criticá-lo?

Um amigo meu chamado Spencer dirige uma incubadora de startups e gerencia várias equipes de pessoas. Duas vezes por ano, ele convida todos os seus funcionários a preencher uma pesquisa sobre como ele está se saindo como gerente. A pesquisa é anônima, para facilitar a franqueza das pessoas. Ele também aprendeu a formular seus pedidos de feedback de várias maneiras para atrair de forma mais eficaz as críticas das pessoas. Por exemplo, além de perguntar "Quais são meus pontos fracos como gerente?", ele pergunta "Se você tivesse que escolher algo para eu melhorar, o que seria?".

Eu não me dou muito bem nesse aspecto da mentalidade do explorador, se você se lembra da minha história sobre abordar meus alunos para um "feedback honesto" enquanto lhes fazia perguntas tendenciosas. Eu odeio receber críticas pessoais e tenho que me forçar a procurá-las. A diferença entre mim e Spencer nesse aspecto às vezes é muito gritante — como no dia em que ele se aproximou de mim com esta sugestão entusiástica: "Ei, Julia, acabei de ouvir sobre esse evento legal de encontros rápidos", disse ele. "Você sai em um 'encontro' de cinco minutos com dez pessoas diferentes e, em seguida, cada pessoa conta suas impressões sobre você e como você pode melhorar! Quer se inscrever comigo?"

"Spencer", respondi com sinceridade, "prefiro serrar minha própria perna com uma faca de manteiga".

3. Você já concluiu estar errado?

Numa segunda-feira de manhã, uma jornalista chamada Bethany Brookshire sentou-se à sua mesa e abriu seu e-mail. Ela recebeu duas respostas de cientistas a quem tinha solicitado uma entrevista. Uma era de uma cientista e começava: "Cara Dra. Brookshire..." A outra era de um cientista do e começava, "Prezada Sra. Brookshire...".

Que típico, pensou Brookshire. Ela acessou o Twitter, digitou o seguinte e clicou em enviar:

> Observação de segunda de manhã:
>
> Tenho "PhD" na assinatura do meu e-mail. Eu assino meus e-mails apenas com meu nome, sem "Dra.". Eu envio muitos e-mails a PhDs.
>
> Suas respostas:
>
> Homens: "Querida Bethany.", "Olá Sra. Brookshire."
>
> Mulheres: "Olá, Dra. Brookshire."
>
> Não é 100%, mas é uma divisão MUITO clara.[12]

Seu tweet foi curtido mais de 2.300 vezes. "Não estou surpresa", comentou uma mulher. "Com certeza há preconceito!", escreveu outra. "Na minha experiência também é assim", disse outra.

À medida que as respostas de apoio se acumulavam, entretanto, Brookshire começou a se contorcer. Sua afirmação foi baseada em uma impressão aproximada, de memória, de como cientistas homens e mulheres normalmente respondiam aos seus e-mails. Mas os dados reais em si estavam em sua caixa de entrada. "Não devo testar minha afirmação?", pensou ela consigo mesma.

Então ela leu seus e-mails antigos, consultou os números — e descobriu que estava errada. Dos cientistas do sexo masculino, 8% a chamaram de "Dra." e, entre as cientistas do sexo feminino, 6% a chamaram de "Dra.". Os dados eram esparsos o suficiente para que nenhuma conclusão confiável pudesse ser tirada deles, mas certamente não apoiavam sua observação inicial. Ela deu continuidade ao seu tweet original uma semana depois,[13] compartilhando os resultados de sua investigação: "Novo post: peguei os dados sobre isso. Acontece que... Eu estava errada."

Para ser clara, o fato de Brookshire estar errada nesse caso não significa que *não haja* preconceito de gênero na ciência. Significa apenas que, nesse caso específico, sua impressão de parcialidade estava errada. "Todos nós nos identificamos com algo porque parece nossa realidade", complementou Brookshire em um post de seu blog. "Em muitos casos, pode muito bem ser realidade. Mas minha observação sobre meus e-mails foi um erro."[14]

Você consegue pensar em alguns exemplos em que voluntariamente provou que estava errado? Talvez você estivesse prestes a expressar uma opinião online, mas decidiu pesquisar primeiro contra-argumentos e acabou achando-os convincentes. Ou talvez no trabalho você estivesse defendendo uma nova estratégia, mas mudou de ideia depois que analisou os números com mais cuidado e percebeu que não seria viável.

4. Você toma precauções para não se enganar?

Uma questão muito debatida na física do século XX era se a expansão do nosso universo estava se acelerando ou diminuindo. Isso é importante em parte porque nos diz como será o futuro distante: se a expansão estiver acelerando, toda a matéria existente continuará se distanciando cada vez mais por toda a eternidade. Se a expansão estiver desacelerando, então tudo acabará desmoronando em um único ponto, como o big bang ao contrário. (Na verdade, é chamado de "big crunch".)

Na década de 1990, o físico Saul Perlmutter comandou o Supernova Cosmology Project, uma equipe de pesquisadores que investigou a mudança na velocidade de expansão do universo medindo a luz emitida por supernovas ou estrelas em explosão. Pessoalmente, Perlmutter suspeitava de que a resposta seria "a expansão está acelerando". Mas ele estava preocupado com o potencial de o raciocínio motivado contaminar o processo de pesquisa. Ele sabia que mesmo os cientistas mais bem-intencionados podem se enganar e acabam encontrando o que desejam ou esperam encontrar em seus dados.

Portanto, Perlmutter optou por um método chamado análise cega de dados. Ele usou um programa de computador para mudar todos os dados da supernova em uma quantidade aleatória, que permaneceu oculta dos pesquisadores enquanto faziam suas análises. Porque não podiam ver os dados originais, eles não podiam, consciente ou inconscientemente, ajustar sua análise para obter a resposta que queriam. Apenas quando todas as análises foram finalizadas, a equipe conseguiu ver como eram os resultados com os dados reais — e, de fato, a teoria da "aceleração" foi confirmada.

Perlmutter ganhou o Prêmio Nobel pela descoberta em 2015. A análise cega de dados é "muito mais trabalhosa em certo sentido, mas acho que deixa você se sentindo muito mais seguro ao fazer sua análise", disse ele a um jornalista.[15]

Provavelmente não é todo dia que você se pega testando uma teoria digna do Prêmio Nobel sobre a natureza da realidade, mas o mesmo princípio se aplica a situações mais comuns também. Você tenta evitar preconceitos sobre as informações que obtém? Por exemplo, quando você pede a seu amigo para opinar sobre uma briga que teve com seu parceiro, você descreve a discordância sem revelar de que lado estava, para evitar influenciar a resposta de seu amigo? Quando você lança um novo projeto no trabalho, decide com antecedência o que será considerado um sucesso e o que será considerado um fracasso, para que não fique tentado a mudar os objetivos mais tarde?

5. Você tem bons críticos?

Quando Charles Darwin publicou *A Origem das Espécies* em 1859, ele sabia que seria uma bomba polêmica. O livro defendia a evolução por seleção natural, uma teoria que não era apenas difícil para as pessoas compreenderem, mas que beirava a blasfêmia, pois derrubava a imagem tradicional do domínio dado por Deus ao homem sobre o reino animal. Argumentar a favor da evolução era "como confessar um assassinato", disse ele a um colega cientista.[16]

O livro realmente gerou uma tempestade de críticas, que Darwin achou irritante, embora soubesse que isso aconteceria. Seus críticos manipularam seus argumentos, exigiram um ônus de prova irrealisticamente alto e levantaram objeções frágeis. Darwin foi educado em público, mas desabafou suas frustrações em cartas particulares. "Owen é realmente muito maldoso. Ele deturpa e altera o que eu digo de forma muito injusta", se irritou ele com uma crítica.[17]

Claro, é típico para o dissidente com a teoria marginal se sentir injustamente rejeitado pela corrente principal. O que tornou Darwin atípico foi que ele também reconheceu um punhado de *bons* críticos além dos maus, pessoas que ele poderia dizer que se deram ao trabalho de realmente entender sua teoria e estavam levantando objeções inteligentes a ela.

Um dos bons críticos foi um cientista chamado François Jules Pictet de la Rive, que publicou uma crítica negativa de *A Origem das Espécies* em uma revista literária chamada *The Athenaeum*. Darwin ficou tão impressionado com a crítica de Pictet de la Rive que escreveu uma carta agradecendo-lhe por ter resumido o argumento do livro com tanta precisão e chamando suas críticas de perfeitamente justas. "Eu concordo literalmente com cada palavra que você diz", respondeu ele a Pictet de la Rive. "Admito plenamente que de maneira nenhuma explico todas as vastas dificuldades. A única diferença entre nós é que atribuo muito mais peso à explicação dos fatos e um pouco menos peso às dificuldades do que você."[18]

Você provavelmente pode pensar em pessoas que criticam suas crenças e escolhas de vida mais profundas. Pessoas que têm opiniões opostas sobre questões políticas, como controle de armas, pena de morte ou aborto. Pessoas que discordam de você em questões científicas, como mudança climática, nutrição ou vacinação. Pessoas que condenam a indústria em que você trabalha, como tecnológica ou militar.

É tentador ver seus críticos como mesquinhos, mal-informados ou irracionais. E é provável que alguns deles sejam. Mas é improvável que *todos* eles sejam. Você pode citar pessoas que criticam suas crenças, profissão ou escolhas de vida que você considera razoáveis, mesmo que acredite que elas estão erradas? Ou pode pelo menos citar razões pelas quais alguém pode discordar de você que você consideraria razoável (mesmo que não conheça pessoas específicas que tenham essas opiniões)?

Ser capaz de citar críticos razoáveis, estar disposto a dizer "O outro lado tem razão desta vez", estar disposto a reconhecer quando você estava errado — são coisas como essas que distinguem as pessoas que realmente se preocupam com a verdade daquelas que apenas pensam que se preocupam. Mas o maior sinal da mentalidade de explorador pode ser este: você pode apontar ocasiões em que estava com a mentalidade de soldado? Se isso soa contraditório, lembre-se de que o raciocínio motivado é nosso estado natural. É universal, conectado em nossos cérebros. Então, se você nunca se percebe fazendo isso, o que é mais provável — que por acaso você funciona de forma diferente do resto da humanidade ou que simplesmente não seja tão consciente quanto poderia ser?

Aprender a identificar seus próprios preconceitos, na hora em que ocorrem, não é tarefa fácil. Mas não é impossível, se você tiver as ferramentas certas. É sobre isso que tratam os próximos dois capítulos.

Capítulo 5

Notando o Preconceito

PARA COMPREENDER O QUÃO insidioso é o raciocínio motivado, é útil conhecer um pouco de magia.

Uma das ferramentas essenciais no kit de ferramentas de um mágico é uma forma de manipulação chamada forçar. Em sua forma mais simples, forçar funciona assim: o mágico coloca duas cartas viradas para baixo na sua frente. Para que seu truque seja bem-sucedido, ele precisa que você termine com a carta à esquerda. Ele diz: "Agora vamos remover uma dessas cartas — por favor, escolha uma."

Se você apontar para a carta à esquerda, ele diz: "Ok, esta é sua."

Se você apontar para a carta à direita, ele dirá: "Ok, vamos remover esta." De qualquer forma, você acaba segurando a carta da esquerda, sentindo que a escolheu por sua própria vontade. Se você pudesse ver os dois possíveis cenários ao mesmo tempo, o truque seria óbvio. Mas, porque acaba em apenas um desses mundos, você nunca percebe.

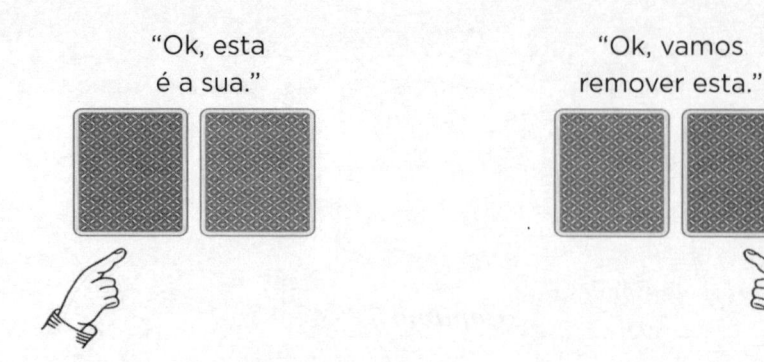

"Ok, esta é a sua."   "Ok, vamos remover esta."

Forçar é o que seu cérebro está fazendo para se safar com um raciocínio motivado, enquanto ainda faz você se sentir objetivo. Suponha que um político democrata seja pego traindo sua esposa, mas uma eleitora democrata não considera isso um motivo para não votar nele: "O que ele faz em sua vida privada é assunto dele", argumenta ela. No entanto, se o político adúltero fosse um republicano, ela teria pensado: "O adultério é um sinal de mau caráter — isso mostra que ele não está apto para governar."

Se a eleitora democrata pudesse ver a maneira como teria reagido naquele mundo contrafactual e compará-la com sua reação no mundo real, a influência de suas motivações seria óbvia para ela. Mas, porque ela só vê um desses mundos, nunca percebe que está sendo tudo menos objetiva.

"O adultério é um sinal de mau caráter."   "A vida privada dele só diz respeito a ele."

É mais fácil para o seu cérebro usar o truque de "forçar" em tópicos que você nunca considerou antes, porque você não tem princípios preexistentes para atrapalhar a escolha de qualquer resposta que lhe seja conveniente no caso em questão. Você pode já ter formado opiniões sobre a severidade de julgar o adultério, então que tal este exemplo: se você for processado e ganhar o caso, a pessoa que o processou deve pagar suas custas judiciais? Se você for como a maioria das pessoas (85%, em um estudo)[1], sua resposta é sim. Afinal, se você é falsamente acusado de algo, por que deveria perder milhares de dólares em honorários de advogados? Isso não seria justo.

No entanto, quando a pergunta nesse estudo foi ligeiramente reformulada — "Se você processar alguém e perder o caso, você deve pagar os custos dele?" — apenas 44% das pessoas disseram que sim. Imaginar-se no papel da pessoa que processou e perdeu traz à mente argumentos alternativos. Por exemplo, você pode ter perdido simplesmente porque o outro lado é rico e pode pagar advogados melhores. Não é justo desencorajar as vítimas de processar apenas porque elas não têm condições financeiras para perder, certo?

Ambos os argumentos a favor e contra a política do "perdedor paga" têm pelo menos algum mérito. Mas o que vem à mente dependerá de você ser o autor da ação ou o denunciante — e provavelmente nunca lhe ocorrerá que poderia ter pensado em um argumento oposto se estivesse do outro lado do caso.

UMA EXPERIÊNCIA DE PENSAMENTO É UMA ESPIADA NO MUNDO CONTRAFACTUAL

Você não pode detectar o raciocínio motivado em si mesmo apenas examinando seu raciocínio e concluindo que faz sentido. Você tem que comparar seu raciocínio com a forma como *teria* raciocinado em um mundo contrafactual, um mundo em que suas motivações eram diferentes — você julgaria as ações daquele político de forma diferente se ele estivesse no partido oposto? Você avaliaria esse conselho de maneira diferente se seu amigo o tivesse oferecido em vez de seu cônjuge? Você consideraria a metodologia desse estudo válida se suas conclusões apoiassem o seu lado?

Claro, você não pode saber com certeza como teria raciocinado se as circunstâncias fossem diferentes. Você não pode literalmente visitar o mundo contrafactual. Mas pode fazer a próxima melhor coisa — dar uma espiada virtualmente, com um experimento mental.

Nas próximas páginas, exploraremos cinco tipos diferentes de experimentos mentais: o teste de dois pesos e duas medidas, o teste externo, o teste de conformidade, o teste cético seletivo e o teste de tendência ao status quo. Contudo, antes de começarmos, aqui está uma dica importante para ter em mente ao fazer um experimento de pensamento: tente *realmente* imaginar o cenário contrafactual. Para ver por que isso é importante, pense em uma criança de seis anos que acabou de tirar sarro de outra criança. Sua mãe o repreende e tenta mostrar por que o que ele fez foi errado, apresentando este antigo experimento de pensamento: "Imagine-se no lugar de Billy, com alguém zombando de você na frente de seus amigos. Como você se sentiria?"

Seu filho responde instantaneamente: "Eu não me importaria!"

É bastante óbvio que a criança não está realmente se imaginando no lugar de Billy, certo? Ele está apenas dizendo o que sabe ser a resposta correta, a resposta que significa que ele não fez nada de errado. Os experimentos mentais só funcionam se você realmente os fizer. Portanto, não basta formular uma pergunta verbal para si mesmo. Evoque o mundo contrafactual, coloque-se nele e observe sua reação.

Você pode se surpreender com a diferença que isso faz. Uma estudante de direito que conheci há alguns anos, a quem chamarei de Keisha, estava infeliz na faculdade e não se entusiasmava com a ideia de ser advogada, mas sempre rejeitou a ideia de largar a faculdade. Uma de suas amigas perguntou: "Você está apenas continuando na faculdade de direito porque não quer decepcionar seus pais? Se você soubesse que eles não se importavam, isso mudaria sua decisão?"

"Não, eu não continuaria na faculdade de direito apenas por causa deles. Isso seria loucura", disse Keisha com firmeza.

Sua amiga a pressionou um pouco mais, dessa vez tornando a pergunta mais específica: "Tudo bem, imagine que amanhã seus pais liguem para você e digam: 'Quer saber, Keisha, estivemos conversando sobre isso e estamos preocupados que você não está feliz na faculdade de direito. Queríamos apenas ter certeza de que você sabe que não nos importamos se você largar a faculdade — só queremos que você faça algo de que goste.'"

E Keisha percebeu: *nesse caso, eu largaria a faculdade de direito imediatamente.*

O TESTE DE DOIS PESOS E DUAS MEDIDAS

Quando jovem, "Dan" (nome fictício) frequentou um colégio militar com uma proporção de gênero muito desigual. Havia cerca de 30 meninas em sua classe e 250 meninos. Como as garotas tinham muitas opções, elas tendiam a escolher caras que eram especialmente atraentes, atléticos ou charmosos.[2] Isso não descrevia Dan. Ele era socialmente desastrado, tinha uma aparência desajeitada e não recebia a escassa atenção das garotas. Magoado por seu desinteresse, ele concluiu que as meninas eram todas "vadias arrogantes".

Mas um dia ele fez um experimento mental que mudou sua percepção. Ele se perguntou: "Você pode dizer honestamente que, se a situação se revertesse, não estaria fazendo exatamente a mesma coisa?" A resposta foi clara: "Sim, se fosse esse o caso, eu definitivamente estaria saindo com todas as gatas", percebeu ele. Essa mudança de perspectiva não lhe rendeu imediatamente um encontro, mas o fez se sentir mais em paz com a situação na escola e tornou mais fácil para ele se conectar com as mulheres quando ficou um pouco mais velho.

O que Dan fez foi uma versão do "teste de dois pesos e duas medidas": "Estou julgando o comportamento de outras pessoas por um padrão que não aplicaria a mim mesmo?" O teste de dois pesos e duas medidas pode ser aplicado a grupos e também a indivíduos. Na verdade, você provavelmente já encontrou esse teste em sua forma mais comum — proferindo com raiva em cenários políticos: "Ah, vamos, pare de defender seu candidato! Como você teria reagido se alguém do nosso partido fizesse a mesma coisa?"

É muito mais raro alguém fazer essa pergunta a si mesmo, mas isso acontece ocasionalmente. Fiquei impressionada ao ver o teste de dois pesos e duas medidas surgir em uma discussão online em 2009 sobre a intenção dos democratas de abolir a opção de obstrução. Um comentarista — um democrata — expressou desaprovação: "Estou apenas imaginando como eu teria reagido se soubesse que uma tática semelhante foi usada pelo [presidente republicano George W. Bush] sobre um orçamento de guerra ou algo de natureza similar. Eu não gostaria nem um pouco", disse ele.[3]

Até agora, esses exemplos envolveram julgar outras pessoas ou grupos por um padrão crítico injusto. Mas esse teste também pode revelar o padrão oposto — que você está se julgando com mais severidade do que julgaria outra pessoa exatamente na mesma situação. Se você está se culpando por fazer uma pergunta estúpida na aula ou em uma reunião, imagine outra pessoa fazendo a mesma pergunta "estúpida". Qual seria a sua reação? Seria um grande problema?

TESTE DO OUTSIDER

O primeiro semestre de 1985 foi um período "sombrio e frustrante" para a empresa de tecnologia Intel, de acordo com seu cofundador Andy Grove. A Intel vinha conduzindo um negócio próspero, especializado em chips de memória. Mas, em 1984, seus concorrentes japoneses descobriram como fazer chips de memória que funcionavam mais rápido e melhor do que os da Intel.

Enquanto os executivos da Intel viam a participação de mercado do Japão disparar e a sua própria cair, eles conversaram sem parar sobre o que fazer. Eles estavam sendo destruídos no mercado de chips de memória. Eles deveriam tentar entrar em outro mercado? Mas a memória era a identidade da Intel. A ideia de não ser mais uma "empresa de memória" parecia chocante, quase como a violação de um dogma religioso.

Na autobiografia de Grove, *Only the Paranoid Survive* [Apenas os Paranoicos Sobrevivem, em tradução livre], ele descreve a conversa que teve com seu cofundador, Gordon Moore, e que acabou salvando a empresa:

> Nosso estado de espírito era pessimista. Olhei pela janela para a roda-gigante do parque de diversões Great America girando à distância, depois me virei para Gordon e perguntei: "Se formos expulsos e o conselho trouxer um novo CEO, o que você acha que ele faria?"
>
> Gordon respondeu sem hesitação: "Ele nos tiraria do ramo das memórias." Eu o encarei, atordoado, então disse: "Por que você e eu não saímos pela porta, voltamos e fazemos isso nós mesmos?"[4]

Depois que eles reconheceram o fato de que abandonar seu outrora celebrado negócio de chips de memória era, de uma perspectiva externa, a escolha óbvia, a decisão estava praticamente tomada. Foi assim que a Intel conseguiu se recuperar com vigor de sua crise de meados dos anos 1980, mudando seu foco dos chips de memória para o que é mais conhecida hoje: microprocessadores.

O experimento de pensamento que Grove e Moore fizeram é chamado de teste do outsider: imagine que outra pessoa está em seu lugar — o que você espera que ela faça em sua situação? Quando você está tomando uma decisão difícil, a questão do que fazer pode se misturar a outras questões emocionalmente carregadas como: "É minha culpa estar nesta situação?" ou "As pessoas vão me julgar com severidade se eu mudar de ideia?". O teste do outsider é projetado para eliminar essas influências, deixando apenas seu palpite honesto sobre a melhor maneira de lidar com uma situação como a que você está.

Em uma mudança no teste, imagine que *você* é o *outsider*. Suponha que você ainda tenha cerca de dois anos de graduação, mas está se sentindo cada vez mais infeliz com a área que escolheu. Você considerou a possibilidade de desistir — mas o pensamento de que poderia ter perdido anos de sua vida nessa carreira é tão doloroso que você sempre encontra um motivo para aguentar mais um pouco.

Tente imaginar que você acabou de se teletransportar magicamente para a vida dessa pessoa chamada [Seu nome]. Você não tem apego às decisões anteriores dela, nenhum desejo de parecer coerente ou de provar que está certo. Você só quer tirar o melhor proveito da situação em que de repente se encontrou. É como se você pendurasse uma placa no pescoço: "Sob Nova Administração."[5] Agora, com qual opção você se sente mais entusiasmado: passar mais dois anos na graduação para terminar seu curso ou desistir para fazer outra coisa?*

TESTE DE CONFORMIDADE

Quando eu era criança, idolatrava minha prima Shoshana, que era dois anos mais velha do que eu e, portanto, incrivelmente sofisticada aos meus olhos. Durante um acampamento familiar em um verão, ela me apresentou a uma banda da moda chamada *New Kids On The Block*. Enquanto estávamos sentadas em sua barraca, ouvindo seu último álbum no toca-fitas, Shoshana disse: "Ooh, esta próxima música é minha favorita!"

---

* Uma versão mais comum desse experimento mental é: "O que você diria a um amigo que estivesse nesta situação?" Isso pode ser útil, mas vem de uma parcialidade em potencial, de que você pode pegar leve com um amigo.

Depois que a música acabou, ela se virou para mim e me perguntou o que eu achava. Eu respondi com entusiasmo: "Nossa, é muito boa! Acho que é a minha favorita também."

"Bem, adivinhe?" ela respondeu. "Essa não é minha música favorita. É a música de que eu menos gosto. Eu só queria ver se você iria me copiar."

Fiquei envergonhada na hora. Mas, em retrospecto, foi uma experiência instrutiva. Quando afirmei que aquela música era minha favorita, quis dizer aquilo — a música realmente parecia melhor do que as outras. Eu não achei que estava dizendo isso apenas para impressionar Shoshana. Então, depois que Shoshana revelou seu truque, pude sentir minha mudança de atitude em tempo real. A música de repente parecia cafona. Muito ruim. Entediante. Foi como se alguém tivesse acabado de acender uma luz mais forte, e as falhas da música foram colocadas em nítida evidência.*

Agora eu uso o truque de Shoshana como um experimento mental quando quero testar quanto da "minha" opinião é realmente minha. Se eu concordar com o ponto de vista de outra pessoa, faço um teste de conformidade: imagine que essa pessoa me diga que não tem mais esse ponto de vista. Eu ainda teria a mesma opinião? Eu me sentiria confortável defendendo isso para ela?

Por exemplo, suponha que você esteja em uma reunião estratégica e seu colega esteja defendendo a contratação de mais pessoas. Você se pega balançando a cabeça concordando. "É verdade, isso acabaria nos fazendo economizar dinheiro", pensa. Essa parece ser sua opinião — mas, para verificar, você pode fazer um teste de conformidade. Imagine que seu colega diga de repente: "A propósito, pessoal, estou apenas bancando o advogado do diabo aqui. Não acredito necessariamente que devemos contratar agora."

---

* É possível que minha prima Shoshana tenha cruzado com Barack Obama em algum momento, porque ele usava um truque semelhante com seus conselheiros quando era presidente. Era essencialmente um teste do tipo "bajulador": se alguém expressasse concordância com uma visão sua, Obama fingiria que mudou de ideia e não tinha mais essa visão. Em seguida, ele pedia que explicassem por que acreditavam que isso era verdade. "Todo líder tem pontos fortes e fracos, e um dos meus pontos fortes é um bom detector de mentiras", disse Obama.⁶

Ao ouvir isso, você ainda acha que é a favor da contratação?

O teste de conformidade pode ser usado para questionar suas preferências, bem como suas crenças. Uma mulher que conheço com vinte e tantos anos estava pensando se um dia gostaria de ter filhos. Ela sempre presumiu que acabaria sendo mãe — mas ela realmente queria isso ou estava apenas concordando com o que a maioria das pessoas fazem? Ela tentou um teste de conformidade: "Suponha que ter filhos não fosse a escolha da maioria e, em vez disso, apenas cerca de 30% das pessoas quisessem fazer isso. Eu faria?" Naquele mundo, ela percebeu, a ideia de ter filhos parecia muito menos atraente para ela. O resultado destacou para ela que estava menos intrinsecamente interessada na maternidade do que pensava.

TESTE CÉTICO SELETIVO

Durante minha pesquisa para este livro, encontrei um artigo que afirmava mostrar que a mentalidade de soldado torna as pessoas bem-sucedidas na vida. "Ah, vamos lá", zombei para mim mesma e verifiquei a seção de metodologia em busca de falhas. Com certeza, acabou se revelando um estudo mal planejado.

Então, com certa relutância, fiz um experimento mental: *e se esse estudo tivesse afirmado que a mentalidade do soldado torna as pessoas malsucedidas na vida?*

Nesse caso, percebi, minha reação teria sido: "Exatamente como eu suspeitava. Terei que encontrar um lugar para este estudo em meu livro!" Esse contraste entre minhas reações nos mundos real e hipotético foi um alerta para mim, um aviso de que eu precisava ser um pouco menos crédula em relação às evidências que apoiavam meu lado. Isso me levou a voltar aos estudos que eu planejava citar a meu favor e examinar suas metodologias em busca de falhas, assim como fiz com o estudo de mentalidade de soldado. (Infelizmente, isso acabou desqualificando a maioria deles.)

Chamo esse tipo de experimento mental de teste cético seletivo: imagine que essa evidência apoie o outro lado. Quão confiável você a acharia então?

Suponha que alguém critique uma decisão tomada por sua empresa e sua reação instintiva seja: "Eles não sabem do que estão falando, porque não têm todos os detalhes relevantes." *Teste cético seletivo:* imagine que a pessoa elogiou a decisão de sua empresa. Você ainda pensaria que apenas os *insiders* são informados o suficiente para ter opiniões válidas?

Suponha que você seja uma feminista e tenha lido um artigo reclamando de como as feministas odeiam os homens. Como evidência, o autor oferece um punhado de tweets de pessoas de quem você nunca ouviu falar, que dizem algo como: "Todos os homens precisam morrer em um incêndio!!! #girlpower #feminismo." Você pensa consigo mesma: "Dá um tempo. Claro que você pode encontrar exemplos de pessoas sendo idiotas ou extremistas em qualquer grupo, se você procurar bastante por eles. Uma seleção aleatória como essa não prova nada sobre o feminismo."

Teste cético seletivo: imagine que o artigo esteja cheio de citações escolhidas a dedo de um grupo de que você não gosta, como os conservadores.* Como você reagiria? Você rejeitaria a evidência com a mesma lógica, de que alguns exemplos selecionados de pessoas sendo idiotas em um grupo não provam nada sobre aquele grupo?

TESTE DE TENDÊNCIA AO STATUS QUO

Um amigo meu chamado David estava morando em sua cidade natal com seus amigos de faculdade. Ele tinha uma oportunidade de emprego dos sonhos no Vale do Silício, mas estava indeciso sobre se iria aceitá-la. Afi-

---

* Obviamente, sinta-se à vontade para trocar "feministas" e "conservadores" por dois outros grupos que façam o exemplo funcionar melhor para você.

nal, ele se dava muito bem com seus amigos de faculdade, a maioria dos quais morava perto. Valia a pena desistir disso por um trabalho melhor?

Então, ele tentou um experimento mental: "Suponha que eu já estivesse morando em São Francisco, trabalhando em um emprego empolgante e bem remunerado. Eu ficaria tentado a desistir e voltar para casa para ficar mais perto de meus amigos da faculdade?

"Não, eu não ficaria", percebeu.

O experimento mental de David revelou que sua atitude em relação às suas opções provavelmente estava sendo influenciada pela "tendência ao status quo", uma motivação para defender qualquer situação que seja o status quo. Uma das principais teorias sobre por que somos tendenciosos a favor do status quo é que somos avessos à perda: a dor que sentimos de uma perda supera o prazer que sentimos de um ganho de tamanho semelhante. Isso nos deixa relutantes em mudar nossa situação, porque, mesmo que a mudança nos deixasse em uma situação geral melhor, nos fixamos mais no que vamos perder do que no que vamos ganhar.

Eu chamo o experimento mental de David de teste de tendência ao status quo: imagine que sua situação atual não seja mais o status quo. Você o escolheria ativamente? Caso contrário, é um sinal de que sua preferência por sua situação é menor em relação aos seus méritos específicos e maior em relação à uma preferência pelo status quo.*

O teste de tendência ao status quo funciona tanto nas escolhas de políticas quanto nas escolhas de vida pessoal. Em 2016, quando os cidadãos britânicos estavam votando se deixavam ou permaneciam na União Europeia, uma blogueira britânica ficou indecisa sobre como votar. A questão que finalmente decidiu as coisas para ela foi um teste de tendência ao status quo: "Se ainda não fizéssemos parte da União Euro-

---

* Leitores astutos terão notado que o teste de tendência ao status quo não é um experimento de pensamento perfeitamente limpo — ao inverter o status quo, você está adicionando um custo de transação à decisão. Mas, como é um experimento mental, você pode fingir que o custo de transação é magicamente zero.

peia, eu acharia uma boa ideia votar para aderir?", se perguntou. Para ela, a resposta foi não.*

Sempre que você rejeita alguma mudança proposta para a sociedade, é uma oportunidade de testar seu preconceito de status. Considere a pesquisa de extensão de vida. Se os cientistas pudessem descobrir como dobrar a expectativa de vida humana, de aproximadamente 85 para 170 anos, isso seria uma coisa boa? Não, de acordo com muitas pessoas com quem eu discuti isso. "Se os humanos vivessem tanto tempo, o progresso seria lento demais", argumentam. "Precisamos que as gerações mais velhas morram e abram espaço para as gerações mais jovens com novas ideias."

Para fazer um teste de tendência ao status quo, imagine que a expectativa de vida humana fosse naturalmente de 170 anos. Agora, suponha que uma mutação genética reduziu a expectativa de vida humana para 85 anos. Você ficaria satisfeito? Se não, então talvez você realmente não ache que uma expectativa de vida mais curta vale uma mudança social mais rápida.[7]

EXPERIMENTOS DE PENSAMENTO COMUM

Teste de Dois Pesos e Duas Medidas	Você está julgando uma pessoa (ou grupo) por um padrão diferente do que você usaria para outra pessoa (ou grupo)?
Teste do Outsider	Como você avaliaria esta situação se não fosse a sua situação?
Teste de Conformidade	Se outras pessoas não tivessem mais essa visão, você ainda a manteria?

---

* Você pode argumentar que há uma diferença entre (1) escolher não convidar europeus para a sociedade e economia do Reino Unido em primeiro lugar, e (2) escolher rescindir esse convite quando ele já tiver sido feito. Na verdade, essa é outra potencial assimetria no teste de tendência ao status quo. Ainda assim, é útil saber se essa é sua principal objeção, caso seja.

Teste Cético Seletivo	Se essa evidência apoiasse o outro lado, quão confiável você a julgaria ser?
Teste de Tendência ao Status Quo	Se sua situação atual não fosse o status quo, você a escolheria ativamente?

EXPERIMENTOS MENTAIS NÃO são oráculos. Eles não podem dizer o que é verdadeiro ou justo ou qual decisão você deve tomar. Se você perceber que seria mais indulgente com o adultério de um democrata do que de um republicano, isso revela que você tem um padrão de dois pesos e duas medidas, mas não diz qual seu padrão "deveria" ser. Se você perceber que está nervoso por desviar do status quo, isso não significa que você não pode decidir pela escolha mais segura desta vez de qualquer maneira.

O que os experimentos mentais fazem é simplesmente revelar que seu raciocínio muda conforme suas motivações mudam. Que os princípios que você está inclinado a invocar ou as objeções que vêm à sua mente dependem de seus motivos: o motivo para defender sua imagem ou o status de seu grupo; o motivo para defender uma política de interesse próprio; medo de mudança ou rejeição.

Pegar seu cérebro no ato de raciocínio motivado — perceber quando as falhas anteriormente invisíveis de um experimento aparecem em você, ou perceber que suas preferências mudam conforme você alterna detalhes supostamente irrelevantes de um cenário — quebra a ilusão de que seu julgamento inicial é a verdade objetiva. Isso convence você, visceralmente, de que seu raciocínio é *contingente*; que seus julgamentos iniciais são um ponto de partida para a exploração, não um ponto final.

Na metáfora do explorador, é como olhar através de seus binóculos para um rio distante e dizer: "Bem, com certeza parece que o rio está congelado. Mas deixe-me encontrar outro ponto de vista — ângulo diferente, iluminação diferente, lentes diferentes — e ver se as coisas parecem diferentes."

Capítulo 6

Quão certo você está?

EM UMA CENA do filme *Star Trek: Sem Fronteiras,* de 2016, uma nave espacial voa pelo céu.[1] Ela está sendo pilotada pelo capitão Kirk, que está na cola de três naves inimigas que vão direto para o centro de uma cidade, onde pretendem detonar uma super arma. O braço direito de Kirk, o Comandante Spock, grita para ele: "Capitão, interceptar todas as três naves é uma impossibilidade!"

Uma impossibilidade. As palavras soam tão autoritárias, tão definitivas. Mesmo assim, 60 segundos depois, Kirk descobre como manobrar na frente das naves inimigas, parando-as com a fuselagem casco de sua própria nave antes que elas possam chegar ao seu destino.

Se você assistiu muito a *Star Trek* antes, isso não o surpreenderá. Spock não tem um grande histórico quando se trata de fazer previsões precisas. "Há apenas uma chance muito pequena de que isso funcione",

Spock avisa a Kirk em um episódio do programa de TV original, pouco antes de seu plano funcionar.[2] As chances de sobrevivência são "menos de 7 mil para 1", Spock disse a Kirk em outro episódio, pouco antes de eles escaparem ilesos.[3] A chance de encontrar sobreviventes é "absolutamente nenhuma", Spock declara em outro episódio, pouco antes de descobrirem uma grande colônia de sobreviventes.[4]

GOSTAMOS DE NOS SENTIR SEGUROS

Spock está *confiante demais,* o que significa que a confiança de que ele está certo supera sua precisão real. Nesse aspecto, Spock não é tão diferente da maioria de nós (exceto que ele faz uma questão muito grande de expressar sobre quão objetivas e "lógicas" são suas previsões, motivo pelo qual escolhi torná-lo um exemplo). Muitas vezes falamos como se não houvesse chance de estarmos enganados — "Não há como ele dar aquele tiro daquela distância!" ou "Definitivamente terei terminado até sexta-feira". — e, ainda assim, descobrimos que estamos errados.

Para ser justo, em parte expressamos a certeza por uma questão de simplicidade. A conversa seria difícil se tivéssemos que parar e atribuir uma probabilidade a cada afirmação que fizéssemos. Mas, mesmo quando alguém nos leva a parar e refletir sobre nosso nível de confiança, muitas vezes afirmamos estar completamente certos. Você perceberá isso se pesquisar online por frases como "Quão certo você está" ou "Qual é seu grau de confiança". Aqui estão alguns exemplos que tirei de discussões no Quora, Yahoo! Respostas, Reddit e outros fóruns:

- *Expresse por meio de porcentagem quanta certeza você tem de que existe vida inteligente fora da Terra.* "Estou 100% certo de que existe outra vida inteligente."[5]

- *Quão confiante você está de que atingirá suas metas de vendas para 2017?* "Estou 100% confiante."[6]

- *Ateus, quanta certeza vocês têm de que não vão se converter a uma religião como o cristianismo em seu leito de morte?* "100% confiante."[7]

Mesmo os profissionais estão frequentemente certos e errados em sua área de especialização. Por exemplo, muitos estudos descobriram que os médicos superestimam rotineiramente sua capacidade de diagnosticar pacientes. Um estudo examinou os resultados da autópsia de pacientes que receberam diagnósticos com "certeza completa" e descobriu que em 40% desses casos o diagnóstico estava incorreto.[8]

Se tendemos a ser excessivamente certos sobre nosso conhecimento, isso é ainda mais verdadeiro quando se trata de nossas opiniões. Dizemos coisas como: *"Não há dúvida* de que a América precisa de um salário mínimo" ou "É *óbvio* que a internet destruiu nossa atenção" ou "*É claro* que esse projeto de lei seria um desastre".

Nem todo excesso de confiança se deve a um raciocínio motivado. Às vezes, simplesmente não percebemos como um tópico é complicado, então superestimamos o quão fácil é obter a resposta certa. Mas grande parte do excesso de confiança decorre do desejo de ter certeza. A certeza é simples. A certeza é confortável. A certeza nos faz sentir inteligentes e competentes.

Sua força como explorador está em sua capacidade de resistir a essa tentação, de superar seu julgamento inicial e de pensar em tons de cinza em vez de preto e branco. Para distinguir a sensação de "95% de certeza" de "75% de certeza" de "55% de certeza". Isso é o que aprenderemos a fazer neste capítulo.

Mas, primeiro, vamos voltar um pouco — o que significa colocar um número em seu grau de crença?

QUANTIFICANDO SUA INCERTEZA

Normalmente, quando as pessoas pensam sobre o quão seguras estão, elas se perguntam algo como: "Eu realmente sinto alguma dúvida?"

Se a resposta for não, como costuma acontecer, eles se declaram "100% certos".

Essa é uma maneira compreensível de pensar sobre certezas, mas não é a maneira como um explorador pensa sobre isso. Um explorador trata seu grau de certeza como uma previsão de sua probabilidade de estar certo. Imagine classificar todas as suas crenças em grupos com base em quanta certeza você tem de que está certo sobre cada uma delas. Isso incluiria previsões cotidianas ("Vou gostar deste restaurante"), crenças sobre sua vida ("Meu parceiro é fiel a mim"), crenças sobre como o mundo funciona ("Fumar causa câncer"), premissas centrais ("A magia não é real") e assim por diante. Colocar uma crença no balde de "70% de certeza" é como dizer: "Este é o tipo de coisa que espero acertar em cerca de 70% das vezes."

O que você está objetivando implicitamente ao marcar suas crenças com vários níveis de confiança é a *calibração perfeita*. Isso significa que suas afirmações de "50% de certeza" estão de fato corretas 50% das vezes, suas afirmações de "60% de certeza" estão corretas 60% das vezes, suas afirmações de "70% de certeza" estão corretas 70% das vezes, e assim por diante.

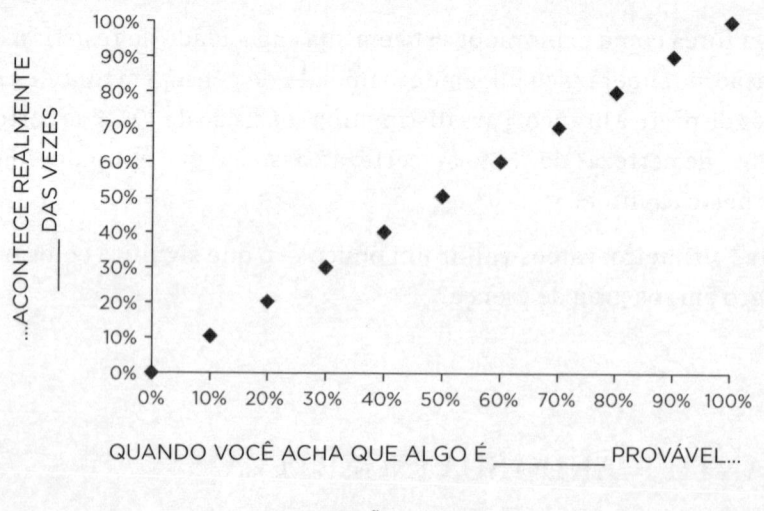

CALIBRAÇÃO PERFEITA

A calibração perfeita é um ideal abstrato, não algo que é possível alcançar na realidade. Ainda assim, é uma referência útil para se comparar. Para pegar o jeito do conceito, vamos continuar analisando o Spock e ver como sua calibração se compara à perfeição.

Passei por todas as aparições de Spock em *Star Trek: Jornada nas Estrelas*, *Star Trek* (versão desenho animado) e nos filmes da série *Star Trek*, procurando pelas palavras probabilidade, porcentagem, disparidade, acaso, possível, impossível, plausível, implausível, provável e improvável. No total, encontrei 23 casos em que Spock fez uma previsão com um nível de confiança correspondente e em que a previsão foi provada como verdadeira ou falsa. Você pode ler todos os detalhes das previsões de Spock e como eu as categorizei no Apêndice A, mas aqui está um resumo:

Quando Spock pensa que algo é *impossível*, isso acontece 83% das vezes.

Quando Spock pensa que algo é *muito improvável*, isso acontece 50% das vezes.

Quando Spock pensa que algo é *improvável*, isso acontece 50% das vezes.

Quando Spock pensa que algo é *provável*, isso acontece 80% das vezes.

Quando Spock pensa que algo é mais de *99,5% provável*, isso acontece 17% das vezes.[9]

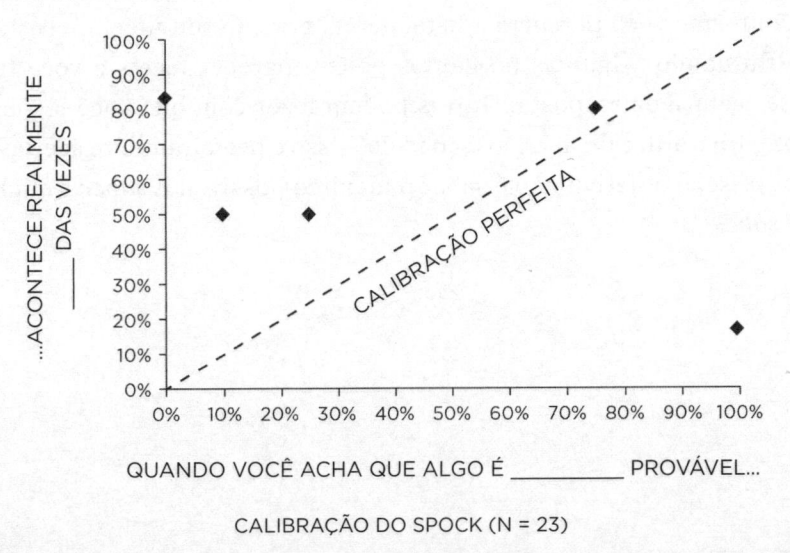

CALIBRAÇÃO DO SPOCK (N = 23)

Como você pode ver, ele não está indo muito bem. O único nível de confiança no qual ele parece estar bem calibrado é quando julga algo como "provável"; essas previsões realmente se concretizam a uma taxa que corresponde ao seu nível de confiança. Fora isso, as previsões de Spock são anticorrelacionadas com a realidade — quanto menos provável ele pensar que algo é, mais provável é que aconteça, e, quanto mais provável ele pensar que algo é, menos provável é que aconteça.

Quer ver se você se sai melhor do que Spock? Você pode testar sua própria calibração e praticar sentindo a diferença entre os diferentes níveis de certeza, respondendo a algumas rodadas de perguntas triviais. A seguir estão 40 perguntas para você praticar. Você não precisa responder a todas elas, mas, quanto mais você responder, mais informativos serão seus resultados.

Para cada pergunta, circule uma resposta e indique sua certeza circulando um nível de confiança. Uma vez que essas perguntas têm apenas duas respostas possíveis, seu nível de confiança pode variar de 50% se você realmente não tem ideia (ou seja, você pode muito bem estar adivinhando o resultado de um cara ou coroa) a 100% se você acha que não há nenhuma chance de você estar errado. Para simplificar, listei cinco níveis de confiança entre esses extremos: 55%, 65%, 75%, 85% e 95%. Apenas circule aquele que melhor representa sua certeza.

Conforme você percorre a lista, perceberá que seu nível de certeza está flutuando. Algumas perguntas podem parecer fáceis e você terá quase certeza da resposta. Outras podem fazer com que você jogue as mãos para o alto e diga: "Não faço ideia!" Isso é perfeitamente aceitável. Lembre-se, o objetivo não é saber o máximo possível. É *saber o quanto você sabe*.

PRÁTICA DE CALIBRAÇÃO: CIRCULE SUAS RESPOSTAS.

Rodada 1: Estes fatos sobre animais são verdadeiros ou falsos?	Quão certo você está?
1. O elefante é o maior mamífero do mundo. (V / F)	55% 65% 75% 85% 95%
2. Às vezes, as lontras marinhas se dão as mãos enquanto dormem. (V / F)	55% 65% 75% 85% 95%
3. Centopeias têm mais pernas do que qualquer outro animal. (V / F)	55% 65% 75% 85% 95%
4. Mamíferos e dinossauros coexistiram. (V / F)	55% 65% 75% 85% 95%
5. Os ursos não podem subir em árvores. (V / F)	55% 65% 75% 85% 95%
6. Os camelos armazenam água em suas corcovas. (V / F)	55% 65% 75% 85% 95%
7. Os flamingos são rosa porque comem camarão. (V / F)	55% 65% 75% 85% 95%
8. O panda gigante come principalmente bambu. (V / F)	55% 65% 75% 85% 95%
9. O ornitorrinco é o único mamífero que põe ovos. (V / F)	55% 65% 75% 85% 95%
10. Uma mula é um cruzamento entre um burro e uma égua. (V / F)	55% 65% 75% 85% 95%
Rodada 2: Qual figura histórica nasceu primeiro?	Quão certo você está?
11. Júlio César ou Confúcio?	55% 65% 75% 85% 95%
12. Fidel Castro ou Mahatma Gandhi?	55% 65% 75% 85% 95%
13. Nelson Mandela ou Anne Frank?	55% 65% 75% 85% 95%
14. Cleópatra ou Muhammad?	55% 65% 75% 85% 95%
15. William Shakespeare ou Joana d'Arc?	55% 65% 75% 85% 95%
16. George Washington ou Sun Tzu?	55% 65% 75% 85% 95%
17. Genghis Khan ou Leonardo da Vinci?	55% 65% 75% 85% 95%
18. Rainha Vitória ou Karl Marx?	55% 65% 75% 85% 95%

19. Saddam Hussein ou Marilyn Monroe?	55% 65% 75% 85% 95%
20. Albert Einstein ou Mao Zedong?	55% 65% 75% 85% 95%
Rodada 3: Qual país tinha mais pessoas em 2019?	**Quão certo você está?**
21. Alemanha ou França?	55% 65% 75% 85% 95%
22. Japão ou Coreia do Sul?	55% 65% 75% 85% 95%
23. Brasil ou Argentina?	55% 65% 75% 85% 95%
24. Egito ou Botsuana?	55% 65% 75% 85% 95%
25. México ou Guatemala?	55% 65% 75% 85% 95%
26. Panamá ou Belize?	55% 65% 75% 85% 95%
27. Jamaica ou Haiti?	55% 65% 75% 85% 95%
28. Grécia ou Noruega?	55% 65% 75% 85% 95%
29. China ou Índia?	55% 65% 75% 85% 95%
30. Iraque ou Irã?	55% 65% 75% 85% 95%
Rodada 4: Estes fatos científicos são verdadeiros ou falsos?	**Quão certo você está?**
31. Marte tem uma lua, assim como a Terra. (V / F)	55% 65% 75% 85% 95%
32. O escorbuto é causado por um deficit de vitamina C. (V / F)	55% 65% 75% 85% 95%
33. O latão é feito de ferro e cobre. (V / F)	55% 65% 75% 85% 95%
34. Uma colher de sopa de óleo tem mais calorias do que uma colher de sopa de manteiga. (V / F)	55% 65% 75% 85% 95%
35. Hélio é o elemento mais leve. (V / F)	55% 65% 75% 85% 95%
36. O resfriado comum é causado por bactérias. (V / F)	55% 65% 75% 85% 95%
37. O lugar mais profundo da Terra é o Oceano Pacífico. (V / F)	55% 65% 75% 85% 95%
38. As estações são causadas pela Terra orbitando o Sol em um caminho elíptico. (V / F)	55% 65% 75% 85% 95%

39. Júpiter é o maior planeta do nosso sistema solar. (V / F)	55% 65% 75% 85% 95%
40. Os átomos em um sólido são mais densamente compactados do que os átomos em um gás. (V / F)	55% 65% 75% 85% 95%

Depois de terminar ou responder a quantas perguntas quiser, é hora de se pontuar. Verifique as respostas na página 243 para descobrir o que você acertou e o que errou.

Em seguida, analise *apenas* as perguntas sobre as quais você tinha "55% de certeza" e calcule a porcentagem dessas perguntas que você realmente acertou. Por exemplo, se houvesse 10 perguntas para as quais você disse que tinha 55% de certeza de sua resposta e acertou 6 dessas perguntas, então seu percentual total certo nesse nível de confiança seria 6/10 = 60%.

SEUS RESULTADOS:

	Coluna A: Quantas vezes você acertou	Coluna B: Número de vezes que você errou	% das vezes que você estava certo neste nível de confiança = A / (A + B)
55% certo			
65% certo			
75% certo			
85% certo			
95% certo			

Em seguida, faça o mesmo para os outros níveis de confiança (65% certo, 75% certo, 85% certo, 95% certo). Você pode obter uma imagem visual de sua calibração inserindo esses cinco resultados no gráfico — quanto mais próximos seus pontos estão da linha pontilhada, mais bem calibrado você está.

Felizmente, a calibração é uma habilidade com uma curva de aprendizado rápida. Algumas horas de prática é tudo o que a maioria das pessoas precisa para ficar bem calibrada — pelo menos dentro de um único domínio, como perguntas triviais.[10] (Sua habilidade de calibração em um domínio será transportada parcialmente, mas não completamente, para outros domínios.)

UMA APOSTA PODE REVELAR QUÃO CERTO VOCÊ *REALMENTE* ESTÁ

Imagine que você está conversando com uma amiga que está lutando para lançar seu novo negócio de bufê. Você a tranquiliza: "Você é incrível nessas coisas! A única razão pela qual os negócios estão lentos é porque você está apenas começando. Todo mundo tem problemas para conseguir clientes no início!"

Ela responde: "Obrigada! Estou tão feliz que você se sinta assim. Você poderia me recomendar para seus colegas de trabalho?"

De repente, você se sente hesitante. Você se lembra dela falando sobre desistir de um emprego no último minuto... e você percebe que nunca provou a comida dela... e você não pode deixar de se perguntar: "Quão certo estou, realmente, de que ela fará um trabalho decente?"

Quando estava tranquilizando sua amiga um momento antes, você não estava mentindo. Você simplesmente não estava pensando no que realmente acreditava, porque não parecia importar. Mas, uma vez que existem riscos reais e sua reputação pode ser prejudicada se você errar sobre a habilidade de sua amiga, seu cérebro muda da meta de "apoiar" para a meta de "realmente tentar obter a resposta certa".

O psicólogo evolucionista Robert Kurzban tem uma analogia para esses dois estados.[11] Em uma empresa, há um conselho de administração cujo papel é tomar as decisões cruciais para ela — como gastar seu orçamento, quais riscos assumir, quando mudar estratégias e assim por diante. Depois, há um secretário de imprensa cujo papel é dar declarações sobre os valores da empresa, sua missão e o raciocínio por trás de suas decisões.

Se um concorrente começar a ganhar participação de mercado, o secretário de imprensa da empresa pode garantir ao público: "Não estamos preocupados. Nossa marca é a favorita da América há 30 anos, e isso não vai mudar." No entanto, se você participasse de uma reunião do conselho, descobriria que, nos bastidores, o conselho está levando o risco a sério e procurando maneiras de cortar custos.

Imagine que a empresa vende pasta de dente. O secretário de imprensa pode afirmar com segurança: "Nosso creme dental clareia os dentes melhor do que qualquer outra marca no mercado." Porém, suponha que o conselho seja abordado por um professor da faculdade de odontologia que diz: "Eu gostaria de fazer um estudo. Vou designar grupos de pessoas para usar uma das marcas líderes de pasta de dente, sem dizer a eles qual é a marca, e então vou medir o quanto seus dentes estão mais brancos. Vou publicar todos os resultados que obtiver."

Se o conselho estivesse realmente confiante de que sua pasta de dente funciona melhor, diria: "Ótimo — uma chance de provar ao público que somos os melhores!" Mas, apesar das garantias do secretário de imprensa, o conselho pode decidir que não está confiante o suficiente de que ganharia tal disputa, e não vale a pena arriscar o constrangimento de perder.

O secretário de imprensa não está pensando no que é verdade. Ele está pensando sobre o que pode dizer, o que apresentará a empresa da melhor maneira, embora ainda seja, pelo menos, meio plausível. Contudo, o conselho é incentivado a formar seu melhor palpite sobre a verdade, porque a empresa prosperará se acertar e sofrerá se errar. O secretário de imprensa faz *reivindicações*; o conselho faz *apostas*.

A palavra *aposta* pode evocar corridas de cavalos e mesas de vinte-e-um, mas seu significado é muito mais geral. Uma aposta é qualquer decisão na qual você pode ganhar ou perder algo de valor, com base no resultado. Isso pode incluir dinheiro, saúde, tempo — ou reputação, como no caso de sua amiga do bufê que deseja seu endosso. Então, quando estiver pensando sobre o quão certo está, sua resposta será mais honesta se você parar de pensar em termos de "Do que posso me safar dizendo isso para mim mesmo?" para "Como eu apostaria, se houvesse algo em jogo?".

Às vezes, um projeto em que estou trabalhando parece impossível. Por exemplo — apenas inventando uma situação hipotética aleatória do nada: "O livro que estou escrevendo é terrível e eu deveria desistir." Mas como tenho certeza de que não estou apenas com um medo temporário? *Tenho 100% de certeza*, meu secretário de imprensa insiste — mas vamos ignorá-lo e, em vez disso, fazer uma pergunta ao conselho: "Suponha que você ganhe US$1.000 por adivinhar corretamente que ainda se sentirá assim em relação ao seu livro daqui a uma semana. Como você apostaria?"

Agora que há dinheiro em jogo, hesito. Lembro-me de ter me sentido pessimista em relação ao meu livro, ou a algum outro projeto, muitas vezes no passado, e a nuvem negra geralmente desaparece em um ou dois dias. Parece uma aposta melhor escolher "Sim, provavelmente vou me sentir melhor". Fazer esse exercício não elimina magicamente o meu desânimo, mas o atenua. É útil ter provado a mim mesma que não estou disposta a apostar na duração desse desânimo, embora *pareça* que vai durar para sempre.

Uma dica para quando você estiver imaginando apostar em suas crenças: talvez seja necessário ser mais concreto sobre o que acredita, propondo um teste hipotético que pode ser realizado para provar que você está certo ou errado. Por exemplo, se você acredita que "nossos servidores de computador são altamente seguros", um teste hipotético pode ser algo assim: suponha que você contratasse um hacker para tentar invadir seus sistemas. Se ele tiver sucesso, você perde o salário de um mês. Você se sente confiante de que ganharia essa aposta?

Se você acredita que "eu estava sendo razoável naquela briga com meu parceiro, e ele estava sendo irracional", um teste hipotético poderia ser mais ou menos assim: suponha que outra pessoa objetiva receba todos os detalhes relevantes sobre a briga, e é solicitada a julgar qual de vocês dois está sendo mais razoável. Se ela julgar a seu favor, você ganha $1.000; se não, você perde $1.000. Você se sente confiante de que ganharia essa aposta?

TESTE DA APOSTA EQUIVALENTE

Os exemplos de apostas na seção anterior têm como objetivo gerar um senso *qualitativo* de sua confiança em uma crença. Você se sente feliz em apostar, sem hesitar? Você sente um pouco de dúvida? Você se sente realmente dividido? Sua hesitação, ou a falta dela, é uma indicação de seu grau de confiança de que sua crença é verdadeira.

A contemplação de uma aposta também pode ser usada para determinar o quão certo você está *quantitativamente*, ajudando-o a determinar seu grau de confiança. Às vezes, ouço uma previsão tecnológica ambiciosa, como: "Carros autônomos estarão no mercado dentro de um ano!" Minha primeira reação costuma ser zombar: "Bem, isso é loucura." Mas como tenho certeza de que a previsão está errada?

Para responder a essa pergunta, imagino enfrentar uma escolha entre duas apostas possíveis. Eu uso uma técnica que adaptei do especialista em tomada de decisões Douglas Hubbard, chamada de "teste da aposta equivalente".[12] É assim que funciona nesse caso: posso apostar em carros autônomos e ganhar $10.000 se eles estiverem no mercado em um ano. Como alternativa, posso realizar a "aposta da bola": recebo uma caixa contendo quatro bolas, uma das quais é cinza. Eu pego uma bola, sem olhar — se for cinza, ganho $10.000.*

---

* Para ser justo, a aposta na bola também teria que ser paga em um ano, assim como a aposta no carro autônomo, para que minha decisão não seja distorcida pela possibilidade de um retorno imediato.

Aposta da bola (1 chance em 4 de ganhar):	Aposta em carros autônomos:
Sorteie de uma caixa com quatro bolas, uma das quais cinza. Se eu sortear a bola cinza, recebo $10.000.	Se carros totalmente autônomos estiverem disponíveis para compra em um ano, recebo $10.000.

Qual aposta eu prefiro fazer? Hesito por um momento, mas me sinto mais feliz com a aposta na bola. Uma vez que a probabilidade de ganhar a aposta na bola é de 1 em 4 (ou 25%), o fato de me sentir mais confiante na aposta na bola implica que estou menos de 25% confiante em que carros autônomos chegarão ao mercado em um ano.

Vamos tentar diminuir as chances de ganhar a aposta na bola. Suponha que a caixa contenha 16 bolas, das quais apenas 1 é cinza. Agora, o que eu prefiro: estar no sorteio da bola cinza ou apostar nos carros autônomos em um ano?

Aposta da bola (1 chance em 16 de ganhar):	Aposta em carros autônomos:
Sorteio de uma caixa com 16 bolas, uma das quais é cinza. Se eu sortear a bola cinza, recebo $10.000.	Se carros totalmente autônomos estiverem disponíveis para compra em um ano, eu recebo $10.000.

Dessa vez, noto que prefiro minhas chances com os carros autônomos. Afinal, às vezes o progresso tecnológico nos surpreende. Talvez uma das empresas que trabalham com tecnologia autônoma esteja realmente mais adiantada do que parece. Soa improvável, mas ainda prefiro apostar nisso do que em ter a sorte de tirar a bola cinza. E, uma vez que a probabilidade de tirar uma bola cinza é de 1 em 16 (ou cerca de 6%), o fato de eu preferir apostar em carros autônomos implica que estou mais de 6% confiante de que carros autônomos chegarão ao mercado em um ano.

Ok, vamos ajustar as chances de ganhar a aposta da bola um pouco para cima, para 1 em 9. Agora, o que eu prefiro?

Aposta da bola (1 chance em 9 de ganhar):	Aposta em carros autônomos:
Sorteio de uma caixa com nove bolas, uma das quais é cinza. Se eu sortear a bola cinza, recebo $10.000.	Se carros totalmente autônomos estiverem disponíveis para compra em um ano, recebo $10.000.

Hmm. Estou realmente dividida. Nenhuma das duas parece uma aposta claramente melhor. As apostas me parecem equivalentes — e, como sabemos que a probabilidade de ganhar a aposta na bola é de 1 em 9 (ou cerca de 11%), isso implica que tenho cerca de 11% de confiança de que carros autônomos chegarão ao mercado em um ano. Eu ainda não acho que é *provável* que "carros autônomos cheguem ao mercado em um ano", mas eu fui de um simplório "isso é loucura" para um palpite mais honesto.

A HABILIDADE CENTRAL do capítulo anterior sobre experimentos mentais era um tipo de consciência espiritual, uma sensação de que seus julgamentos são *contingentes* — que o que parece verdadeiro, razoável, justo ou desejável pode mudar quando você altera mentalmente alguma característica da questão que deveria ser irrelevante. Os experimentos mentais específicos que cobrimos são ferramentas úteis que eu e outras pessoas usamos regularmente. Mas a mudança subjacente em como você vê o resultado de sua mente é ainda mais útil.

Também há uma habilidade central neste capítulo: ser capaz de dizer a diferença entre a sensação de *fazer uma afirmação* e a sensação de *realmente tentar adivinhar o que é verdade*. Fazer uma afirmação é como se seu secretário de imprensa estivesse falando. Parece oportuno; limpo e arrumado. Às vezes apressado, como se você estivesse tentando deixar algo para trás. O movimento mental é declarar, proclamar, insistir ou talvez zombar.

Tentar adivinhar o que é verdade é a sensação de estar no conselho de administração, decidindo como apostar. Há pelo menos um ou dois segundos em que você não sabe que resposta vai acabar dando. É como se você estivesse olhando para as evidências, tentando resumir o que você vê. Os movimentos mentais envolvidos são estimar, predizer, pesar e deliberar.

Quantificar sua incerteza, ser calibrado e fazer apostas hipotéticas são habilidades valiosas por si mesmas. Mas ter autoconsciência para ser capaz de dizer se você está descrevendo a realidade honestamente, com o melhor de suas habilidades, é ainda mais valioso.

PARTE III

Prosperando Sem Ilusões

Capítulo 7

Lidando com a Realidade

QUANDO O NAVIO DE STEVE CALLAHAN virou durante uma viagem solo em 1981, suas perspectivas de sobrevivência pareciam sombrias. Ele havia conseguido escapar do naufrágio em um bote inflável, mas estava em uma parte remota do Oceano Atlântico, longe de qualquer rota de navegação, com pouca comida ou água. Callahan fez a única coisa que podia fazer. Ele definiu a rota para a terra mais próxima — as ilhas do Caribe, a 1.800 milhas de distância.

A vida como um náufrago era exaustiva. Tubarões circulavam o bote, enquanto as ondas o jogavam de um lado para outro, encharcando-o com água do mar que o fazia tremer e queimava suas feridas.

Felizmente, Callahan conseguiu se sustentar usando um arpão para matar peixes e montando um dispositivo a fim de coletar água da chuva para beber. Ele calculou quanta água poderia consumir por dia — meio litro. Isso era um gole a cerca de cada seis horas. O suficiente para sobreviver, por pouco. Com o passar das semanas, ele rastreou o provável erro em sua navegação, alargando gradualmente as margens de erro em torno de sua estimativa da distância que havia percorrido.[1]

Muitas vezes ao dia, ele enfrentou decisões difíceis. Se ele ficasse acordado à noite, teria uma chance melhor de avistar um navio passando. Mas isso também significava que ele consumiria suas reservas de água e energia mais rapidamente e teria mais dificuldade em permanecer acordado durante o dia.

Quando um navio realmente passava, ele tinha que decidir se tentava sinalizar com sua pistola sinalizadora. Se houvesse uma chance boa o suficiente de ser localizado, obviamente valeria a pena. Mas, se o navio estivesse muito longe, seria um desperdício de um de seus preciosos sinalizadores.

Se ele não pescasse o suficiente, ficaria sem comida. Porém, cada vez que pescava, ele gastava energia e corria o risco de perder sua lança ou danificar seu bote.

Cada vez que tomava uma decisão, Callahan repassava os resultados possíveis em sua cabeça, pesando os riscos de uma escolha contra a outra. Tudo era uma aposta; nada era garantido. "Você está fazendo o melhor que pode. Você só pode fazer o melhor que pode", repetia para si mesmo, como um mantra.[2]

Ele flutuou a uma velocidade de 13km/h, dia após dia, perdendo mais de um terço do peso de seu corpo, até que foi finalmente localizado por um barco de pesca na costa de Guadalupe e resgatado. Ele ficou à deriva por 66 dias.

Callahan fora tão disciplinado quanto à conservação de água que lhe restaram três litros de água. E então engoliu todos, um após o outro, matando sua sede depois de 11 semanas e, finalmente, permitindo-se ter o pensamento abençoado: "Estou salvo."

MANTENDO O DESESPERO SOB CONTROLE

Uma das necessidades humanas mais fundamentais é sentir que as coisas estão basicamente bem: que não somos um fracasso, que o mundo não é um lugar horrível e que, seja o que for que a vida lance em nossa direção, seremos capazes de lidar com isso. Em uma situação de vida ou morte, é claro, essa necessidade é especialmente difícil de satisfazer. É por isso que a maioria das pessoas recorre a várias formas de raciocínio motivado em uma emergência, como negação, pensamento positivo e racionalização.

A ironia cruel é que é em uma emergência que você mais precisa pensar de forma clara. A viagem de Callahan foi um julgamento difícil após o outro — estimar a taxa em que ele poderia se dar ao luxo de consumir comida e água, ou a probabilidade de ser avistado por um navio, ou a prioridade de diferentes riscos. Quanto mais você confia no raciocínio motivado, mais diminui sua capacidade de fazer julgamentos como esses.

Após o naufrágio, Callahan contemplou sua nova realidade e percebeu que não podia se dar ao luxo de se permitir enganar a si mesmo. "Muitas vezes escondo coisas de mim mesmo. Às vezes, enganei outras pessoas. Mas a natureza não é tão idiota", disse a si mesmo. "Posso ter a sorte de ser perdoado por alguns erros, os que não importam, mas não posso contar com a sorte."[3]

A característica que salvou Callahan não foi uma invulnerabilidade ao medo ou à depressão. Como qualquer pessoa em uma situação terrível, ele lutou para manter o desespero sob controle. A característica que o salvou foi seu compromisso em encontrar maneiras de manter o desespero sob controle sem distorcer seu mapa da realidade.

Ele contou suas bênçãos. Pelo menos ele teve a intuição, antes de sua viagem, de fazer um upgrade para um bote salva-vidas maior. Ficar preso no pequeno bote que veio originalmente com o barco quando ele o comprou teria sido uma tortura.

Ele lembrava a si mesmo que estava fazendo todo o possível. ("Você está fazendo o melhor que pode. Você só pode fazer o melhor que pode.")

E ele encontrou maneiras de acalmar seus medos da morte, não negando-os, mas aceitando-os. Ele resolveu aproveitar o tempo que lhe restava escrevendo um guia para os futuros marinheiros. "Meu relato pode ser encontrado a bordo do bote, mesmo se eu morrer", raciocinou. "Ele pode ser instrutivo para os outros, especialmente aqueles que navegam e podem se encontrar em uma situação semelhante. É o último serviço que posso prestar."[4]

MANEIRAS HONESTAS X MANEIRAS AUTOENGANOSAS DE LIDAR COM SITUAÇÕES

Felizmente, os riscos que enfrentamos na vida cotidiana raramente são tão altos assim. Mas, embora raramente tenhamos que lidar com ameaças à nossa vida, muitas vezes temos que lidar com ameaças à nossa disposição de ânimo e autoestima. Uma preocupação me vem à mente: "Foi um erro pedir demissão do meu emprego?" ou "Eu o ofendi?". Alguém nos critica. Enfrentamos uma escolha desagradável. Falhamos em algo. Em reação, buscamos um pensamento que mantém as emoções negativas sob controle — uma estratégia de enfrentamento.

Em geral, as pessoas dão como certo que o enfrentamento requer autoengano, e os especialistas não são exceção. No livro *Mistakes Were Made (But Not by Me)* [Erros Foram Cometidos (Mas Não Por Mim), em tradução livre], os psicólogos Carol Tavris e Elliot Aronson exploram a autojustificação, um tipo de raciocínio motivado no qual você se convence depois de ter feito a escolha certa. O livro é principalmente sobre as muitas desvantagens da autojustificação — como ela nos compromete a tomar decisões erradas em vez de mudar de curso e nos condena a repetir nossos erros em vez de aprender com eles. Ainda assim, Tavris e Aronson concluem, precisamos de pelo menos alguma quantidade de autojustificação para o bem de nossa saúde mental: "Sem ela, prolongaríamos as terríveis dores do constrangimento. Nós nos torturaríamos com o arrependimento pelo caminho não escolhido ou por quão mal percorremos o caminho que escolhemos."[5]

Mas é realmente verdade que precisamos de autojustificação para evitar que "nos torturemos com o arrependimento"? Não poderíamos apenas... aprender a *não* nos torturar com ele?

Em *Rápido e Devagar — Duas Formas de Pensar*, o psicólogo vencedor do Prêmio Nobel Daniel Kahneman aponta um benefício emocional do raciocínio motivado: resiliência. É mais fácil se recuperar de um fracasso se você puder colocar a culpa em qualquer um, exceto em você mesmo. Ele usa o exemplo de um vendedor de porta em porta, um trabalho que envolve longas cadeias de rejeição: "Quando alguém acaba de ter uma porta batida na cara por uma dona de casa zangada, o pensamento de que 'ela era uma mulher horrível' é claramente superior a 'sou um vendedor inepto'."[6]

Mas essas são realmente nossas duas únicas opções? Em vez disso, poderíamos dizer a nós mesmos: "Sim, estraguei esta venda. Mas todo mundo comete erros." Ou: "Sim, estraguei esta venda. Ainda assim, estou melhorando — costumava ter portas fechadas na minha cara todos os dias, e agora isso só acontece todas as semanas!" Certamente podemos encontrar uma maneira de nos recuperar de nossos contratempos que não exija que culpemos outras pessoas por eles — uma estratégia de enfrentamento honesta.

Basta perguntar a Charles Darwin. Ele sofria com crises de ansiedade paralisantes, especialmente quando seu livro estava sendo atacado por críticos. ("Estou muito mal hoje; sou muito estúpido e odeio todos e tudo", lamentou para um amigo em uma carta com a qual é fácil se identificar.)[7] Mas era importante para Darwin evitar o autoengano e não fechar os olhos às críticas legítimas ou aos seus próprios erros. Como Callahan, Darwin tirou sua força do pensamento reconfortante e verdadeiro de que estava fazendo o seu melhor:

> Sempre que descobri que errei ou que meu trabalho foi imperfeito, e quando fui criticado com desprezo, e mesmo quando fui superestimado, de modo que me senti mortificado, o meu maior conforto foi dizer centenas de vezes para mim mesmo que "trabalhei tão duro e tão bem quanto pude, e nenhum homem pode fazer mais do que isso".[8]

Os exploradores não são invulneráveis ao medo, ansiedade, insegurança, desespero ou qualquer uma das outras emoções que dão origem ao raciocínio motivado e contam com estratégias de enfrentamento como qualquer outra pessoa. Eles apenas tomam mais cuidado ao selecionar estratégias de enfrentamento que não mexam com a precisão de seu julgamento.

Gosto de imaginar todas as estratégias de enfrentamento possíveis — todas as maneiras pelas quais poderíamos evitar movimentos negativos — amontoadas em um balde figurativo gigante. Algumas envolvem autoengano, como negar um problema ou culpar um bode expiatório. Outras envolvem lembrar-se de um fato verdadeiro, como "Já lidei com problemas como este com sucesso no passado". Algumas estratégias de enfrentamento no balde não envolvem fazer uma reclamação (e, portanto, não são enganosas), como respirar fundo e contar até dez.

Quando uma emoção negativa ataca, é como se estivéssemos apressadamente enfiando a mão no balde para pegar algo, qualquer coisa, para nos sentirmos melhor. Não prestamos muita atenção ao tipo de estratégia de enfrentamento que adotamos e se envolve autoengano ou não. Contanto que nos faça sentir melhor e seja meio plausível, servirá.

O que estou propondo neste capítulo é que há uma abundância de diferentes estratégias de enfrentamento, e você não precisa ser tão rápido em escolher a primeira coisa que alcançar e tirar do balde. Quase sempre você pode encontrar algo reconfortante que não requer autoengano, se vasculhar um pouco mais. Aqui estão alguns dos exemplos mais comuns:

O "BALDE" DAS ESTRATÉGIAS DE ENFRENTAMENTO

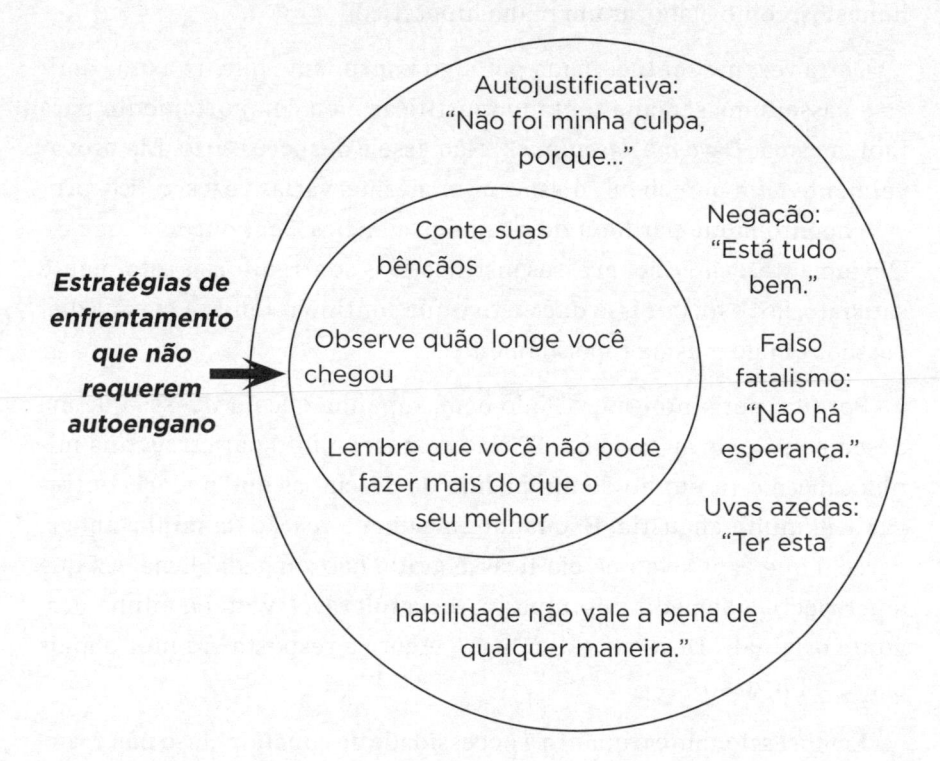

Estratégias de enfrentamento que não requerem autoengano →

- Conte suas bênçãos
- Observe quão longe você chegou
- Lembre que você não pode fazer mais do que o seu melhor

Autojustificativa: "Não foi minha culpa, porque..."

Negação: "Está tudo bem."

Falso fatalismo: "Não há esperança."

Uvas azedas: "Ter esta habilidade não vale a pena de qualquer maneira."

Faça um plano

Em um episódio do programa de TV *The Office*, o gerente de filial trapalhão Michael Scott foi informado pela alta administração que precisava demitir um de seus funcionários antes do fim do mês. Michael odeia fazer coisas impopulares, então ele adia a escolha repetidas vezes. No último dia do mês, faltando apenas algumas horas, ele ainda não decidiu quem vai dispensar. Um dos vendedores, Jim Halpert, resume secamente o talento de Michael para a negação: "Acho que ele continua torcendo para que alguém se voluntarie ou seja atropelado por um ônibus antes do prazo."[9]

Existem maneiras enganosas de lidar com o pensamento de algo desagradável, como chegar a racionalizações para explicar por que uma tarefa não é realmente necessária, ou negá-la completamente, no estilo de Michael Scott. Mas também existem estratégias de enfrentamento honestas, como elaborar um plano hipotético.

Certa vez, me senti culpada por algo imprudente que fiz a uma amiga e passei uma semana tentando justificar meu comportamento para mim mesma. *Devo me desculpar?* "Não, isso é desnecessário. Ela provavelmente nem percebeu", disse a mim mesma, várias vezes; e "Ela provavelmente já me perdoou de qualquer maneira", em outras ocasiões. Obviamente, eu não achei essas justificativas contraditórias totalmente satisfatórias, e foi por isso que eu tive que continuar tendo a mesma discussão comigo mesma repetidamente.

Por fim, perguntei-me: "Tudo bem, suponha que eu tivesse que me desculpar. Como eu faria isso?" Não demorei muito para traçar na minha cabeça o rascunho de um pedido de desculpas que poderia entregar sem muita angústia. E, quando imaginei a reação da minha amiga, percebi que esperava que ela ficasse grata, não zangada. Uma vez que a perspectiva de pedir desculpas parecia tolerável, voltei à minha pergunta original: "Devo me desculpar?" Agora a resposta era muito mais clara: "Sim, devo."

É impressionante o quanto a necessidade de concluir "Isso não é verdade" diminui quando você sente que tem um plano concreto para o que faria se a coisa fosse verdade. Não precisa ser elaborado. Até mesmo um plano simples, como "Aqui está como eu explicaria o fracasso para minha equipe..." ou "É assim que eu começaria minha busca por um novo emprego..." contribui muito para fazer você sentir que não precisa confiar na negação para lidar com a realidade.

Observe o lado positivo

Às vezes, quando estou no meio de uma discussão, começo a ter uma leve suspeita de que posso estar errada. Isso não é exatamente uma perspectiva confortável. É tentador tirar o pensamento da minha mente e me concentrar em me safar.

Em vez disso, lembro-me de um lado positivo: ceder a um argumento me dá crédito. Isso me torna mais confiável em outros casos, porque eu demonstrei que não me apego às minhas ideias apenas por me apegar. É como se eu estivesse investindo na minha capacidade futura de ser convincente.

O lado positivo de perder o emprego pode ser que agora você não precisa mais aturar seus colegas de trabalho irritantes; um lado positivo para um encontro desastroso pode ser a possibilidade de transformá-lo em uma história divertida para contar depois. Um lado positivo para qualquer erro é a lição que você vai extrair da experiência, que você pode usar para ajudar a evitar erros semelhantes no futuro.

Lembre-se, o objetivo não é se convencer de que seu infortúnio é realmente uma coisa boa. Você não está procurando uma racionalização de "limões doces" aqui. Você está reconhecendo um lado positivo para a nuvem negra, não tentando se convencer de que toda nuvem negra é boa. Mas, em muitos casos, isso é tudo de que você precisa — perceber o lado bom é o suficiente para torná-lo disposto a aceitar a realidade da nuvem negra.

Concentre-se em uma meta diferente

Um amigo meu chamado Jon fundou uma empresa de software e, no início, passou muito tempo recrutando e entrevistando pessoas com potencial. Ele logo percebeu algo perturbador: quando se deparou com um engenheiro talentoso que estava interessado no cargo, ele deveria ter se sentido encantado. Engenheiros de alta qualidade podem fazer toda a diferença para o sucesso de uma nova empresa de software. Mas, em vez disso, Jon sentiu algo mais próximo da decepção ou da amargura. Ele examinava o trabalho do engenheiro, na esperança de encontrar uma desculpa para rejeitá-lo.

Refletindo sobre seu comportamento, Jon percebeu: *sempre me orgulhei de ser o melhor programador da sala*. Era por isso que ele estava motivado a desqualificar sua "competição", como uma estratégia de enfrentamento para proteger sua autoestima.

Jon sabia que seu objetivo de precisar ser o melhor programador da sala era irreal, para não dizer muito contraproducente para sua empresa iniciante. Então ele decidiu redirecionar seu foco e revisar seu objetivo: em vez de se orgulhar de ser um grande programador, ele decidiu começar a se orgulhar de ser um *juiz astuto de talentos em programação*. Foi uma substituição satisfatória para a meta original e, na verdade, útil para contratações, em vez de contraproducente.

As coisas poderiam ser piores

O verão de 1993 foi chamado de "o momento mais decepcionante da história do tratamento da AIDS".[10] Por vários anos, pacientes desesperados depositaram suas esperanças em um novo medicamento chamado azidotimidina, ou AZT, que deveria retardar o início da doença. Os primeiros ensaios clínicos nos Estados Unidos sugeriram que o AZT era promissor.

No entanto, um grupo de pesquisa europeu também realizou um estudo sobre o AZT. Quando publicaram seus resultados em 1993, após três anos de coleta de dados, a notícia foi devastadora: o AZT não funcionou melhor do que um placebo. Noventa e dois por cento das pessoas que tomaram AZT sobreviveram ao estudo, em comparação com 93% que sobreviveram com o placebo.

Para piorar a situação, não havia outras drogas no pipeline. Depois que os primeiros testes pareceram mostrar que o AZT era eficaz, o governo parou de trabalhar em alternativas. Muitos ativistas desistiram e muitos pacientes mergulharam em depressão — a falsa promessa do AZT era a única coisa que os mantinha com esperança.

Mas nem todo mundo quis desistir. Em sua história da crise da AIDS, *How to Survive a Plague* [Como Sobreviver a uma Praga, em tradução livre], David France traça o perfil de um pequeno grupo de ativistas chamado *Treatment Action Group*. Eles vinham acompanhando o processo de teste das drogas de perto e sabiam que as chances de encontrar uma droga milagrosa imediatamente eram pequenas. Quando as más notícias sobre o AZT surgiram no verão de 1993, eles ficaram desapontados — mas não arrasados.

A maioria dos ativistas do *Treatment Action Group* também era HIV positivo. Como eles mantiveram o ânimo, apesar do realismo sobre a chance de cura? Em parte, concentrando-se em sua gratidão pelas coisas que poderiam ter sido piores. France descreve uma reunião durante aquele verão desanimador em que um dos ativistas, um homem chamado Peter Staley, disse:

> Talvez esse seja o nosso futuro, assistir um ao outro morrer. E isso vai ser horrível, se for o caso. Já está sendo horrível, então não há muito que possamos fazer sobre isso... Eu só estou — vocês sabem, eu realmente fico feliz por ter pessoas com quem estar.
>
> Muitos não têm isso.[11]

A capacidade do *Treatment Action Group* de permanecer esperançoso sem negar a realidade de sua situação foi um ponto forte crucial — e que se tornaria especialmente valiosa nos meses seguintes, como veremos quando voltarmos à sua história no Capítulo 14.

PESQUISAS MOSTRAM QUE AS PESSOAS AUTOENGANADAS SÃO MAIS FELIZES?

Talvez você tenha lido um dos muitos livros ou artigos que saíram nos últimos 30 anos com títulos como "Por que o autoengano pode ser saudável para você",[12] ou *Enganando a Nós Mesmos: O Poder Oculto do*

Autoengano.[13] Ou "Pessoas deprimidas veem o mundo de forma mais realista — e as pessoas felizes podem estar um pouco delirantes".[14] Esses livros e artigos resumem um subcampo popular da psicologia, argumentando que nossa saúde mental depende de termos "ilusões positivas" sobre nós mesmos e nossas vidas.

No entanto, antes de jogar meu livro pela janela e começar a tentar enganar a si mesmo para chegar à felicidade, vamos dar uma olhada nessa pesquisa. Aqui está meu resumo da metodologia de um estudo típico deste campo, por um psicólogo da Universidade de Washington chamado Jonathon Brown — e veja o que você acha dele:[15]

1. Brown pede que as pessoas se classifiquem em relação a seus colegas em características positivas, como "responsável" e "brilhante".
2. Ele descobre que as pessoas com alta autoestima tendem a se autoavaliar como sendo melhores do que a média nesses traços positivos.
3. Portanto, Brown conclui, a saúde psicológica está associada a "propensão à autovalorização".

Algum problema salta aos seus olhos?

Bem, por um lado, Brown nunca descobre se as avaliações que as pessoas fazem de si mesmas são precisas ou não. Ele simplesmente assume que, se alguém afirma ser melhor do que a média, deve estar sob a influência de "propensão à autovalorização". Mas é claro que, para qualquer característica, muitas pessoas realmente são melhores do que a média. Algumas pessoas são mais responsáveis do que a média, outras são mais inteligentes do que a média e assim por diante. Portanto, outra maneira de resumir esses resultados seria simplesmente: "Pessoas com muitas características positivas tendem a ter alta autoestima."[16] Não há necessidade de invocar uma "propensão à autovalorização" nessa história.

Chamar as crenças das pessoas de "tendenciosas" ou de "ilusões" sem qualquer padrão objetivo de realidade para compará-las é um grande problema da pesquisa sobre autoengano. Um dos artigos mais citados em psicologia é um resumo do caso de ilusões positivas, um artigo de revisão de 1988 em que Jonathon Brown foi coautor da psicóloga Shelley Taylor da UCLA, intitulado "Ilusão e Bem-Estar: Uma Perspectiva Psicológica Social sobre Saúde Mental". Se você leu um artigo ou livro sobre os benefícios do autoengano, é provável que tenha citado esse artigo. E, apenas examinando sua linguagem, você pode dizer que o campo combina *ilusões* positivas e *crenças* positivas. Aqui está um exemplo de parágrafo:

> Ilusões positivas têm sido associadas a relatos de felicidade. Pessoas que têm alta autoestima e autoconfiança, que relatam ter muito controle em suas vidas e que acreditam que o futuro lhes trará felicidade têm mais probabilidade do que pessoas sem essas percepções de indicar que são felizes no presente.[17]

Observe a mudança que ocorre entre a primeira e a segunda sentenças nesse parágrafo. A primeira frase afirma que a felicidade está conectada a "ilusões positivas" sobre sua vida. Mas a segunda frase de apoio apenas diz que a felicidade está conectada a *crenças* positivas sobre sua vida — crenças das quais não temos razão para duvidar que são precisas.

Às vezes, os pesquisadores simplesmente decidem com antecedência o que *deve ser* verdade para as pessoas e então presumem que qualquer um que diga o contrário está mentindo para si mesmo. O Questionário de Autoengano foi desenvolvido na década de 1970 pelos psicólogos Harold Sackeim e Ruben Gur, que o usaram para determinar que "as pessoas mais felizes eram as que mentiam mais para si mesmas".[18] Sua pontuação é baseada em como você responde a uma série de perguntas sobre você em uma escala de 1 ("nem um pouco") a 7 ("muito").

Uma das perguntas é "Você costuma ficar com raiva?" Se você der uma resposta de 1 ou 2 de 7, você é classificado como autoenganador. Mas tenho alguns amigos que conheço há mais de uma década e posso contar com uma mão quantas vezes os vi ficar com raiva. Se eles respondessem a essa pergunta honestamente, seriam classificados como autoenganadores.

E as perguntas ficam mais estranhas a partir daí. Uma delas é: "Você às vezes se sente atraído por pessoas do mesmo sexo?" Outra é: "Você já quis estuprar ou ser estuprada por alguém?" Novamente, se você der uma resposta de apenas 1 ou 2 (de 7) a essas perguntas, presume-se que você está mentindo para si mesmo.[19] Essa pesquisa não nos diz muito sobre o autoengano... embora possa nos dizer algo sobre os próprios pesquisadores.

Claro, o fato de que a pesquisa "autoengano causa felicidade" é fatalmente falha não prova que o autoengano *não pode* causar felicidade. Claramente pode, em muitos casos. Isso só vem com o lado negativo de erodir seu julgamento. E, dado que há tantas maneiras de lidar com isso que *não* envolvem autoengano, por que se contentar com ele?

As sugestões neste capítulo, como fazer um plano, encontrar lados positivos, e mudar seu objetivo, são apenas uma amostra de algumas das maneiras que os exploradores descobriram para controlar suas emoções. Estratégias diferentes funcionam para pessoas diferentes. Um amigo meu lida com críticas dolorosas evocando um sentimento de gratidão por seu crítico. Isso funciona para ele, mas não funciona para mim de jeito nenhum. Em vez disso, eu luto concentrando-me em como estarei muito melhor no futuro se conseguir pensar honestamente sobre as críticas.

Com a prática, você desenvolve seu próprio kit de ferramentas de estratégias de enfrentamento que funcionam para você. Apenas lembre-se: não se acomode! Sua capacidade de ver com clareza é preciosa e você deve relutar em sacrificá-la em troca de conforto emocional. A boa notícia é que você não precisa.

Capítulo 8

Motivação Sem Autoengano

Q UANDO EU TINHA 16 anos, considerei seriamente me mudar para Nova York após minha formatura do colégio para seguir uma carreira no palco. Eu sabia que as chances não estariam a meu favor. Atuar é uma maneira notoriamente difícil de ganhar a vida; teatro ainda mais. Mas fui picada pelo inseto do teatro e passei minhas noites cantando junto com as trilhas sonoras de *Rent* e *Les Misérables* em CD enquanto sonhava acordada sobre estar na Broadway.

Acontece que eu conhecia um ator de teatro de sucesso, então perguntei o que ele achava que eu deveria fazer, dadas as grandes dificuldades. "Dane-se as dificuldades", disse ele. "Tudo na vida é um risco, mas, se você quiser, deve correr atrás. Se você se preocupa em falhar, isso será apenas uma profecia autorrealizável."

Chame isso de modelo de sucesso de *autoconfiança*: se você se convencer de que terá sucesso, ficará motivado a tentar coisas difíceis e persistir em face a contratempos, de forma que, no fim, seu otimismo será autorrealizável. Por outro lado, se você reconhecer as grandes dificuldades que enfrenta ou contemplar a possibilidade de fracasso, ficará desanimado demais para tentar, e seu pessimismo também será uma profecia que se autorealizará.

Navegando por imagens motivacionais no Pinterest ou Instagram, você verá o modelo de autoconfiança em todos os lugares. "Quer você pense que pode ou não, você está certo", de acordo com um ditado popular atribuído a Henry Ford.[1] "Ela acreditou que podia, então ela foi lá e fez", proclamam milhares de adesivos, pôsteres e almofadas.[2] Existem muitos exemplos de autores e blogueiros motivacionais:

> Nada de grandioso no trabalho ou na vida foi alcançado seguindo as probabilidades. Para cada regra, há sempre uma exceção e quem disse que não pode ser você![3]
>
> Se você realmente se dedicar ao seu objetivo, tudo é possível. Você apenas tem que querer muito.[4]
>
> Para ter sucesso, você precisa de uma crença inabalável em seu objetivo e em sua capacidade de alcançá-lo... Ao se preparar para um resultado negativo, você está corroendo sua convicção e sua autoconfiança.[5]
>
> Você precisa realmente acreditar que terá sucesso com cada fibra do seu ser.[6]

Ele não aparece em muitos painéis do Pinterest, mas um dos primeiros defensores da autoconfiança foi o filósofo do século XIX William James. Em seu ensaio mais famoso, "A Força para Acreditar", ele oferece um exemplo cativante para defender sua posição: imagine que você está escalando uma montanha. Infelizmente, você ficou preso em uma borda sem saída — exceto por um salto assustador para uma borda próxima. James diz:

> Tenha fé que pode fazer isso com sucesso, e seus pés se prepararão para isso. Mas desconfie de si mesmo, e pense em todas as coisas boas que ouviu os cientistas dizerem sobre talvez, e você hesitará tanto tempo que se lançará, desequilibrado e trêmulo, em um momento de desespero, e rolará no abismo.[7]

Muitas situações em nossas vidas são assim, argumentou ele. Optar por acreditar em seu sucesso, independentemente do risco ou da dificuldade, é a única maneira de reunir força de vontade para ter êxito. James está certo? Se você pudesse apertar um botão e se tornar irracionalmente otimista sobre suas chances de sucesso — você deveria?

UMA IMAGEM PRECISA DE SUAS CHANCES O AJUDA A ESCOLHER ENTRE OBJETIVOS

Como você deve ter adivinhado, não segui o conselho do meu amigo ator. Mesmo aos 16 anos, eu simplesmente não conseguia aceitar a ideia de entrar em uma carreira sem fazer minha pesquisa primeiro.

Para lhe dar uma ideia de como são ruins as chances de um aspirante a ator de teatro: dos 49 mil membros do *Actor's Equity*, o sindicato norte-americano de atores de teatro, apenas 17 mil conseguem algum trabalho como ator em um determinado ano. Daqueles que conseguem trabalho, o salário médio anual é de US$7.500.[8] E os atores do sindicato são os relativamente mais bem-sucedidos — os demais estão se saindo ainda pior.

É claro que qualquer indivíduo pode ter uma chance melhor ou pior de sucesso do que as probabilidades gerais sugerem, dependendo de quão talentoso, trabalhador, carismático ou bem conectado ele é. Mas as probabilidades gerais são uma linha de base importante a levar em consideração; quanto piores forem as chances, mais você precisará ser melhor e ter sorte para vencê-las.

Conversei com outra amiga minha do show business. Ela me deu conselhos diferentes dos do primeiro ator. "Olha, esse ramo é muito difícil", disse ela. "Isso não significa necessariamente que você não deva fazer isso, mas pergunte-se: tem certeza de que atuar é a única carreira que a anima?"

Minha resposta a essa pergunta foi "não" (para grande alívio de meus pais). Havia outros assuntos que achava interessantes e tinha quase certeza de que descobriria mais quando chegasse à faculdade. Para alguém com uma paixão mais singular pela atuação, ou mais talento do que eu, as péssimas chances podem valer a pena. Mas, para pesar esses fatores da forma correta, você precisa de uma imagem precisa de quais são as probabilidades reais.

Esse é o maior problema da abordagem da autoconfiança para a motivação. Como você não deve pensar de forma realista sobre o risco, torna-se impossível se fazer perguntas como: "Esta meta é desejável o suficiente para valer o risco?" e "Existem outras metas igualmente desejáveis, mas que exigem risco menores?". Isso assume implicitamente que você não precisa tomar nenhuma decisão; que você já encontrou o caminho certo e não há outras opções que valham a pena levar em consideração.

Na verdade, observe que na história de William James do perigoso salto da montanha — seu argumento para o valor da autoconfiança irracional — ele construiu o exemplo de forma que não há nenhuma tomada de decisão envolvida. Não é dada a oportunidade de comparar várias opções ou debater ideias que ainda não tenha considerado. A única coisa que você pode fazer é tentar executar o salto com sucesso.

Em tal situação, onde há apenas um caminho disponível para você, talvez ter uma imagem realista de suas chances de sucesso não seja muito útil. Mas com que frequência tal situação realmente ocorre? Mesmo em um cenário de escalada na vida real, nunca há literalmente apenas uma escolha. Em vez de tentar pular para uma borda próxima, você pode tentar descer pela encosta da montanha. Alternativamente, você pode ficar parado e esperar o resgate. Se alguma dessas opções é uma aposta melhor do que pular depende da sua estimativa das chances relativas de sucesso.

E, embora a retórica em torno de "seguir seu sonho" faça parecer que todo mundo tem apenas um sonho, a maioria das pessoas tem mais de uma coisa de que gosta e em que é boa, ou poderia pelo menos se tornar boa. Você está prestando um péssimo serviço a si mesmo se jogando na busca de um objetivo sem perguntar: "Vale a pena perseguir esse objetivo, em comparação com outras coisas que eu poderia fazer em vez disto?"

Nesse ponto, você pode estar pensando: "Claro, uma imagem precisa das probabilidades é importante ao escolher um caminho. Mas, uma vez que já fez sua escolha, você *deve* mudar para o otimismo irracional para a fase de execução."

Claro, não é tão simples quanto "mudar para o otimismo irracional". Você não pode simplesmente fazer um cálculo de risco realista e cuidadoso e depois apagá-lo da memória. Mas suponha que você pudesse — deveria? Os dois tópicos a seguir deixarão claro por que minha resposta ainda é "não".

UMA IMAGEM PRECISA DAS PROBABILIDADES O AJUDA A ADAPTAR SEU PLANO COM O TEMPO

Desde o ensino médio, Shellye Archambeau estava determinada a um dia se tornar CEO de uma grande empresa de tecnologia.[9] Em 2001, ela sentiu que finalmente estava prestes a realizar esse sonho. Ela passou 15 anos subindo na hierarquia da IBM, tornando-se a primeira mulher afro-americana na história da empresa a ocupar um cargo executivo internacional. Depois de deixar a IBM, ela trabalhou como diretora executiva em duas outras empresas de tecnologia. Shellye estava pronta.

Infelizmente, 2001 também foi o ano em que a bolha das ponto.com estourou. O Vale do Silício foi inundado de executivos recém-saídos do trabalho com mais experiência e conexões do que ela, que agora também competiam por cargos de CEO. Momento ruim, de fato. Shellye percebeu que tinha duas opções. Ela poderia manter seu objetivo original de buscar uma empresa de tecnologia de ponta e enfrentar probabilidades ainda piores do que antes. Ou poderia alterar sua meta, abandonando a exigência de que a empresa fosse de "nível superior". Em vez disso, ela poderia ter como objetivo uma empresa que estava passando por dificuldades, mas era mais fácil de entrar, e que ela poderia mudar com uma administração forte.

Ela escolheu a opção 2 e foi bem-sucedida. Shellye foi contratada para ser CEO da Zaplet Inc., uma startup que estava quase falindo na época. Nos 14 anos seguintes, Shellye transformou a Zaplet na MetricStream, uma empresa de 1.200 funcionários com valor superior a US$400 milhões.

A realidade é que não há uma divisão clara entre os estágios de "tomada de decisão" e "execução" da busca por uma meta. Com o tempo, sua situação mudará ou você obterá novas informações e precisará revisar sua estimativa de probabilidades.

UMA IMAGEM PRECISA DAS PROBABILIDADES AJUDA A DECIDIR QUANTO APOSTAR NO SUCESSO

Ao longo da década de 1980, o empresário Norm Brodsky construiu uma empresa de mensageiros de US$30 milhões chamada Perfect Courier. Para crescer ainda mais rápido, ele decidiu adquirir um concorrente, uma empresa de mensageiros passando por dificuldades chamada Sky Courier. Ele injetou US$5 milhões da Perfect Courier na Sky Courier para ajudar a virar o jogo. Mas isso não foi o suficiente para salvá-la. Então ele colocou mais U$2 milhões. Quando isso ainda não foi o suficiente, ele também utilizou um pouco do crédito da Perfect Courier. Brodsky sabia que estava efetivamente apostando uma de suas empresas na capacidade de consertar a outra, mas não estava preocupado. "Nunca me passou pela cabeça que não seria capaz de tornar a Sky Courier em um sucesso", disse ele.[10]

Infelizmente, Brodsky logo levou dois golpes de azar, um após o outro. Primeiro veio a quebra do mercado de ações em outubro de 1987. Isso consumiu muito de seu negócio. O segundo foi o rápido crescimento da máquina de fax. Quem precisa de um serviço de correio para enviar documentos importantes quando, em vez disso, você pode simplesmente colocá-los em um aparelho de fax?[11]

No outono seguinte, a Sky Courier entrou em colapso, levando a Perfect Courier com ela. A parte mais angustiante, para Brodsky, foi ter de demitir milhares de funcionários. Com tristeza, ele percebeu: "Peguei um negócio adorável, seguro e lucrativo e o destruí, expondo-o a um nível de risco que ele nunca deveria ter enfrentado."

O capitalista de risco Ben Horowitz argumenta, em *The Hard Thing About Hard Things* [A Coisa Difícil sobre Coisas Difíceis, em tradução livre], que não faz sentido pensar sobre suas chances de sucesso ao construir uma empresa. "Quando você está construindo uma empresa, deve acreditar que existe uma resposta e não pode prestar atenção nas chances de encontrá-la. Você apenas tem que encontrá-la", escreve ele. "Não importa se suas chances são de nove em dez ou de uma em mil; sua tarefa é a mesma."[12]

Contudo, mesmo que sua tarefa seja a mesma, isso ainda deixa a questão de quanto você deveria estar disposto a apostar em sua habilidade de ter sucesso nessa tarefa. Se sua empresa tem nove em dez chances de sucesso, então pode valer a pena apostar suas economias nisso. Se suas chances estão próximas de uma em mil, você provavelmente preferirá deixar para lá.

TER UMA IMAGEM precisa das probabilidades nunca deixa de ser valioso. Ainda assim, isso nos deixa com um desafio psicológico: se você tem uma visão precisa das probabilidades, como evitar o desânimo? Como você se motiva para dar tudo de si, sabendo que há uma chance significativa de seu "tudo" não ser suficiente no final?

APOSTAS QUE VALEM A PENA

Quando Elon Musk decidiu abrir uma empresa de voos espaciais, seus amigos pensaram que ele estava louco. Musk acabara de ganhar mais de US$180 milhões com a venda do PayPal, seu segundo negócio, e estava apostando a maior parte dessa sorte inesperada na empresa que logo se tornaria a SpaceX.

"Você vai falhar", alertaram eles. "Você perderá todo o seu dinheiro do PayPal." Um de seus amigos chegou a fazer uma compilação de vídeos de foguetes explodindo e implorou a Musk que o assistisse, na esperança de dissuadi-lo de seu sonho irreal.[13]

Um ponto em comum na maioria das histórias sobre alguém com um "sonho louco" é que *ele não poderia ser dissuadido, porque sabia em seu coração que os céticos estavam errados.* Não é assim que essa história continua. Quando os amigos de Musk lhe disseram que provavelmente falharia, ele respondeu: "Bem, eu concordo. Acho que provavelmente falharemos."[14] Na verdade, ele estimou que havia apenas cerca de 10% de chance de uma nave SpaceX entrar em órbita.

Dois anos depois, Musk decidiu investir a maior parte do restante de seus lucros do PayPal em uma empresa de carros elétricos, a Tesla. Ele também acreditava que essa empresa teria cerca de 10% de chance de sucesso.[15]

As baixas chances de Musk atribuídas ao sucesso de seus próprios projetos deixaram muitas pessoas intrigadas. Em uma aparição no *60 Minutes*, em 2014, o entrevistador Scott Pelley tentou entender a lógica de Musk:

Elon Musk: Bem, eu realmente não pensei que a Tesla seria bem sucedida. Achei que provavelmente iríamos falhar...

Scott Pelley: Mas você diz que não esperava que a empresa tivesse sucesso? Então, por que tentar?

Elon Musk: Se algo é importante o suficiente, você deve tentar. Mesmo que o resultado provável seja o fracasso.[16]

A baixa expectativa de sucesso de Musk confunde as pessoas porque elas presumem que a única razão para fazer algo é se houver probabilidade de sucesso. Mas os exploradores não são motivados pelo pensamento: "Isso vai dar certo." Eles são motivados pelo pensamento: "Esta é uma aposta que vale a pena fazer."

A maioria das pessoas já concorda com a ideia de uma "aposta que vale a pena fazer", pelo menos em alguns contextos. Para dar um exemplo simples, suponha que alguém ofereceu a você uma aposta na qual você rola um dado de seis lados. Se cair em um 6, você ganha $200; se não, você perde $10. Você deve apostar?

Quase com certeza. Essa é uma boa aposta para você — e você pode ver exatamente como ela é, calculando seu *valor esperado*. Esse é o valor médio que uma aposta paga a cada vez, se você apostar um número infinito de vezes.

Probabilidade	Valor
1 em 6 chance de rolar 6	Ganha $200
5 em 6 chances de rolar outro número	Perde $10

Para calcular o valor esperado de uma aposta, multiplique a probabilidade de cada resultado pelo seu valor e, em seguida, some esses resultados. Para essa aposta, o valor esperado seria:

([1/6 probabilidade de ganhar] × $200) + ([5/6 probabilidade de perder] × - $10) = $33,33 - $8,33 = $25

Em outras palavras, se você fizer essa aposta várias vezes, o valor médio que você ganhará a cada vez é de cerca de $25. Nada mal para simplesmente lançar um dado! Essa é uma grande aposta, embora o resultado mais provável seja o fracasso.

Avaliar as probabilidades envolvidas em uma aposta real, como abrir uma empresa, é um esforço muito mais confuso e subjetivo. Os resultados possíveis não são bem definidos da maneira que são no caso da rolagem do dado. Suas probabilidades correspondentes são subjetivas. E seu "valor" envolve muitos fatores além do dinheiro: quão agradável para você seria administrar uma empresa? Isso o deixaria com conexões e habilidades úteis, mesmo se falhasse? Quanto do seu tempo isso ocuparia? Quanto estigma social envolveria?

No entanto, você quase sempre pode fazer uma estimativa aproximada que é melhor do que nada. Como vimos, Elon Musk estimou uma chance de 10% de sucesso e uma chance de 90% de fracasso para a Tesla. Mas o valor do sucesso seria enorme — transformar a ideia de carros elétricos de uma quimera para a realidade dominante seria um grande passo para libertar a sociedade de sua dependência dos combustíveis fósseis. E, mesmo se falhasse, Musk percebeu que ainda havia uma coisa interessante que a Tesla realizaria: "Eu pensei que pelo menos poderíamos lidar com a falsa percepção que as pessoas têm de que um carro elétrico deve ser feio, lento e enfadonho como um carrinho de golfe", Musk disse a Pelley.

O raciocínio de Musk sobre a SpaceX era semelhante: cerca de 10% de chance de sucesso, 90% de chance de fracasso. Mas o valor do sucesso seria enorme. O desenvolvimento de uma forma mais barata de voo espacial tornaria possível para a humanidade colonizar Marte um dia, o que ajudaria a proteger nossa espécie contra riscos catastróficos na Terra. E, mesmo se a SpaceX falhasse, não teria sido uma perda total de tempo se eles fizessem um pequeno progresso: "Se pudéssemos apenas mover a bola para frente, mesmo que morrêssemos, talvez outra empresa pudesse pegar o bastão e seguir em frente, assim ainda faríamos algo de bom", raciocinou ele.[17]

MUSK ESTÁ PENSANDO NAS APOSTAS TESLA E SPACEX

Probabilidade	Valor
10% de chance de sucesso	A empresa tem um grande impacto em um dos problemas mais urgentes que a humanidade enfrenta (sustentabilidade, viagens espaciais).
90% de chance de falha	Musk perde seu investimento, mas não está pessoalmente arruinado. A empresa provavelmente gera um progresso em relação ao problema.

No geral, tanto a Tesla quanto a SpaceX pareciam boas apostas para ele — embora o resultado mais provável para cada uma fosse o fracasso.

Outra maneira de pensar se uma aposta tem um valor esperado positivo é imaginar que ela será feita várias vezes. O valor dos sucessos esperados superaria o valor das falhas esperadas? Ao longo da vida, alguém como Elon Musk provavelmente tem tempo e dinheiro para criar pelo menos dez empresas como a Tesla e a SpaceX. Se seu melhor palpite é que nove dessas dez empresas vão fracassar, a questão-chave é: valeria a pena falhar nove vezes em troca de um grande sucesso?

Na realidade, você quase nunca consegue repetir exatamente a mesma aposta muitas vezes. Mas você terá a oportunidade de fazer muitas apostas diferentes ao longo de sua vida. Você enfrentará apostas em sua empresa e em sua carreira de forma mais ampla; apostas em oportunidades de investimento; chances de apostar em confiar em outra pessoa, ou fazer uma pergunta difícil, ou sair de sua zona de conforto. E, quanto mais apostas de valor esperado positivo você fizer, mais confiança você terá de terminar na frente no geral, mesmo que cada aposta individual esteja longe de ser uma certeza.

ACEITAR VARIÂNCIA DÁ A VOCÊ EQUANIMIDADE

Normalmente não presto muita atenção aos esportes, mas meu interesse foi despertado quando vi uma entrevista com Trevor Bauer, um arremessador do Cleveland Indians. Bauer recentemente estava lançando bem contra o Houston Astros, com uma sequência de 6-0 e, quando um entrevistador lhe perguntou o segredo de seu sucesso, Bauer respondeu: "Variação aleatória. Não vai continuar. Em algum ponto, ela vai falhar."[18]

A resposta me fez sorrir de surpresa. Quase todos, quando solicitados a explicar seu sucesso, dão uma explicação causal como, "meu treino extra está finalmente começando a valer a pena" ou "é porque eu acredito em mim mesmo". Com que frequência você ouve alguém atribuir seu próprio sucesso a uma "variação aleatória"?

Bauer estava certo — sua sequência acabou. Logo depois, outro entrevistador o questionou sobre o número incomum de home runs que os jogadores haviam marcado contra ele recentemente. Bauer respondeu: "Sei que os resultados vão corresponder às minhas jogadas em algum momento... Eu não posso continuar tendo uma taxa de home run por fly ball que é absurdamente alta agora, e é assim que a maioria das minhas corridas estão pontuando agora."[19]

A taxa de "home run por fly ball" de um arremessador flutua muito em curtos períodos de tempo, o que significa que a estatística captura principalmente a variação aleatória e não a habilidade. O ponto de Bauer era que, portanto, não fazia sentido ficar muito preocupado com o fato de sua atual taxa de home run por fly ball estar anormalmente alta. Mais uma vez, ele estava certo — na temporada seguinte, Bauer tinha um dos menores índices de home run por fly ball de todos no jogo.[20]

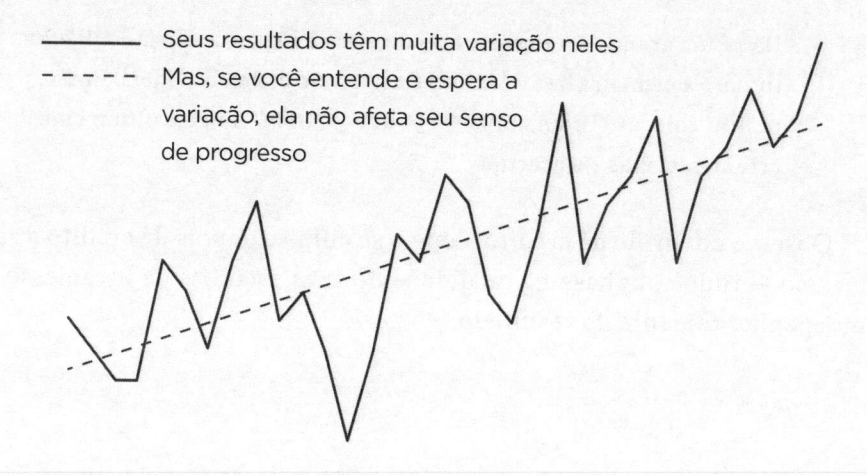

——— Seus resultados têm muita variação neles
- - - - Mas, se você entende e espera a variação, ela não afeta seu senso de progresso

O EFEITO PSICOLÓGICO DE ESPERAR VARIÂNCIA*

Pode ser motivador acreditar com certeza absoluta que você vai vencer, mas não é realista — sempre há algum elemento de chance envolvido, em qualquer aposta. Com o tempo, seus resultados irão flutuar; algumas de suas apostas sairão bem e outras muito mal.

Mas, enquanto você continuar fazendo apostas de valor esperado positivo, essa variação desaparecerá principalmente no longo prazo. Construir essa variação em suas expectativas tem o bom efeito colateral de dar-lhe equanimidade. Em vez de ficar exultante quando suas apostas dão certo e arrasado quando não dão, suas emoções estarão ligadas à linha de tendência por trás da variação.

O objetivo não é atribuir tudo à sorte. É fazer o seu melhor para separar mentalmente o papel que a sorte desempenha em seus resultados do papel que sua tomada de decisão desempenha e julgar a si mesmo com base no último. Aqui está um exemplo de Bauer fazendo uma autópsia de seu arremesso em um jogo:

---

* O custo emocional da variação é, na verdade, pior do que sugere o gráfico. Somos avessos à perda, o que significa que a dor de uma perda é maior do que o prazer de um ganho de tamanho semelhante. Portanto, se você não criar variação em suas expectativas, os pontos baixos no gráfico de pico parecerão ainda mais baixos do que são.

Não é um grande arremesso, mas defendo a lógica de lançá-lo. *Walk* [ir para a primeira base] (Jason) Castro, não é uma boa ideia. Então, tentou colocar (Brian) Dozier em uma *fastball* longe, voltou, bom arremesso, mas ele acertou.[21]

Observe como ele dá crédito, depois se culpa e depois dá crédito a si mesmo — tudo com base na qualidade de suas escolhas de arremesso, independentemente do resultado.

ACEITANDO OS RISCOS

Em 1994, Jeff Bezos tinha um emprego confortável e bem remunerado como banqueiro de investimentos na cidade de Nova York. Ele considerava cada vez mais desistir para lançar uma empresa nesta nova e empolgante coisa chamada "A internet".

Mas ele queria ter certeza de que tinha uma visão clara das probabilidades que enfrentaria. Segundo sua estimativa, cerca de 10% das startups da internet tornaram-se empresas de sucesso. Bezos suspeitava que seu nível de habilidade e ideia de negócio eram melhores do que a média, mas ele também sabia que não era uma justificativa para ignorar completamente as probabilidades básicas. Considerando tudo, ele deu a si mesmo cerca de 30% de chance de sucesso.

Como ele se sentia em relação a esse nível de risco? Ele poderia tolerar a possibilidade de fracasso? Bezos se imaginou com 80 anos pensando no passado, em suas escolhas de vida. Perder seu bônus de Wall Street de 1994 não era o tipo de coisa com a qual ele se importaria décadas depois. Mas perder a chance de participar do crescimento da internet com certeza era. "Se falhar, tudo bem", decidiu. "Quando tiver 80 anos ficarei muito orgulhoso do fato de ter tentado."[22] Isso foi o que firmou sua decisão de ir em frente, demitir-se do emprego e abrir a empresa que se tornaria a Amazon.

O modelo de motivação de "autoconfiança" pressupõe que, se você reconhecer a possibilidade de fracasso, ficará muito desmoralizado ou com medo de correr riscos. Nesse modelo, as pessoas que acreditam que o fracasso é impensável são as que fazem o máximo para ter sucesso. Ainda assim, na prática, muitas vezes as coisas parecem funcionar ao contrário — aceitar a possibilidade de fracasso antecipadamente é libertador. Isso o torna ousado, não tímido. É o que lhe dá coragem para assumir os riscos necessários para alcançar algo grande.

Quando um entrevistador elogiou Elon Musk por não ter medo de abrir empresas que outras pessoas consideram loucas, Musk admitiu que, na verdade, sente muito medo. Só que ele aprendeu a controlar esse medo ao aceitar a probabilidade de fracasso. "Algo que pode ser útil é o fatalismo, até certo ponto", explicou ele. "Se você apenas aceitar as probabilidades, isso diminui o medo. Portanto, ao iniciar a SpaceX, achei que as chances de sucesso eram inferiores a 10% e simplesmente aceitei que provavelmente perderia tudo."[23]

Pessoas que trabalham em projetos difíceis e estão cientes de seu alto risco de fracasso geralmente não se preocupam com esse risco no dia a dia. Quando elas se levantam pela manhã, são motivadas por coisas mais concretas — a reunião inicial que acontecerá na próxima semana; a meta que estabeleceram para si próprias de enviar seu primeiro produto no mês que vem; o desafio de apagar o último incêndio, qualquer que ele seja; o progresso que fizeram até agora; as pessoas que contam com elas.

Mas, naqueles momentos em que estão decidindo quais riscos correr ou recuando para refletir sobre suas escolhas de vida, ser capaz de se sentir satisfeito com a aposta que estão fazendo — mesmo se falharem — faz toda a diferença. Há uma frase de uma postagem de blog que li anos atrás que permaneceu comigo e ainda me dá uma sensação de determinação quando faço uma aposta que acredito que vale a pena, mas é arriscada. Talvez faça o mesmo por você: "Você quer entrar em um estado mental em que, se o resultado ruim acontecer, você apenas balançará a cabeça e dirá 'Eu sabia que esse era um resultado possível e conhecia as probabilidades, e faria as mesmas apostas novamente, se tivesse as mesmas oportunidades'."[24]

No CAPÍTULO ANTERIOR, vimos como podemos escolher estratégias de enfrentamento para lidar com emoções como ansiedade, decepção, arrependimento e medo. Algumas estratégias de enfrentamento envolvem autoengano e outras não — então, por que se contentar com a primeira?

A mesma lógica se aplica às estratégias para nos motivar a ser ambiciosos, correr riscos e perseverar quando as coisas ficam difíceis. A abordagem do soldado para a motivação exige que você acredite em coisas que não são verdadeiras — que suas chances de sucesso não importam, contanto que você acredite em si mesmo, que o fracasso não é uma opção, que a "sorte" é irrelevante.

O ânimo do soldado pode ser eficaz, pelo menos a curto prazo. Mas é um tipo de ânimo frágil, que exige que você evite ou racionalize novas informações que podem ameaçar sua capacidade de continuar acreditando no sucesso.

Os exploradores contam com um tipo diferente de ânimo. Em vez de ser motivado pela promessa de sucesso garantido, um explorador é motivado pelo conhecimento de que está fazendo uma aposta inteligente, que pode se sentir bem por tê-la feito, independentemente de obter ou não sucesso. Mesmo que uma determinada aposta tenha uma probabilidade baixa de sucesso, eles sabem que sua probabilidade geral de sucesso a longo prazo é muito maior, desde que continuem fazendo boas apostas. Eles são motivados pelo conhecimento de que as escolhas ruins são inevitáveis, mas não farão diferença no longo prazo; que, embora o fracasso seja possível, também é tolerável.

A abordagem do explorador para o ânimo não pede que você sacrifique sua capacidade de tomar decisões claras. E é um tipo de ânimo robusto, que não requer proteção da realidade, porque está enraizado na verdade.

Capítulo 9

Influência Sem Excesso de Confiança

NO CAPÍTULO ANTERIOR, vimos como Jeff Bezos, antes de fundar a Amazon, estimou que sua ideia de negócio tinha cerca de 30% de chance de sucesso. Mas com certeza ele não iria admitir isso para potenciais investidores... certo? Por que alguém financiaria um empreendedor cujo argumento era: "Só para ficar claro, provavelmente vou fracassar"?

Na verdade, Bezos compartilhou sua incerteza com seus potenciais investidores. Em cada argumento de venda, ele informava ao público: "Acho que há 70% de chance de você perder todo o seu dinheiro, então não invista a menos que tenha condições de perdê-lo."[1]

À medida que sua empresa crescia, Bezos continuou a falar abertamente sobre a incerteza em torno de seu futuro. Em uma entrevista de 1999 na CNBC, ele disse: "Não há garantia de que a Amazon.com possa ser uma empresa de sucesso. O que estamos tentando fazer é muito complicado."[2] Em 2018, a Amazon estava prestes a se tornar a empresa mais valiosa do mundo. Em uma reunião em toda a empresa naquele outono, Bezos disse a seus funcionários: "Eu prevejo que um dia a Amazon falirá... Se você olhar para as grandes empresas, a duração de sua vida tende a ser de mais de 30 anos, não de mais de 100 anos."[3]

O SENSO COMUM é que, quanto mais confiança você puder reunir em suas crenças, mais influente será. A confiança é magnética. Ela convida as pessoas a ouvi-lo, segui-lo e acreditar que você sabe o que está fazendo. Se você procurar conselhos sobre como ser influente ou persuasivo, encontrará muitas exortações para acreditar em si mesmo:

> É a pessoa que tem um senso de certeza desenfreado que sempre será capaz de persuadir os outros.[4]
>
> Todo líder empresarial de sucesso tem um forte senso de autoconfiança.[5]
>
> Ninguém gosta de opiniões com um "provavelmente". As pessoas querem certeza.[6]

Isso pareceria um mau presságio para os exploradores; se você está sendo intelectualmente honesto, não terá certeza sobre tudo. Felizmente, como sugere o exemplo de Jeff Bezos, o senso comum não está certo. Neste capítulo, vamos quebrar alguns mitos sobre confiança e influência, e ver como exploradores bem-sucedidos navegam nesse relacionamento.

DOIS TIPOS DE CONFIANÇA

Confiança é uma daquelas palavras que usamos para descrever coisas diferentes, mesmo sem perceber. Uma é a confiança *epistêmica*, ou certeza — o quão certo você está sobre o que é verdade. Esse é o tipo de confiança que exploramos no Capítulo 6. Se você disser: "Tenho 99% de certeza que ele está mentindo" ou "Garanto que isso vai funcionar" ou "Não há como os republicanos vencerem", você está demonstrando muita confiança epistêmica.

Além dela, existe a confiança *social* ou autoconfiança: você fica à vontade em situações sociais? Você age como se merecesse estar lá, como se estivesse seguro de si mesmo e de seu papel no grupo? Você fala como se valesse a pena ser ouvido?

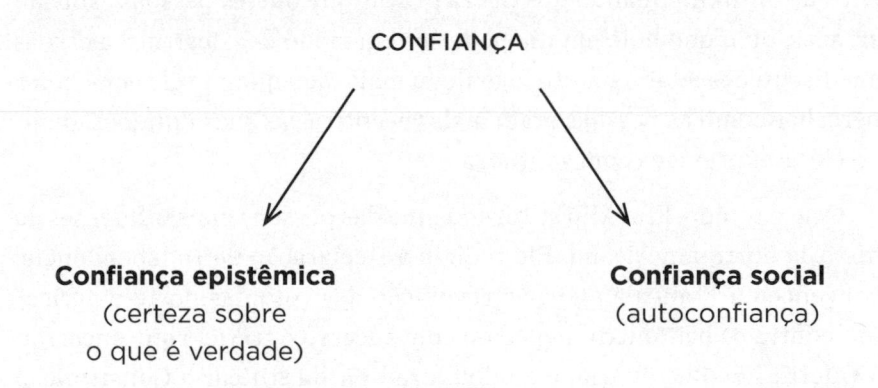

CONFIANÇA

Confiança epistêmica
(certeza sobre
o que é verdade)

Confiança social
(autoconfiança)

Temos a tendência de fundir confiança epistêmica e confiança social, tratando-as como se fossem um pacote. É fácil imaginar alguém com os dois tipos de confiança, como um líder motivando sua equipe com uma palestra estimulante sobre como não há dúvidas em sua mente de que eles terão sucesso. Também é fácil imaginar alguém sem confiança em ambos os tipos, gaguejando nervosamente: "Uh, eu realmente não tenho certeza do que devemos fazer aqui..."

Mas a confiança epistêmica e a confiança social não precisam ser um pacote. Basta olhar para Benjamin Franklin. Ele transbordava confiança social — extremamente charmoso, espirituoso e entusiasmado, ele fez amigos e abriu novas instituições durante toda a sua vida. Ele era basicamente uma celebridade na França, onde estava constantemente cercado por mulheres que o adoravam, que o chamavam de "Cher Papa" ("Querido Papai").[7]

Ainda assim, Franklin combinou sua abundância de confiança social com uma falta intencional de confiança epistêmica. Foi uma prática que ele começou quando era jovem, depois de perceber que as pessoas eram mais propensas a rejeitar seus argumentos quando ele usava uma linguagem firme como *com certeza* e *sem dúvida*. Então, Franklin treinou para evitar essas expressões, prefaciando suas declarações com advertências como "Eu acho..." ou "Se não me engano..." ou "Parece-me no momento..."[8]

Foi um hábito difícil de manter no início. Um dos passatempos favoritos de Franklin quando jovem era provar que outras pessoas estavam erradas, ou o que hoje em dia pode ser chamado de "destruir" pessoas em discussões. Mas o hábito logo ficou mais fácil quando ele começou a perceber como as pessoas eram mais receptivas às suas opiniões quando ele as expressava com gentileza.

Com o tempo, Franklin se tornou uma das pessoas mais influentes da história norte-americana. Ele redigiu a Declaração de Independência; convenceu a França a apoiar a revolução das colônias norte-americanas contra os britânicos; negociou com sucesso o tratado que encerrou a Guerra Revolucionária; e ajudou a redigir e ratificar a Constituição dos Estados Unidos.

Em sua autobiografia, um Franklin idoso reflete sobre sua vida e se maravilha com a eficácia de seu hábito de falar com "modesta timidez": "E acho que é devido principalmente a esse hábito (além do meu caráter de integridade) que ganhei rapidamente peso com meus concidadãos quando propus novas instituições, ou alterações nas antigas", concluiu.[9]

No Capítulo 4, descrevi a prontidão de Abraham Lincoln em ceder ao julgamento de outras pessoas sobre questões em que ele acreditava serem mais experientes e dizer: "Você estava certo, eu estava errado." Você pode esperar que isso o faça parecer inseguro, mas como um de seus contemporâneos escreveu: "Nenhum homem que já viveu poderia estar em sua presença e dominá-lo."[10] Isso porque Lincoln era extremamente autoconfiante. Ele estava à vontade consigo mesmo, confortável com sua capacidade e, quando falava, conseguia prender a atenção extasiada de uma multidão por horas.

AS PESSOAS O JULGAM PELA CONFIANÇA SOCIAL, NÃO PELA CONFIANÇA EPISTÊMICA

As experiências de Franklin e Lincoln sugerem que, quando se trata da impressão que você causa nas outras pessoas, ser autoconfiante é mais importante do que expressar certeza — e as pesquisas concordam.

Em um estudo, alunos universitários trabalharam juntos em pequenos grupos enquanto os pesquisadores filmavam suas interações.[11] Depois, os pesquisadores analisaram o vídeo e codificaram o comportamento de cada aluno em vários aspectos da confiança epistêmica (por exemplo, quantas vezes eles afirmaram estar confiantes em sua própria estimativa?) e da confiança social (por exemplo, quanto eles participaram da discussão? Eles pareciam calmos e relaxados?).

	SUGESTÃO DE COMPORTAMENTO	OBSERVADOR PERCEBEU COMPETÊNCIA
Confiança social	Porcentagem de tempo falado	0,59**
	Tom de voz confiante e factual	0,54**
	Forneceu informações relevantes para o problema	0,51**
	Postura expandida	0,37**
	Comportamento calmo e relaxado	0,34**
	Ofereceu uma resposta mais tarde	0,24*
	Ofereceu uma resposta primeiro	0,21*
Confiança epistêmica	Declarações de certeza na estimativa	0,21*
	Declarações sobre facilidade ou dificuldade da tarefa	0,18
	Declarações sobre a própria competência	0,09

TABELA ADAPTADA DE C. ANDERSON ET AL. (2012), TABELA 2. PÁGINA 10.
* = RESULTADOS SIGNIFICATIVOS EM $p < 0{,}05$; ** = RESULTADOS SIGNIFICATIVOS EM $p < 0{,}01$

Em seguida, os pesquisadores mostraram os vídeos para outras pessoas e perguntaram a elas: "Até que ponto cada um desses alunos parece competente para você?" As classificações de competência que os alunos receberam foram predominantemente baseadas em quanta *confiança social* eles demonstraram. Quanto mais um aluno participava da conversa, usava um tom de voz autoritário e tinha um comportamento relaxado, mais competente parecia. Em comparação, a *confiança epistêmica* dos alunos dificilmente importava. Suas afirmações sobre como estavam certos em sua resposta, como a tarefa era fácil para eles ou quão competentes eles eram na tarefa foram pouco ou nada significativas.

Outros pesquisadores investigaram essa mesma questão usando atrizes treinadas para exibir diferentes combinações de alta versus baixa confiança social e alta versus baixa confiança epistêmica, para ver quanta diferença cada fator faz.[12] Seus resultados foram semelhantes. Se os participantes julgavam ou não uma atriz como "confiante" dependia muito de suas dicas sociais, como fazer contato visual, falar de maneira uniforme e usar gestos decisivos com as mãos. Fez comparativamente pouca diferença se ela falou com muita certeza ("Tenho certeza que...") ou com pouca certeza ("Acho que talvez...").

As pessoas às vezes lamentam o fato de que coisas "superficiais" como postura e voz fazem tanta diferença na forma como julgamos uns aos outros. Mas, olhando pelo lado bom, isso significa que projetar competência não requer autoengano. Você pode aumentar sua confiança social praticando falar em grupos, contratando um instrutor de oratória, vestindo-se melhor, melhorando sua postura — tudo sem comprometer sua capacidade de ver as coisas com clareza.

A fundação da Amazon é um caso em questão para a precedência da confiança social sobre a confiança epistêmica. A grande oportunidade da empresa veio na primavera de 1996, quando recebeu a visita de John Doerr, sócio da Kleiner Perkins Caufield & Byers, uma das mais prestigiadas firmas de capital de risco do Vale do Silício (hoje em dia apenas Kleiner Perkins). Doerr saiu daquela reunião impressionado com a Amazon e pronto para investir. Melhor ainda, o interesse de um capitalista de risco de alto perfil desencadeou uma guerra de lances que elevou a avaliação da Amazon de US$10 milhões para US$60 milhões.

Então, o que exatamente convenceu Doerr sobre a Amazon? Vou deixá-lo explicar: "Eu entrei na porta e um cara com uma risada ruidosa que estava exalando energia desceu os degraus correndo. Naquele momento, eu quis fazer negócios com Jeff."[13]

DOIS TIPOS DE INCERTEZA

Como os pacientes reagem se seu médico expressa incerteza? Alguns estudos investigaram essa questão e chegaram a conclusões muito diferentes. Alguns estudos descobriram que os pacientes reagem negativamente à incerteza, vendo isso como um sinal de incompetência. Outros estudos descobriram que os pacientes não parecem se importar em ouvir a incerteza de seus médicos, ou mesmo a apreciavam.

Esses resultados conflitantes parecem misteriosos até que você observe mais de perto o que cada estudo está testando. Nos estudos que descobriram que os pacientes reagem negativamente à incerteza de ouvir de seus médicos, "incerteza" se refere a afirmações como estas:

> Quer dizer, eu realmente não sei como explicar isto.
>
> Eu nunca vi isto antes.
>
> Não tenho certeza do que está causando suas dores de cabeça.[14]

Enquanto isso, nos estudos que descobriram que os pacientes reagem positivamente à incerteza de seus médicos, "incerteza" se refere a declarações como estas (de médicos discutindo fatores de risco para câncer de mama):

> As evidências sobre a amamentação são muito fracas. Mas um fator determinante, um pouco mais forte, é a idade da primeira gravidez. Mas você sabe, como todas as coisas, existem compensações. É apenas um determinante muito fraco.

Você tem dois parentes de primeiro grau e uma tia, então isso certamente a coloca em uma categoria de risco mais alto... o quão alto não é fácil de determinar — provavelmente algo entre um em cinco e um em dez.[15]

Esses são claramente dois tipos muito diferentes de incerteza. Dificilmente se pode culpar os pacientes do primeiro grupo por estarem desanimados. Se um médico diz: "Não tenho certeza do que está causando isto", é razoável se perguntar se um médico melhor e mais experiente seria capaz de diagnosticá-lo. No segundo grupo, no entanto, os médicos parecem especialistas, mesmo quando estão dando um diagnóstico incerto. Eles estão oferecendo um contexto útil, como o fato de que a idade da mulher durante sua primeira gravidez é um fator de risco mais forte do que amamentar ou não, e estão fornecendo estimativas informativas, como "provavelmente entre uma em cada cinco e uma em dez", em vez de simplesmente dizer que não sabem.

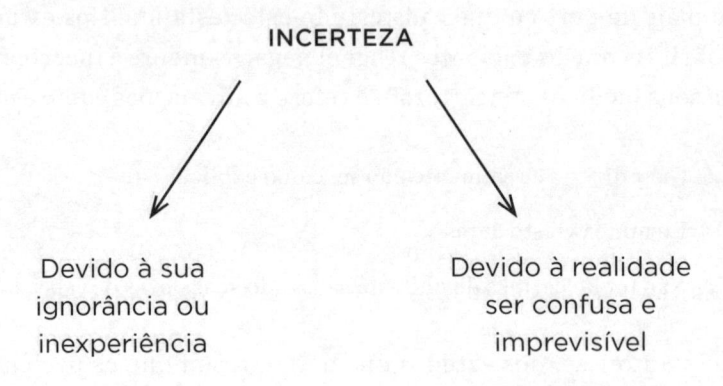

INCERTEZA

Devido à sua ignorância ou inexperiência

Devido à realidade ser confusa e imprevisível

Quando as pessoas afirmam que "admitir a incerteza" faz você ficar mal, elas invariavelmente combinam esses dois tipos muito diferentes de incerteza: incerteza "em você", causada por sua própria ignorância ou falta de experiência, e incerteza "no mundo" causada pelo fato de que a realidade é confusa e imprevisível. O primeiro é muitas vezes considerado um mau sinal sobre a experiência de alguém, e com razão. Mas o último não é — especialmente se você seguir três regras para comunicar a incerteza:

1. Mostre que a incerteza é justificada

Às vezes, seu público não estará ciente de quanta incerteza existe "no mundo" sobre o assunto do qual você está falando, e ele espera que você dê respostas com mais certeza do que é realmente possível. Tudo bem; você só precisa definir as expectativas deles. Lembra como Jeff Bezos avisou a um entrevistador da CNBC em 1999 que o sucesso da Amazon não era garantido? Ao mesmo tempo, ele colocou esse alerta em perspectiva, apontando que, embora fosse claro que a revolução da internet produziria algumas empresas gigantes, era muito difícil prever com antecedência *quais* seriam essas empresas. Ele ilustrou o princípio da imprevisibilidade com um exemplo do passado recente: "Se você voltar e olhar para as empresas criadas pela revolução do PC, em 1980, provavelmente não teria previsto os cinco maiores vencedores."[16]

Na verdade, se você mostrar que a certeza não é realista, você pode ser mais persuasivo do que alguém que afirma tudo com 100% de certeza. Quando um advogado se encontra com um cliente em potencial pela primeira vez, o cliente sempre pergunta quanto dinheiro ele pode esperar receber. É tentador para o advogado dar uma estimativa confiante e otimista, mas a realidade é que ele ainda não tem informações suficientes para prosseguir. Em vez disso, aqui está o que um promotor entrevistado em *How Leading Lawyers Think* [Como pensam os principais advogados, em tradução livre] diz em tal situação: "Eu digo a eles: 'Qualquer advogado que responder isso está mentindo para você ou não sabe o que está fazendo, e você deve sair correndo.'"[17]

2. Dê estimativas fundamentadas

Matthew Leitch é um consultor britânico que costumava trabalhar com gerenciamento de risco para a PricewaterhouseCoopers. Em seu site *Working in Uncertainty* [Trabalhando na Incerteza, em tradução livre], ele descreve o que aprendeu sobre impor respeito ao comunicar a incerteza aos clientes. Uma lição: dê estimativas fundamentadas e explique de onde elas vieram. Por exemplo, ele pode dizer a um cliente: "Não há dados concretos em que se possa confiar para isso, então peguei a estimativa média de três gerentes de marketing sênior" ou "Uma pesquisa com 120 empresas semelhantes à nossa mostrou que 23% haviam experimentado um incidente deste tipo."[18]

Mesmo que a realidade seja confusa e seja impossível saber a resposta certa com confiança, você pode pelo menos estar confiante em sua análise. Um capitalista de risco descreveu um dos melhores argumentos de venda que ele já viu, de um jovem empresário chamado Mike Baker:

> Mike diagnosticou a indústria de publicidade online de forma muito cuidadosa e pintou uma imagem de para onde ela estava indo, baseada em sua própria experiência e muitos dados... Ele foi tão articulado ao descrever: "Se eu estiver certo, isso será incrivelmente valioso. Posso estar errado, e esse é o risco, mas, se estiver certo, posso executá-lo, conheço essa tecnologia e tenho os parceiros certos prontos para tirar proveito dela."[19]

Mostrar que você está bem informado e bem preparado em um determinado tópico não exige que você exagere o quanto de certeza é possível ter nesse tópico. Algumas páginas atrás, citei o capitalista de risco John Doerr dizendo que queria investir na Amazon apenas com base em ver Jeff Bezos "descendo os degraus", mas é claro que essa não é a história completa. Ele também ficou impressionado com a proficiência técnica de Bezos. Quando ele perguntou sobre o volume de transações diárias da Amazon, e Bezos foi capaz de puxar a resposta com algumas teclas, Doerr "ficou assombrado".[20]

3. Tenha um plano

Uma razão pela qual as pessoas não gostam de ouvir respostas incertas é que isso as deixa sem saber como agir. Você pode tranquilizá-las seguindo sua incerteza com um plano ou recomendação.

Se você é um médico, isso pode significar ajudar seu paciente a decidir qual tratamento funciona melhor para ele, dadas as incertezas, ou assegurar-lhe que continuará monitorando de perto seu problema. Se você é um consultor, ter um plano pode envolver projetar um teste para determinar algum fator crucial com mais precisão ou propor um plano de múltiplas fases para permitir uma reavaliação ocasional.

E, se você é um empreendedor, ter um plano significa ser capaz de apresentar um caso forte sobre o que você fará para tornar seu negócio uma boa aposta — uma aposta que você se sente confiante em aceitar e que outras pessoas podem se sentir confiantes em investir, mesmo que o sucesso não seja garantido. Em sua entrevista à CNBC em 1999, depois de reconhecer que a Amazon era um risco, Jeff Bezos explicou por que, apesar disso, era um bom risco:

> É muito, muito difícil de prever. Mas eu acredito que se você puder se concentrar obsessivamente o suficiente na experiência do cliente, na seleção, na facilidade de uso, nos preços baixos, em mais informações para tomar decisões de compra — se você puder dar aos clientes tudo isso, mais um ótimo atendimento... *Eu acho que você tem uma boa chance.* E é isso que estamos tentando fazer.[21]

VOCÊ NÃO PRECISA PROMETER SUCESSO PARA SER INSPIRADOR

Um amigo meu recentemente abriu uma empresa desenvolvendo aplicativos para ajudar pessoas com depressão e ansiedade. Ele é um pensador probabilístico que se esforça para ser bem calibrado e não está cego às grandes dificuldades de uma nova empresa. Perguntei-lhe se sua visão realista tornava difícil entusiasmar funcionários ou investidores. "Não, você pode deixar alguém empolgado de várias maneiras", ele respondeu. "Você não precisa deixá-los confusos mentindo ou sendo muito confiante sobre a chance de sucesso."

Você pode definir metas ambiciosas. Você pode pintar uma imagem vívida do mundo que deseja criar. Você pode falar do fundo do coração sobre por que se preocupa pessoalmente com esse assunto. Quando meu amigo está falando sobre sua empresa, ele gosta de compartilhar histórias reais de pessoas que enfrentavam problemas de saúde mental e foram ajudadas por seu aplicativo. Todas essas coisas podem ser inspiradoras e nenhuma delas exige que você faça afirmações irrealistas.

No YouTube, há um raro exemplo de uma entrevista em vídeo com Jeff Bezos em 1997, cerca de um ano depois de ele fundar a Amazon (cedo o suficiente para que a primeira pergunta do entrevistador para Bezos tenha sido: "Então, quem é você?"). Enquanto Bezos se entusiasma com sua visão para o futuro do comércio na internet, é fácil ver por que os investidores acharam seu entusiasmo contagiante:

> Quer dizer, é simplesmente incrível... este é o "dia 1". Este é o começo. Este é o estágio Kitty Hawk do comércio eletrônico. Estamos avançando em tantas áreas diferentes, e muitas empresas diferentes também, no fim do século XX. É um ótimo momento para estar vivo, sabe?... Acho que daqui a um milênio, as pessoas vão olhar para trás e dizer: "Uau, o fim do século XX foi realmente uma ótima época para estar vivo neste planeta."[22]

É um discurso que comunica visão. Convicção. Paixão. E não exige que Bezos finja que sua startup é uma aposta certa, ou mesmo que tenha mais de 50% de probabilidade de sucesso.

Depois de ouvir a proposta de Bezos, o investidor Tom Alberg discutiu com um amigo antes de decidir colocar U$50 mil de seu próprio dinheiro. "É muito arriscado", disse ele, "mas Jeff é real. Ele é obviamente um cara inteligente. Ele é muito apaixonado por isso".[23]

NESTE CAPÍTULO, COBRIMOS três princípios-chave de influência sem excesso de confiança:

Em primeiro lugar, você não precisa manter suas opiniões com 100% de certeza para parecer confiante e competente. As pessoas simplesmente não estão prestando muita atenção em quanta confiança epistêmica você expressa. Elas estão prestando atenção em como você age, em sua linguagem corporal, seu tom e outros aspectos de sua confiança social, todos os quais são coisas que você pode cultivar sem sacrificar sua calibração.

Em segundo lugar, expressar incerteza não é necessariamente uma coisa ruim. Depende se a incerteza está "em você" ou "no mundo". Se você puder demonstrar um forte domínio do tópico e falar com facilidade sobre sua análise e seu plano, parecerá mais com um especialista, não menos.

Terceiro, você pode ser inspirador sem prometer demais. Você pode pintar um quadro do mundo que está tentando criar, ou por que sua missão é importante, ou como seu produto ajuda as pessoas, sem afirmar que você terá sucesso garantido. Existem muitas maneiras de deixar as pessoas animadas, sem exigir que você minta para os outros ou para si mesmo.

Esse é o tema geral dos três últimos capítulos: qualquer que seja o seu objetivo, provavelmente há uma maneira de alcançá-lo que não exige que você acredite em coisas falsas. De agora em diante, sempre que ouvir alguém dizer que você precisa enganar a si mesmo para ser feliz, motivado ou influente, você deve se mostrar cético. Existem vários caminhos para qualquer objetivo, alguns dos quais envolvem autoengano e outros não. Pode ser necessário um pouco mais de cuidado e prática para encontrar o último, mas, a longo prazo, vale a pena.

Aqui está uma analogia: suponha que um valentão vive ameaçando bater em você e pegar o dinheiro do seu lanche. Você pode pensar que suas escolhas são (1) pagar ou (2) apanhar. Colocado dessa forma, pode muito bem ser correto dar-lhe o dinheiro. São apenas alguns dólares; certamente isso é melhor do que ficar com um olho roxo, certo?

Mas, se você diminuir o zoom e olhar para o longo prazo, fica menos claro que entregar o dinheiro todas as vezes é sua melhor opção. Em vez disso, você pode aprender a lutar. Ou você pode inventar uma maneira inteligente de fazer com que o agressor seja pego em flagrante. Você pode encontrar uma maneira de mudar as salas de aula ou mesmo de escola. Existem muitas maneiras de mudar a disposição do jogo em que você está jogando para que tenha melhores escolhas, em vez de simplesmente se resignar a escolher a opção menos pior à sua frente.

Estamos em uma posição semelhante com relação ao trade-off entre a mentalidade de explorador e a mentalidade de soldado, em que temos que sacrificar parte de nossa capacidade de ver claramente ou então deixar abater nossa autoestima, motivação, conforto e mais. Você pode aceitar esses termos e dizer: "Ok, é melhor pagar e sacrificar um pouco de precisão, porque vale a pena." Ou você pode dizer: "Não, eu não aceito esses termos" e encontrar maneiras de ter uma boa aparência e se sentir bem, ao mesmo tempo que vê a realidade com a maior precisão possível.

PARTE IV

※

Mudando de Ideia

Capítulo 10

Como Estar Errado

O CIENTISTA POLÍTICO PHILLIP TETLOCK passou quase duas décadas medindo a capacidade das pessoas de prever eventos globais. Os resultados foram decepcionantes — mesmo os chamados especialistas mal conseguiam se sair melhor do que o acaso. Ou, como Tetlock disse, o especialista mediano era "quase tão preciso quanto um chimpanzé lançador de dardos".[1]

No entanto, houve exceções. Um pequeno subconjunto de pessoas revelou ter habilidade genuína em responder a perguntas como "A Irmandade Muçulmana vencerá as eleições no Egito?" ou "Haverá um incidente violento no Mar da China Meridional em 2013 que matará pelo menos uma pessoa?".

Tetlock os apelidou de "super previsores".

Em um torneio de previsão patrocinado pelo *Intelligence Advanced Research Projects Activity* (IARPA), um ramo da comunidade de inteligência dos Estados Unidos, os super previsores venceram com folga equipes de professores das melhores universidades por margens de até 70%.2 Na verdade, os super previsores se saíram tão melhor do que todos os outros que a IARPA descartou as outras equipes depois de apenas dois anos, apesar de ter planejado originalmente organizar o torneio por quatro.

O que tornou os super previsores super?

Não é que eles fossem mais espertos do que todos os outros. E não é que eles tivessem mais conhecimento ou experiência do que todos os outros. Eles eram em sua maioria amadores, mas superaram até mesmo os analistas profissionais da CIA, que tinham a vantagem de anos de experiência, sem falar no acesso a informações confidenciais dos tópicos sobre os quais faziam previsões. Os super previsores, armados apenas com o Google, venceram a CIA em 30%.

O que tornava os previsores tão bons em estar certos é que eles eram ótimos em estar errados.

MUDE DE IDEIA UM POUCO DE CADA VEZ

Os super previsores mudavam de ideia o tempo todo. Não mudanças e reversões drásticas 180 graus todos os dias, mas revisões sutis conforme eles aprendiam novas informações. O super previsor de núcleo mais alto, um engenheiro de software chamado Tim Minto, geralmente mudava de ideia pelo menos uma dúzia de vezes em uma única previsão, e às vezes até 40 ou 50 vezes. Na página seguinte está um gráfico da confiança em evolução de Minto na proposição "O número de refugiados sírios registrados relatados pela Agência das Nações Unidas para os Refugiados em 1 de abril de 2014 será inferior a 2,6 milhões". Cada ponto representa um momento em que Minto revisou sua previsão ao longo de três meses. Ele está se corrigindo enquanto avança, como um capitão dirigindo seu navio.

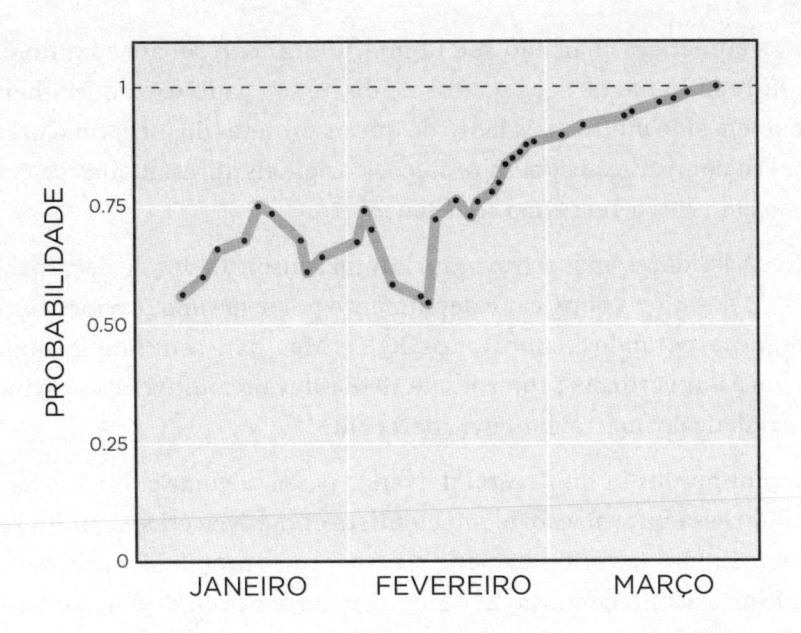

O ESTILO DE ATUALIZAÇÃO DE CRENÇA DE UM SUPER PREVISOR.
ADAPTADO DE TETLOCK E GARDNER (2015), PÁGINA 167.

Você provavelmente já está confortável com a ideia de mudar de ideia gradativamente em alguns contextos. Ao enviar um currículo para um emprego, você pode descobrir que tem cerca de 5% de chance de finalmente receber uma oferta. Depois que eles ligam para você a fim de marcar uma entrevista de emprego pessoal, sua estimativa pode subir para cerca de 10%. Durante a entrevista, se você sentir que está acertando em cheio, talvez sua confiança em receber uma oferta aumente para 30%. Se você não tiver tido retorno por algumas semanas após a entrevista, sua confiança pode cair para 20%.

O que é muito mais raro é alguém fazer a mesma coisa com suas opiniões sobre política, moralidade ou outros tópicos controversos. Por anos, Jerry Taylor foi um dos maiores céticos da mudança climática no país. Ele trabalhou para o *Cato Institute*, um think tank libertário, e ganhava a vida aparecendo em talk shows e assegurando ao público que os temores sobre as mudanças climáticas eram exagerados.

A primeira brecha no ceticismo de Taylor ocorreu depois que ele participou de um debate na televisão com um famoso defensor das mudanças climáticas chamado Joe Romm.[3] Durante o debate com Romm, Taylor repetiu um de seus pontos de discussão padrão: o aquecimento global tem sido muito mais lento do que os profetas do juízo final previram. Em comparação com as projeções originais apresentadas ao Congresso em 1988, a Terra não aqueceu muito.

Nos bastidores após a gravação, Romm acusou Taylor de deturpar os fatos e o desafiou a verificar o depoimento por si mesmo. Taylor aceitou o desafio, esperando comprovar os dados. Mas, para seu choque, Romm revelou estar certo. As projeções de 1988 estavam muito mais próximas da realidade do que Taylor havia percebido.

Taylor notou que devia estar deixando passar alguma coisa. Ele havia recebido essa informação de um cientista climático cético e muito respeitado. Então ele voltou ao cientista, apontou o problema e perguntou: "O que está acontecendo aqui?" Para consternação de Taylor, o cientista não tinha uma boa resposta pronta. Ele hesitou por 20 minutos, até que finalmente Taylor percebeu que essa pessoa em quem ele confiava estava "propositalmente e conscientemente distorcendo o debate". Isso o abalou. A partir de então, sempre que um colega cético do clima citava algo, Taylor verificava a referência. Repetidamente, ele se sentiu desapontado com a qualidade da pesquisa. Ele ainda considerava a narrativa cética mais plausível do que a narrativa ativista em geral, mas, aos poucos, Taylor foi se tornando menos confiante sobre isso.

Mudar de ideia com frequência, especialmente sobre crenças importantes, pode soar mental e emocionalmente desgastante. Mas, de certa forma, é menos estressante do que a alternativa. Se você vê o mundo em termos binários, em preto e branco, o que acontece quando você encontra evidências contra uma de suas crenças? As apostas são altas: você tem que encontrar uma maneira de descartar as evidências, porque, se não puder, toda a sua crença estará em risco.

Se, em vez disso, você vê o mundo em tons de cinza e pensa em "mudar de ideia" como uma mudança incremental, então a experiência de encontrar evidências contra uma de suas crenças é muito diferente. Se você tem 80% de certeza de que a imigração é boa para a economia, e sai um estudo mostrando que a imigração reduz os salários, você pode ajustar a confiança em sua crença para 70%.

Posteriormente, pode ser que o estudo tenha falhado, ou mais evidências podem aparecer mostrando que a imigração impulsiona a economia de outras maneiras, e a confiança em sua crença pode voltar a 80% ou até mais. Ou você pode encontrar evidências adicionais sobre as desvantagens da imigração, o que poderia reduzir gradualmente sua confiança ainda mais abaixo de 70%. De qualquer forma, cada ajuste tem riscos comparativamente baixos.

RECONHECER QUE ESTAVA ERRADO FAZ VOCÊ MELHOR EM ESTAR CERTO

A maneira como a maioria das pessoas reage quando o mundo contraria suas expectativas é se perguntando: "*Posso* acreditar que ainda estou certo?" Na maioria das vezes, a resposta é: "Sim, facilmente."

Desde o início de seu estudo sobre previsões na década de 1980, Tetlock ouviu centenas de justificativas para previsões fracassadas, que ele catalogou em sete sistemas de defesa de crenças. Um deles ele chama de "Eu estava quase certo".[4] Depois que George W. Bush ganhou as eleições presidenciais dos Estados Unidos de 2000, muitas pessoas que previram com segurança uma vitória de seu oponente Al Gore insistiram que estariam certas se as condições fossem ligeiramente diferentes: *se Gore tivesse se saído melhor nos debates. Se a eleição tivesse ocorrido poucos dias depois. Se o candidato do terceiro partido fosse menos teimoso.**

Os super previsores tinham uma relação muito diferente com seus erros. Quando suas previsões passavam longe de acertar — se eles pre-

---

* É claro que, como vimos no Capítulo 6, até mesmo um previsor bem calibrado às vezes errará em suas previsões confiantes. Mas o previsor típico é superconfiante, o que significa que eles estão errados com muito mais frequência do que pensam que estarão.

viram que algo era muito provável e não aconteceu ou se eles previram que algo era muito *improvável* e *aconteceu* — eles recuavam e reavaliavam seu processo, perguntando: "O que isso me ensina sobre como fazer previsões melhores?" Aqui está um exemplo:

O Santuário Yasukuni no Japão é um local controverso. Por um lado, contém uma lista de muitos heróis militares japoneses; por outro, também mantém uma com mais de 1 mil criminosos de guerra japoneses. Quando uma figura política visita Yasukuni, é considerado uma gafe diplomática, um tapa na cara de outros países como China e Coreia que sofreram nas mãos dos exércitos japoneses no passado.

Uma das perguntas de previsão do IARPA em 2013 foi: "O primeiro-ministro do Japão, Shinzo Abe, visitará Yasukuni este ano?" Houve um boato de que Abe estava planejando uma visita, mas um super previsor chamado Bill Flack não acreditou. Simplesmente não fazia sentido Abe dar um tiro no próprio pé, diplomaticamente falando, sem ganho real. Mas o boato acabou sendo verdade. Flack se perguntou por que errou e percebeu: "Acho que a pergunta que eu realmente estava respondendo não era 'Abe visitará Yasukuni?', mas, 'Se eu fosse o primeiro-ministro do Japão, visitaria Yasukuni?'"[5]

Esse é outro motivo pelo qual os super previsores ficam muito mais felizes em pensar no que erraram — eles sabem que analisar seus erros é uma oportunidade de aprimorar sua técnica. Lições como "Não presuma que os líderes mundiais reagiriam da mesma maneira que você" são como power-ups, atualizações em seu arsenal mental que o tornam mais inteligente no futuro.

Os super previsores começaram o torneio com maior precisão do que todos os outros e, com o passar dos meses, sua liderança aumentou. A cada ano, a precisão média dos super previsores melhorava cerca de 25%. Enquanto isso, os outros previsores não melhoraram em nada.[6]

DOMÍNIO DE APRENDIZAGEM — LIÇÕES GERAIS

Lembra-se de Bethany Brookshire? Ela é a jornalista que conhecemos no Capítulo 4, que tuitou que os cientistas do sexo masculino eram mais propensos a chamá-la de "Srta.", enquanto as cientistas do sexo feminino eram mais propensas a chamá-la de "Dra.". Ela estava errada. A decisão de Brookshire de verificar sua alegação, embora ela pudesse facilmente ter se dado bem sem fazê-lo, foi louvável. Mas foi útil?

Quando um previsor reconhece que estava errado, isso o ajuda a fazer previsões melhores. Quando um investidor reconhece que estava errado, isso o ajuda a fazer melhores investimentos. No caso de Brookshire, no entanto, seu erro não parece relevante para nenhum domínio específico no qual ela se beneficiaria de um julgamento melhor. Portanto, à primeira vista, a resposta para a pergunta "Foi útil para Brookshire notar seu erro?" pode parecer "não".

Mas isso seria perder um dos maiores benefícios de perceber seus erros: a oportunidade de melhorar seu julgamento em geral. Quando Brookshire percebeu que estava errada, ela se perguntou por que e identificou dois prováveis culpados.[7] Um era a *tendência à confirmação*: "Eu tinha uma crença preexistente de que os homens não me respeitariam tanto nos e-mails quanto as mulheres", Brookshire percebeu, "e me lembrei das observações que confirmaram essa crença, esquecendo completamente as evidências que me mostraram ela estava errada". A outra era a *tendência à recência*: "Eu estava dando mais peso às coisas que observava recentemente, esquecendo o que havia observado no passado", concluiu ela.

Essas lições não são relevantes apenas para estimar o preconceito de gênero em e-mails. Elas são de *domínio geral*, o que significa que se aplicam a uma ampla variedade de domínios diferentes, ao contrário de lições de *domínio específico* que se aplicam apenas a um único domínio, como previsões políticas ou de investimentos. As lições de domínios gerais são sobre como o mundo funciona, ou como seu próprio cérebro funciona, e sobre os tipos de preconceitos que tendem a influenciar seu julgamento. Por exemplo: é fácil ser enganado por evidências selecionadas.

Se parece que alguém está dizendo algo estúpido, posso estar entendendo mal.

Mesmo quando tenho certeza, ainda há uma chance de eu estar errado.

Você pode pensar que esses princípios parecem óbvios e que já os conhece. Mas "conhecer" um princípio, no sentido de que você o lê e diz: "Sim, eu sei disso", é diferente de tê-lo internalizado de uma forma que realmente muda a forma como você pensa. Brookshire já sabia sobre a tendência de confirmação e a tendência de recência antes de sua postagem viral. Ela era uma jornalista científica. Ela tinha lido sobre preconceitos e sabia que era vulnerável a eles, como todos os humanos são. Mas esse conhecimento não se torna realmente parte de você até que você o tenha obtido por si mesmo, passando pela experiência de perceber que estava errado, perguntando-se por que e vendo o efeito da tendência em ação.

Mesmo quando você está errado sobre algo aleatório ou trivial, ainda há lições geralmente úteis a serem tomadas. Quando eu era adolescente, assisti a alguns episódios de *Batman*, um programa de TV que foi ao ar nos Estados Unidos no fim dos anos 1960. É um show extravagante e exagerado em que homens adultos vestindo collant correm gritando coisas como "Santo ravióli, Batman!". Mesmo assim, pensei que seu intuito fosse ser um programa de aventura sério para o público dos anos 1960, que eu imaginei ser simplesmente muito pouco sofisticado para perceber o quão tolo tudo era. Mais tarde, quando descobri que estava errada e que *Batman* sempre foi considerado um exagerado, fiquei surpresa. Minha lição de domínio geral foi uma que ficou comigo desde então: "Huh... Talvez eu seja muito rápida em presumir que outras pessoas são simplórias."

ATÉ AGORA NESTE capítulo, exploramos duas maneiras pelas quais os exploradores pensam sobre o erro de forma diferente da maioria das pessoas. Primeiro, eles revisam suas opiniões aos poucos ao longo do tempo, o que torna mais fácil estar aberto a evidências contra suas crenças. Em segundo lugar, eles veem os erros como oportunidades de aprimorar sua habilidade de acertar as coisas, o que faz com que a experiência de perceber que "eu estava errado" pareça valiosa, em vez de apenas dolorosa.

Há mais uma maneira de ver o erro que vale a pena analisar — uma maneira fundamentalmente diferente de pensar sobre o que significa estar errado.

"ADMITIR UM ERRO" VS. "SE ATUALIZAR"

Um amigo meu chamado Andrew ficou surpreso quando um de seus colegas o acusou de nunca admitir que estava errado. Em resposta, Andrew apontou duas ocasiões recentes em que estivera errado e prontamente reconheceu isso — na companhia do mesmo colega.

O colega, a quem chamarei de Mark, ficou surpreso por sua vez. Ele respondeu: "Acho que está certo. Por que eu tive a impressão oposta?" Mark ficou em silêncio por um minuto, refletindo. Então ele disse: "Você sabe... Acho que é porque você nunca parece envergonhado com isso. Você é tão prático que quase não registro que você está admitindo que estava errado."

É verdade. Já vi Andrew reconhecer que estava errado muitas vezes e geralmente soa mais ou menos assim: "Ah, sim, você está certo. Esqueça o que eu disse antes, não acredito mais nisso." É alegre, direto, indiferente.

A suposição implícita de Mark era que mudar de ideia é *humilhante*. Que dizer "eu estava errado" é equivalente a dizer "eu estraguei tudo" — algo que você confessa com arrependimento ou timidez. Na verdade, essa é a maneira-padrão de pensar sobre estar errado. Até minhas colegas que são a favor de que as pessoas mudem de ideia tendem a dizer coisas como: "Tudo bem admitir que você estava errado!" Embora eu aprecie as intenções por trás desse conselho, não tenho certeza se isso torna as coisas muito melhores. A palavra *admitir* faz parecer que você estragou tudo, mas que merece ser perdoado porque é apenas humano. Não questiona a premissa de que estar errado significa que você estragou tudo.

Os exploradores rejeitam essa premissa. Você descobriu novas informações e chegou a uma nova conclusão, mas isso não significa que estava errado em acreditar em algo diferente no passado. A única razão para estar arrependido é se você foi negligente de alguma forma. Você errou em algo porque seguiu um processo que sabia ser ruim? Você foi deliberadamente cego, teimoso ou descuidado?

Às vezes, a resposta a essas perguntas é sim. Certa vez, defendi uma figura pública quando pensei que seus críticos estavam interpretando suas palavras fora do contexto para fazê-lo parecer mal. Quando finalmente consegui assistir à entrevista sobre a qual as pessoas estavam reclamando, percebi: "Oh, espere... Seus críticos representaram suas palavras com precisão." Tive que voltar atrás em minha defesa e me senti um pouco envergonhada porque, de fato, sei que não devo defender alguém sem verificar primeiro. Eu estava apenas sendo descuidada.

Mas, na maioria das vezes, *estar* errado não significa que você fez algo errado. Não é algo pelo qual você precise se desculpar, e a atitude apropriada a se ter sobre isso não é nem defensiva nem autoflagelante, mas sim objetiva.

Mesmo a linguagem que exploradores usam para descrever estarem errados reflete essa atitude. Em vez de "admitir um erro", os exploradores às vezes falam sobre "atualização". Essa é uma referência à *atualização bayesiana*, um termo técnico da teoria da probabilidade para a maneira correta de revisar uma probabilidade após obter novas informações. A maneira como as pessoas usam a palavra *atualização* coloquialmente não é tão precisa, mas ainda aponta para o espírito de revisar as crenças de alguém em resposta a novas evidências e argumentos. Aqui estão alguns exemplos de blogueiros de como isso soa (ênfase minha):

- Em um post intitulado "Pré-escolar: Eu estava errado", o psiquiatra Scott Alexander diz que ficou mais otimista sobre os benefícios a longo prazo de programas de pré-escola como o *Head Start* depois de ler as evidências: "Não me lembro de ter feito um post sobre como o *Head Start* era inútil, mas eu definitivamente pensei isso, e aprender o contrário é uma grande *atualização* para mim."[8]

- O pesquisador Buck Shlegeris descreve a experiência de receber algumas críticas severas e diz: "Eu inicialmente me *atualizei* bastante na direção das críticas, apenas para me *atualizar* 70% no caminho de volta às minhas visões iniciais depois de passar mais 10 horas pensando e falando com as pessoas sobre isso."[9]
- O engenheiro de software e gerente de produto Devon Zuegel incentiva os leitores a verem as postagens de seu blog não como suas opiniões permanentes, mas como "um fluxo de pensamentos, capturados no meio de *atualizações*".[10]

Você não precisa necessariamente falar assim. Mas, se você pelo menos começar a *pensar* em termos de "atualização" em vez de "admitir que estava errado", descobrirá que isso remove muito do desgaste do processo. Uma atualização é rotina. Sutil. É o oposto de uma confissão exagerada de pecado. Uma atualização torna algo melhor ou mais atual sem implicar que sua forma anterior foi um fracasso.

Emmett Shear é o CEO e cofundador da Twitch, a maior plataforma de streaming ao vivo do mundo. Ele costumava lutar muito para reconhecer que estava errado; parecia um golpe doloroso em seu ego. Com o tempo, ele ficou muito melhor nisso, não por se tornar manso e humilde, mas por perceber que estar errado não é inerentemente um fracasso. "À medida que fui ficando mais velho, foi ficando mais fácil estar *errado*", disse. "Nem é mesmo estar errado. É apenas uma atualização: *aprendi uma coisa nova... Qual é o problema?*"

SE VOCÊ NÃO ESTÁ MUDANDO DE PENSAMENTO, ESTÁ FAZENDO ALGO ERRADO

David Coman-Hidy é o chefe da *Humane League*, uma organização que é considerada um dos grupos de direitos animais mais importantes da América.[11] Uma coisa que torna a *Humane League* incomum é seu compromisso com a premissa de que estão sempre pelo menos um pouco errados. Sempre que um novo funcionário se junta à organização, Coman-Hidy diz a ele que a *Humane League* não é definida por nenhum "tipo" particular de ativismo. Eles não estão comprometidos com nenhuma batalha, projeto ou abordagem tática em particular. Sua função é seguir as evidências e fazer tudo o que elas sugerem ser mais eficaz para ajudar os animais. "Se não fizermos algo totalmente diferente em cinco anos do que estamos fazendo agora, falhamos", diz Coman-Hidy. "Tem que haver algo melhor do que o que estamos fazendo agora, e nosso objetivo é encontrá-lo."

Às vezes, isso significa mudar de um tipo de estratégia ou causa para outro. Em seus primeiros anos, a *Humane League* concentrou-se em demonstrações chamativas, como piquetes em casas de cientistas envolvidos em testes em animais. Mas eles descobriram que essa estratégia era muito alienante para ser eficaz, e o número de animais que ela poderia salvar, mesmo na melhor das hipóteses, não era muito alto. Foi por isso que eles mudaram seu foco de animais de laboratório para animais de fazenda e persuadiram a Unilever, que fornece 95% dos ovos dos Estados Unidos, a concordar em parar de matar pintos machos. (A prática-padrão na indústria é jogar pintinhos recém-nascidos machos em um moedor, já que eles não poderão botar ovos.) Isso significa bilhões de pintinhos salvos de uma morte dolorosa.

Às vezes, o compromisso da *Humane League* em seguir as evidências significa abandonar uma iniciativa que não está funcionando, mesmo que eles já tenham investido muito nela. Em 2014, eles viram alguns resultados preliminares empolgantes de um programa chamado "Segundas-feiras sem carne", no qual grandes escolas desistem de usar carne nos cardápios da cantina um dia por semana. Com base nesses resultados iniciais, eles passaram quatro meses despejando a maior parte de seus recursos organizacionais em convencer escolas em todo o país a adotar o programa Segundas-feiras sem carne.

Infelizmente, a pesquisa de acompanhamento revelou que o programa não funcionou, pelo menos não sem muito apoio contínuo (contratação de chefs, execução de programas de treinamento e assim por diante) que eles não estavam equipados para fornecer. Percebendo que não era uma estratégia econômica para eles, no fim das contas, a *Humane League* teve que dizer: "Ok, pessoal, ótimo trabalho — mas parem o que estão fazendo. Estamos voltando ao que fazíamos antes."

Saber que você é falível não o impede magicamente de estar errado. Mas permite que você estabeleça expectativas com antecedência e com frequência, o que pode tornar mais fácil aceitar quando você *está* errado. Coman-Hidy diz: "Minha intuição é que se você menciona muito essas tendências — que sempre vamos pensar que estamos certos, que estamos sempre pensando que o que estamos fazendo é melhor e mais importante... torna-se um comprimido mais fácil de engolir quando inevitavelmente surge algo melhor. Porque você meio que se inoculou contra o 'horror' de ter estado abaixo do ideal por algum período de tempo."

Espero que este capítulo tenha ajudado a vacinar você contra o "horror" de estar errado e o tenha deixado com uma nova atitude em relação ao erro. Descobrir que você estava errado é uma atualização, não um fracasso, e sua visão de mundo é um documento vivo que deve ser revisado. No próximo capítulo, exploraremos outra faceta-chave de mudar de ideia. Agora que você ficou bom em estar errado, é hora de ficar bom em estar confuso.

GUAXININS EM UMA ENCOSTA

Capítulo 11

Mergulhe na Confusão

RESERVE UM MOMENTO para olhar a fotografia da página ao lado. Vá em frente, vou esperar.

Agora que você voltou, tenho uma pergunta: essa cena faz sentido para você? Se você não tem ideia por que estou perguntando isso, volte e olhe novamente, um pouco mais de perto.*

Talvez você tenha tido algo parecido com a experiência que eu e muitas outras pessoas tivemos quando vimos essa foto pela primeira vez: *Ok, são dois guaxinins em uma encosta, com o céu acima deles*, você pensa. Mas então algo chama sua atenção, no lado direito da imagem. *Isso é uma... pedra? No céu?*

---

* O fato de o guaxinim à esquerda estar "sem máscara" não tem relação com o que estou sugerindo aqui. A ausência de máscara é apenas uma característica que aparece ocasionalmente nos guaxinins.

Acho que alguém jogou uma pedra e ela ainda não atingiu o solo, você pensa. Mas, no fundo da sua mente, você não se sente completamente satisfeito com essa explicação. Não se encaixa muito bem. Mas o que mais poderia ser? Um momento depois, você percebe outro detalhe estranho, esse muito mais sutil. *O que é aquela linha branca e fina na lateral da pedra?*

Então, de repente, tudo se encaixa: *aquilo não é o céu. É água refletindo o céu.* A pedra não está suspensa no ar, ela está saindo da água. E não estamos olhando morro acima para os guaxinins, estamos olhando para eles de cima.

Nossa capacidade de mudar nossas mentes depende de como reagimos quando o mundo confunde nossas expectativas. Às vezes, como no caso da foto do guaxinim, ficamos curiosos e reconsideramos nossa percepção do que está acontecendo.

Mais frequentemente, entretanto, reagimos a observações que entram em conflito com nossa visão de mundo explicando-as. Alguém que acredita que "ninguém gosta de mim" pode ignorar convites sociais de colegas de trabalho com a justificativa de que: "Eles só me convidaram por piedade." Alguém que acredita "Eu sou um ótimo professor" pode explicar suas avaliações ruins dizendo: "Meus alunos estão furiosos porque eu peso a mão nas notas."

Até certo ponto, esse tipo de interpretação é inevitável. Não poderíamos funcionar no mundo se estivéssemos constantemente questionando nossa percepção da realidade. Mas, especialmente quando o raciocínio motivado está em jogo, vamos longe demais, inserindo evidências conflitantes em uma narrativa bem além do ponto em que deveríamos ter dado um passo para trás e dito: "Espere, estou interpretando mal o que está acontecendo aqui?"

Um exemplo especialmente trágico desse fenômeno ocorreu durante a Segunda Guerra Mundial. O governador da Califórnia, Earl Warren, estava convencido de que os cidadãos nipo-americanos planejavam sabotar o esforço de guerra norte-americano contra o Japão. Quando foi apontado a ele que não havia até o momento nenhuma evidência de uma conspiração nipo-americana, ele encontrou uma maneira de interpretar a ausência de evidência como uma confirmação adicional de suas suspeitas: "Eu vejo esta falta de evidência como o sinal mais sinistro em toda a nossa situação", disse ele. "Acredito que estamos apenas sendo enganados por uma falsa sensação de segurança."[1]

Este capítulo é sobre como resistir ao impulso de descartar detalhes que não se encaixam em suas teorias e, em vez disso, permitir ficar confuso e intrigado por eles, para vê-los como quebra-cabeças a serem resolvidos, como a misteriosa pedra flutuante na fotografia dos guaxinins. Nas próximas páginas, veremos uma série de estudos de caso em que o mundo não se comportou como alguém esperava e veremos a diferença que a curiosidade pode fazer.

O ENIGMA DA CAUDA DO PAVÃO

"A visão de uma pena na cauda de um pavão, sempre que eu olho para ela, me deixa doente!"[2]

Charles Darwin escreveu essa linha em uma carta a um amigo em 1860. Fazia um ano que publicara *A Origem das Espécies*, e agora ele estava imerso em um acalorado debate internacional sobre sua teoria da evolução. Ele estava apenas brincando sobre se sentir mal ao ver o rabo de um pavão. Essas penas, por mais bonitas que fossem, pareciam representar uma ameaça direta à teoria que ele havia desenvolvido durante décadas e na qual apostou sua reputação profissional.

A teoria da evolução de Darwin por seleção natural sustentava que as características que ajudavam um animal a sobreviver seriam passadas para as gerações subsequentes, e as características que não ajudavam na sobrevivência seriam gradualmente eliminadas da existência. A cauda do pavão era espalhafatosa e enorme, atingindo alturas de até um metro e meio. Essa cauda apenas faria o pássaro ser mais pesado e tornaria mais difícil escapar de predadores, então por que teria evoluído?

Darwin não se considerava um pensador rápido ou altamente analítico. Sua memória era fraca e ele não conseguia acompanhar longos argumentos matemáticos. No entanto, Darwin sentiu que compensou essas deficiências com uma força crucial: seu desejo de descobrir como a realidade funcionava. Desde que se entendia por gente, ele tinha o ímpeto de dar sentido ao mundo ao seu redor. Ele seguiu o que chamou de "regra de ouro" para lutar contra o raciocínio motivado:

> ...sempre que eu sabia de um fato publicado, uma nova observação ou um pensamento que se opusesse aos meus resultados gerais, fazia uma anotação mental dele logo e sem falta; pois descobri por experiência que tais fatos e pensamentos eram muito mais capazes de escapar da memória do que os favoráveis.[3]

Portanto, embora a cauda do pavão o deixasse ansioso, Darwin não conseguia parar de se intrigar com isso. Como isso poderia ser consistente com a seleção natural?

Em poucos anos, ele descobriu o início de uma resposta convincente. A seleção natural não era a única força que moldava a evolução. A seleção *sexual* era tão importante quanto. Algumas características, como uma cauda grande e vistosa, eram especialmente atraentes para membros do sexo oposto. Essas características podem, portanto, se tornar comuns em uma espécie ao longo do tempo, porque, mesmo que prejudiquem as chances de sobrevivência do animal, elas ajudam as chances de reprodução. O último pode superar o primeiro.

Ironicamente, as penas que deixaram Darwin doente de preocupação, no fim, apenas fortaleceram sua teoria. Não fora a primeira vez. Enquanto Darwin realizava a pesquisa para *A Origem das Espécies*, ele acompanhou todas as observações que pôde encontrar que contradiziam sua teoria, estudando-as e revisando sua teoria em resposta. Quando terminou, seu relato da seleção natural era tão sólido e bem evidenciado que, apesar da feroz resistência que inicialmente desencadeou, em uma década a maior parte da comunidade científica estava convencida de que Darwin estava certo.

O ATAQUE ALIENÍGENA INESPERADO

No décimo sexto episódio da primeira temporada de *Star Trek: A Série Original*, a nave Enterprise faz uma aterrissagem forçada em um planeta alienígena hostil. Spock está no comando e decide um plano: a tripulação da Enterprise disparará alguns tiros de aviso para mostrar seu armamento superior e os alienígenas perceberão que são mais fracos e recuarão.

Não foi assim que as coisas aconteceram. Em vez disso, os alienígenas ficaram irritados com a exibição de agressão da Enterprise e atacaram, matando dois membros da tripulação. O médico do navio, McCoy, repreende Spock por seu plano fracassado:

> **McCoy:** Bem, Sr. Spock, eles não ficaram assustados por muito tempo, não é?
>
> **Spock:** Uma reação muito ilógica. Quando demonstramos nossas armas superiores, eles deveriam ter fugido.
>
> **McCoy:** Quer dizer que eles deveriam ter nos respeitado?
>
> **Spock:** Claro!
>
> **McCoy:** Sr. Spock, o respeito é um processo racional. Alguma vez já lhe ocorreu que eles podem reagir emocionalmente, com raiva?
>
> **Spock:** Doutor, não sou responsável pela imprevisibilidade deles.
>
> **McCoy:** Eles eram perfeitamente previsíveis. Para qualquer pessoa com sentimento. Você deveria admitir, Sr. Spock. Sua preciosa lógica fez com que eles nos atacassem![4]

Pronto, viu o que acontece quando você tenta ser lógico? *Pessoas morrem.*

Estou brincando. Spock não estava realmente sendo lógico. Ele estava muito apegado ao seu modelo de como as pessoas "deveriam" pensar, de acordo com ele, para prestar atenção em como elas *realmente* pensam. Presumivelmente, Spock teve muitas interações com outros não vulcanos nos anos anteriores a esse evento, e muitas oportunidades de perceber que seus comportamentos seguem regras diferentes das que ele esperava. Por que ele não aprendeu com essas experiências e melhorou sua capacidade de prever como as pessoas se comportarão? Porque, quando o comportamento de alguém contraria suas expectativas, ele dá de ombros e diz: "Bem, isso é ilógico da parte deles" e não tenta entender o que está deixando passar.

A reação de Spock é um exemplo clássico de um dos sete sistemas de defesa de Tetlock que aprendemos no Capítulo 10. Anteriormente, examinamos a defesa "Eu estava quase certo". Aqui, Spock está empregando o que Tetlock chama de defesa "A política é irremediavelmente nebulosa": quando a previsão confiante de um previsor não se concretiza, ele dá de ombros e diz algo como: "Bem, essa coisa é imprevisível."[5] Se isso representasse uma atualização duradoura em direção ao agnosticismo, seria uma coisa. Mas, de alguma forma, quando chega a hora de fazer a próxima previsão, o previsor está mais uma vez confiante em sua capacidade de prever a política global.

Se você deseja se tornar melhor em prever o comportamento das pessoas, ignorar as vezes em que elas contrariam suas expectativas é exatamente a resposta errada. Spock deveria ter analisado sua confusão sobre a decisão dos alienígenas de atacar: "O que estou deixando passar? Por que esse comportamento faz sentido para eles?"

Na verdade, existem muitas razões pelas quais uma nação pode escolher atacar apesar de estar em desvantagem, e acadêmicos e estrategistas militares têm pensado muito sobre o porquê. O cientista político Bruce Bueno de Mesquita catalogou conflitos entre nações-estados entre 1816 e 1974 e descobriu que 22% dos conflitos foram casos em que uma nação mais fraca atacou outra mais forte.[6] Em alguns casos, o lado mais fraco simplesmente tinha mais em jogo; em outros, ele contava com aliados para apoiá-lo. Existe até a estratégia do "louco": mostre-se um ator imprevisível, sem nenhum instinto de autopreservação, e espere que o inimigo decida que é muito arriscado lutar com você. Entender fatores como esses pode fazer a diferença entre estar preparado para um ataque futuro ou ser pego perigosamente desprevenido.

O MISTÉRIO DO NEGOCIADOR IRRACIONAL

Não contei essa história como desculpa para implicar com Spock novamente (bem, não apenas por esse motivo). O instinto de julgar o comportamento de outras pessoas como estúpido, irracional ou louco é muito comum e também é um sinal de que há algo que você está perdendo. Esse é um ponto que todos os melhores negociadores enfatizam: não classifique o outro lado como louco. Quando o comportamento deles o confunde, analise a confusão. Trate isso como uma pista. Frequentemente, você descobrirá que ela o leva às informações de que precisa para resolver a negociação.

Os especialistas em negociação Max Bazerman e Deepak Malhotra, da Harvard Business School, descrevem em seu livro *Negotiation Genius* [Gênio da Negociação, em tradução livre] o caso de um executivo cuja empresa estava sendo processada por um ex-funcionário descontente. O ex-funcionário alegou que a empresa lhe devia U$130 mil em comissões que ele ganhou antes de ser demitido. A empresa fez as contas e descobriu que o funcionário estava errado. Eles enviaram a ele sua análise mostrando que não lhe deviam nenhum dinheiro, mas ele ainda assim se recusou a desistir do processo.

O executivo, que era cliente de Deepak Malhotra, achou que o ex-funcionário estava sendo totalmente irracional, já que não tinha chance de ganhar na Justiça. Malhotra sugeriu: "É possível que ele não confie no seu contador?" Ele instou o executivo a tentar contratar uma empresa de contabilidade terceirizada objetiva para fazer a análise e enviar os resultados diretamente ao ex-funcionário. Devido a isso, o processo foi retirado.[7]

Chris Voss costumava ser o principal negociador de sequestros internacionais do FBI. Em seu livro best-seller sobre negociação, *Never Split the Difference* [Nunca Divida a Diferença, em tradução livre] ele enfatiza a importância de analisar a confusão. "É quando ouvimos ou vemos algo que não faz sentido — algo 'louco' — que uma bifurcação crucial é apresentada", escreve ele. "Siga em frente, com ainda mais força, na direção do que inicialmente não podemos processar; ou tome o outro caminho, aquele do fracasso garantido, no qual dizemos a nós mesmos que negociar era inútil de qualquer maneira."[8]

O CASO DA CONVERSA CONSTRANGEDORA

Imagine que você está conversando com alguém e não está indo bem. Na verdade, está sendo extremamente constrangedor. Vocês não estão entendendo as piadas ou referências um do outro. Há pausas desconfortavelmente longas antes de qualquer um de vocês pensar em outra coisa para dizer. O ritmo da conversa está simplesmente... errado. Por fim, o seu parceiro de conversa comenta:

"Bem, isto está meio constrangedor!"

Na sua opinião, o comentário dele melhora ou piora as coisas?

Para mim, a resposta é óbvia: quando alguém diz, "Isto é constrangedor", isso torna as coisas mais difíceis e, portanto, piores. Logo, quando um conhecido meu chamou a atenção para o constrangimento de uma de nossas interações, fiquei incrédula. "Por que alguém *faria* aquilo?", pensei. "Ele não percebe que só está piorando as coisas?"

Decidi fazer a pergunta aos meus amigos do Facebook. Descrevi o cenário e perguntei: "Alguém chamando a atenção para o constrangimento de uma conversa faz você se sentir melhor ou pior?" (Eu removi as informações de identificação e formulei minha pergunta da maneira mais neutra possível para que as pessoas não pudessem adivinhar qual era minha opinião.)

Eu tinha certeza de que a maioria das pessoas concordaria comigo — mas eu estava errada. Para minha surpresa, 32 pessoas disseram que apontar o constrangimento tornava as coisas melhores, em comparação com apenas 16 pessoas que disseram que as tornava piores.

Ainda assim, minha reação inicial aos resultados da pesquisa foi desdenhosa. "Pessoas que responderam 'melhor' não querem dizer isso", pensei. "Eles provavelmente não estão imaginando a situação."

Não fiquei muito satisfeita com essa explicação. Parecia uma forçação de barra, da mesma forma que "A pedra está voando pelo céu" não funcionou bem como uma explicação do que estava acontecendo na foto dos guaxinins. Era realmente plausível que tantas pessoas afirmassem se sentir de uma certa maneira, mas não quisessem dizer isso?

Acabei conversando sobre isso com uma das 32 pessoas que responderam "melhor" à minha enquete. Ele ficou tão surpreso com a minha resposta quanto eu com a dele. Tentei explicar: "Olha, quando alguém aponta um constrangimento, isso me obriga a encontrar uma maneira de acertar as coisas imediatamente. Mas eu *já* estava tentando encontrar uma maneira de suavizar as coisas — então, ao trazer isso à tona, ele está apenas aumentando a pressão do tempo sobre mim."

"Espere, você sente que é sua responsabilidade fazer com que as conversas ocorram sem problemas?", perguntou ele incrédulo.

"Espere, você *não*?", respondi com igual incredulidade.

Percebi que havia subestimado o quão absurdamente diferentes as experiências internas das pessoas podem ser em situações sociais. Isso mudou a maneira como reajo em geral quando o comportamento de alguém me parece rude, imprudente ou irracional. Considerando que antes minha linha de pensamento teria parado por aí, com meu sentimento de irritação com eles, agora estou mais aberta à possibilidade de estarmos simplesmente percebendo a situação social de forma diferente e fico curiosa para saber como.

O MISTÉRIO DO HOSPITAL HOMEOPÁTICO

Londres na década de 1850 era um lugar assustador para se viver. A cada poucos anos, um novo surto de cólera assolava a cidade, matando centenas ou milhares de uma vez. Pessoas, até então saudáveis, notavam um leve mal-estar estomacal e eram encontradas mortas em alguns dias — ou até mesmo horas.

O governo contratou um conselho de cientistas para pesquisar os hospitais da cidade, registrar quais métodos eles estavam usando para tratar a doença e descobrir quais tratamentos pareciam ser mais eficazes. Os resultados não foram encorajadores. A taxa de mortalidade entre os pacientes de cólera dos hospitais foi de 46%, não melhor do que a taxa dos que sofreram de cólera sem tratamento. Nenhuma das "curas-padrão", que incluíam ópio, giz e óleo de rícino, parecia fazer diferença.

Mas houve um hospital que foi excluído intencionalmente da pesquisa. O Hospital Homeopático de Londres era uma pequena instituição fundada alguns anos antes, financiada por doadores ricos que eram fãs de uma nova abordagem da medicina chamada "homeopatia". A homeopatia deixava os médicos tradicionais do século XIX loucos, da mesma forma que o faz hoje. Sua teoria central desrespeita completamente o senso científico de que, se você diluir o medicamento até que seja fisicamente indistinguível da água pura, ele ainda reterá a "força espiritual" da droga que era e terá se tornado mais potente, não menos.

Para surpresa e aborrecimento do conselho, o Hospital Homeopático de Londres relatou uma taxa de mortalidade por cólera de apenas 18%, menos da metade da taxa de mortalidade nos hospitais convencionais. O conselho resolveu deixar os dados do Hospital Homeopático de Londres fora da pesquisa.[9] Afinal, a homeopatia era um absurdo! Seus dados apenas atrapalhariam as conclusões da pesquisa. Pior ainda, seria um insulto à ciência e à própria razão.

Foi uma escolha ruim. Se o conselho tivesse investigado o resultado surpreendente em vez de suprimi-lo, a história da medicina poderia ter mudado para sempre, e para melhor. Isso porque o sucesso dos homeopatas era real — porém não tinha nada a ver com homeopatia. Acontece que os líderes do movimento homeopático haviam, um tanto por acaso, acertado em dois pontos-chave para o tratamento da cólera. Um dos pontos era a importância de uma boa higiene — eles incentivavam seus médicos a esterilizar os cobertores dos doentes antes de reutilizá-los. Em segundo lugar, eles recomendaram que os pacientes com cólera bebessem soro de leite, o que ajudou a repor os fluidos e eletrólitos dos pacientes. Essa é essencialmente uma versão inicial do que agora chamamos de terapia de reidratação oral, algo que não se tornou um tratamento padronizado para cólera até a década de 1960.

Nenhuma dessas recomendações foi derivada da teoria central da homeopatia. Elas se baseavam apenas em palpites bons e afortunados sobre como ajudar as pessoas a melhorar. Se o conselho tivesse ficado curioso sobre os resultados surpreendentes dos homeopatas, esses palpites poderiam ter se tornado prática médica décadas antes do que realmente se tornaram, salvando milhões de vidas como resultado.

Essa é a questão sobre observações surpreendentes e confusas. Você não sabe com antecedência o que elas vão lhe ensinar. Com muita frequência, presumimos que as duas únicas possibilidades são "Estou certo" ou "O outro cara está certo" — e, uma vez que a última parece absurda, optamos pela primeira. Mas, em muitos casos, existe uma desconhecida, uma "opção C" oculta, que enriquece nossa imagem do mundo de uma forma que não teríamos sido capazes de prever.

TODOS ESSES EXEMPLOS foram sobre como uma única observação intrigante pode mudar sua visão de mundo. Porém, na maioria das vezes, é o acúmulo de muitas observações intrigantes ao longo do tempo que muda sua mente — uma mudança de paradigma. A esta altura, a frase *mudança de paradigma* se tornou uma expressão da moda usada em demasia nos negócios, referindo-se a uma grande mudança de abordagem (ou, mais frequentemente, a uma pequena mudança que alguém está tentando interpretar como uma grande mudança). Originalmente, porém, referia-se a uma maneira específica pela qual a ciência progride, descrita pelo filósofo Thomas Kuhn em *A Estrutura das Revoluções Científicas*.

Uma mudança de paradigma começa com uma crença central, ou paradigma, que todos presumem ser verdadeira. Gradualmente, algumas pessoas observam anomalias, coisas que não parecem se encaixar nesse paradigma. No início, os cientistas desconsideram essas anomalias como exceções ou erros, ou modificam seu paradigma um pouco de cada vez para acomodar as novas observações. Mas, quanto mais anomalias se acumulam, mais confusos os cientistas ficam, até que alguém acaba por desenvolver um novo paradigma, fazendo com que tudo tenha sentido novamente.

A regra para mudanças de paradigma na vida é a mesma que na ciência. Reconheça as anomalias, mesmo que você ainda não saiba como explicá-las e mesmo que o antigo paradigma ainda pareça correto em geral. Talvez elas não adicionem nada em particular. Talvez elas apenas signifiquem que a realidade é confusa. Mas talvez elas estejam preparando a base para uma grande mudança de visão.

ANOMALIAS SE ACUMULAM E CAUSAM UMA MUDANÇA DE PARADIGMA

Donna tinha vinte e poucos anos e trabalhava em um restaurante quando recebeu uma mensagem de um recrutador da Rodan+Fields, uma empresa de cuidados com a pele, perguntando se ela gostaria de se tornar uma representante de vendas independente. Era exatamente o que Donna precisava ouvir naquele momento de sua vida. Ela estava se sentindo frustrada e desmoralizada em seu trabalho atual, sem nenhuma noção clara do que fazer em vez disso. Não havia oportunidades promissoras na pequena cidade onde ela morava. A ideia de ser uma empreendedora, trabalhando para si mesma, parecia maravilhosa. Ela assinou um contrato e pagou à Rodan+Fields US$1.000 pelo kit inicial "como vender", que eles recomendaram fortemente que ela comprasse.

O que Donna não sabia na época era que Rodan+Fields é uma empresa de marketing multinível, ou MMN, como Amway e Herbalife. A maneira de alcançar o sucesso em MMN é recrutar mais vendedores para trabalhar a um nível abaixo do seu, obtendo, por sua vez, uma parte de seus lucros. Pela própria natureza do jogo, a única maneira de uma pessoa vencer é muitas outras perderem. A matemática é brutal; um estudo da Federal Trade Commission calculou que mais de 99% das pessoas que se inscrevem em MMN acabam com menos dinheiro do que no início (além de perderem todo o tempo que investem).

Mas, como eu disse, Donna não sabia disso e se dedicou ao novo emprego. Ela contatou centenas de conhecidos e tentou vender loções e cremes para eles; postou anúncios no Facebook; e comprou mais vídeos instrucionais da Rodan+Fields que prometiam ensinar-lhe os segredos de uma habilidade de vendas bem-sucedida. Mas suas vendas ainda não foram suficientes para recuperar o custo dos produtos que ela estava comprando da empresa, especialmente depois que sua "upline" — a mulher que a recrutou — pegou sua parte.

Donna ficou confusa. Os materiais promocionais pareciam tão fáceis e libertadores, mas as coisas não eram assim. "Isso não deveria me fazer sentir independente?", pensou consternada.[10] Em sua experiência também haviam outros aspectos confusos. Quando ela assistiu aos vídeos instrutivos, eles não pareciam conter informações úteis. Em seguida, houve a desconexão chocante entre a maneira como suas colegas vendedoras falavam e a realidade de sua própria experiência. Algumas vendedoras da Rodan+Fields que tiveram bebês recém-nascidos se gabavam de ainda estar trabalhando e ganhando dinheiro. Donna já cuidara de um recém-nascido antes e não conseguia imaginar como alguém conseguiria fazer as duas coisas ao mesmo tempo.

Sua upline assegurou-lhe que o sistema funcionava e que, se ela estava falhando, era porque não estava se esforçando o suficiente. Então Donna tentou forçar as anomalias acumuladas no paradigma "Este sistema funciona". Afinal, Rodan+Fields era endossada por muitas pessoas importantes. Deve ser legítima, certo? Ela se sentia infeliz, mas se culpava. "Eu concluí que os 'porquês' que eu não entendia ficariam claros quando eu aprendesse mais ou subisse de nível", disse ela.

Então, a mudança de paradigma aconteceu.

Donna estava navegando na Netflix e viu um programa intitulado *Scientology and the Aftermath* [Cientologia e as Consequências, em tradução livre], uma série de documentários produzida pela atriz Leah Remini. Na série, Remini fala sobre sua experiência de abuso e assédio enquanto era membro da Igreja de Cientologia e entrevista outros ex-Cientologistas sobre suas próprias experiências frequentemente semelhantes. Quando Donna leu a descrição da série, ela pensou: "Oh, isso vai ser divertido, um culto tão louco." Mas, enquanto assistia aos documentários, ela sentiu uma crescente sensação de reconhecimento. A maneira como os líderes Cientologistas falavam... a estrutura piramidal da organização... era como assistir ao último ano de sua vida se desenrolar na tela.

Donna pensou nas várias coisas que a haviam deixado confusa sobre sua experiência com a Rodan+Fields. A discrepância entre o trabalho "fácil e divertido" que lhe fora prometido e a realidade em que ela lutava para obter algum lucro. A falta de apoio de seus colegas vendedores. As afirmações difíceis de engolir como declarar ter lucro enquanto cuida de um recém-nascido. Todas essas anomalias faziam muito mais sentido quando vistas através de um novo paradigma: "Esta organização está me explorando."

Depois que as suspeitas de Donna foram acionadas, não demorou muito para ela entrar online e encontrar os fatos sobre MMNs, junto com muitas outras pessoas como ela, que trabalharam diligentemente para um MMN por anos, apenas para acabar endividadas. Quando ela percebeu o que havia acontecido, Donna começou a chorar. Mas pelo menos ela havia perdido apenas US$2.000 e um ano de sua vida. Pelas histórias que leu, ela sabia que poderia ter sido muito pior.

Para um observador casual, pode parecer que a mudança de opinião de Donna foi repentina; um dia ela era uma verdadeira crente e no dia seguinte percebeu que era tudo mentira. Contudo, a base para sua mudança "repentina" de pensamento vinha se desenvolvendo há meses. Mesmo enquanto continuava a acreditar no paradigma "O sistema funciona", ela estava simultaneamente percebendo anomalias, observações que eram difíceis de explicar de acordo com esse paradigma — "os 'porquês' que eu não entendia", como disse ela.

Esse é um fator determinante para saber se alguém consegue escapar de um MMN depois de apenas alguns meses ou se acaba entrincheirado por anos. Eles percebem as anomalias, os aspectos de sua experiência que não são o que esperavam? Eles percebem quando suas tentativas de explicar as anomalias parecem forçadas? Eles se permitem sentir confusos?

Em vez disso, muitas pessoas em MMN suprimem ativamente suas dúvidas, muitas vezes porque foram advertidas pela liderança do MMN de que o pensamento negativo os fará falhar. A cada mês, quando não conseguem obter lucro, eles não dizem a si mesmos: "Huh, é estranho que eu esteja perdendo dinheiro, embora esteja trabalhando em tempo integral." Eles dizem: "Acho que não estou me esforçando o suficiente." Os sinais de um problema se acumulam, mas, a cada vez, são explicados facilmente.

Em seu livro *Sources of Power* [Fontes de Poder, em tradução livre], o pesquisador de decisões Gary Klein cita isso como uma das três principais causas de más decisões. Ele o chama de "erro de minimus", uma tentativa de minimizar a inconsistência entre as observações e a teoria.[11] Cada nova evidência que não se encaixa no diagnóstico de um médico pode ser explicada ou descartada como um acaso, assim o médico nunca percebe que seu diagnóstico inicial estava errado. Cada novo desenvolvimento em uma batalha pode ser consistente com o paradigma "O inimigo está em fuga", para que o general nunca perceba que o inimigo realmente se reagrupou até que seja tarde demais. Se o tomador de decisão tivesse sido capaz de recuar e ver todas as anomalias de uma vez, teria ficado claro para ele que seu paradigma estava errado. Mas, porque ele estava explicando uma única anomalia por vez, sua confusão nunca teve a chance de aumentar o suficiente.

Isso não significa que você deve ir para o outro extremo e abandonar um paradigma assim que perceber o menor indício de conflito. O que os melhores tomadores de decisão fazem é procurar maneiras de dar sentido às evidências conflitantes em sua teoria existente, mas, ao mesmo tempo, fazer uma observação mental: *essas evidências aumentam um pouco (ou muito) minha teoria*. Se sua teoria for expandida muitas vezes, então você admite para si mesmo que não tem mais certeza do que está acontecendo e considera explicações alternativas. Marvin Cohen, um pesquisador que colabora com Klein, usa a analogia de uma mola: "Cada vez que o tomador de decisão explica uma evidência conflitante, é como esticar uma mola. Por fim, a mola resiste a quaisquer esforços adicionais nessa direção e volta ao formato original."[12]

É uma habilidade complicada. Ele o força a agir sem clareza, a operar sob um paradigma, estando ciente de suas falhas e inconsistências, sabendo que pode estar errado e que você pode acabar abandonando-o. Você tem que resistir à tentação de resolver a inconsistência prematuramente, forçando todas as suas observações em um paradigma e, em vez disso, estar disposto a permanecer confuso — por dias, semanas ou até anos.

ESTEJA DISPOSTO A FICAR CONFUSO

Se você era um adolescente cristão nos Estados Unidos no fim dos anos 1990 ou no início dos anos 2000, é provável que você tivesse um certo livro em sua estante: *I Kissed Dating Goodbye* [Eu Disse Adeus ao Namoro, em tradução livre]. Escrito pelo filho de um pastor de 21 anos, chamado Joshua Harris, ele incentivou os cristãos a evitar namorar antes do casamento, a fim de se manterem puros para seu futuro cônjuge.

I Kissed Dating Goodbye vendeu bem mais de 1 milhão de cópias e catapultou *Harris para a fama*. Mas, na década de 2010, Harris — que agora também era pastor — começou a ouvir um número crescente de pessoas que leram seu livro na adolescência e o levaram a sério, mas agora achavam que havia estragado suas vidas. "Seu livro foi usado como uma arma contra mim", disse uma mulher a ele no Twitter.[13] "Sinto que o único homem que mereço é aquele que está quebrado como eu", disse outra mulher. "Por causa da retórica vergonhosa do movimento de pureza que aprendemos em seu livro, o sexo se contaminou", escreveu um leitor que agora está casado. "Até hoje, não posso ter intimidade com minha esposa sem sentir que estou fazendo algo errado."

No início, Harris achou fácil descartar esses críticos online como haters. Mas então ele começou a ouvir histórias semelhantes de colegas de classe, que confessaram que também sentiram que o impacto do livro em suas vidas havia sido negativo. Isso o fez parar para pensar. Ele não podia descartar seus amigos da vida real como haters ou trolls furiosos. Seus testemunhos eram anomalias, difíceis de explicar sob o paradigma "nada de errado com meu livro".

Em 2016, Harris começou a compartilhar publicamente suas dúvidas sobre *I Kissed Dating Goodbye*. Mas, quando os jornalistas o pressionaram para uma conclusão definitiva — ele estava oficialmente rejeitando seu livro? —, ele objetou. "Eu só preciso ouvir como as pessoas se sentem antes de expressar meus próprios pensamentos", disse Harris. "Ainda não tenho todas as respostas."

Voltaremos a Harris mais tarde para ver como sua jornada acabou. Mas, por enquanto, vamos deixá-lo suspenso na confusão — como todos devemos aprender a estar.

MERGULHAR NA CONFUSÃO é inverter a maneira como você está acostumado a ver o mundo. Em vez de descartar observações que contradizem suas teorias, fique curioso sobre elas. Em vez de considerar as pessoas irracionais quando elas não se comportam da maneira que você acha que deveriam, pergunte-se por que seu comportamento pode ser racional. Em vez de tentar encaixar observações confusas em suas teorias preexistentes, trate-as como pistas para uma nova teoria.

Os exploradores veem as anomalias como peças de um quebra-cabeça para coletar conforme você avança pelo mundo. Você provavelmente não saberá o que fazer com elas no início. Mas, se as guardar, pode descobrir que elas somam uma imagem mais rica do mundo do que você tinha antes. Como Isaac Asimov disse: "A frase mais emocionante de se ouvir na ciência, aquela que anuncia novas descobertas, não é 'Eureka', mas 'Isso é engraçado...'"

Capítulo 12

Fuja da Sua Câmara de Eco

VOCÊ PROVAVELMENTE JÁ OUVIU alguma versão do seguinte discurso antes: "É importante ouvir as pessoas do outro lado do corredor! Fuja da sua câmara de eco! Saia da bolha de filtro! É assim que você amplia sua perspectiva e muda sua mente."

Esse é o tipo de conselho que parece bom; o tipo de conselho que pessoas bem-intencionadas repetem e com que outras concordam com entusiasmo.

O segredinho sujo é que não funciona.

COMO *NÃO* APRENDER COM A DISCORDÂNCIA

Suspeito que até mesmo as pessoas bem-intencionadas que passam esse conselho já sabem, em algum nível, que não funciona. Todos nós já tivemos a experiência de participar de discordâncias com palavras fortes no Facebook, talvez de um antigo colega de classe ou um primo de segundo grau que tem uma visão de mundo totalmente diferente da nossa. E, quando eles nos explicam como nossos pontos de vista sobre o aborto são imorais ou por que nosso partido político é incompetente, geralmente não saímos esclarecidos dessas interações.

Ainda assim, é tão comum que artigos e livros condenem as câmaras de eco e as bolhas de filtro que nos deixam com a mente fechada, que muitas pessoas levaram esse aviso a sério e tentaram ouvir o "outro lado". Normalmente, elas acham a experiência frustrante.

Rachael Previti é uma jornalista liberal que em 2019 resolveu assistir apenas a Fox News por uma semana. Sua autópsia é representativa da maioria dos relatos que vi: "Eu queria procurar o lado bom em algumas das coisas que os conservadores tinham a dizer, em vez de ficar tipo, 'Meu Deus, olhe para todas essas coisas que os conservadores pensam!'", disse Previti. "Mas, honestamente, foi difícil encontrar um sentido real além de criticar os liberais."[1]

Em 2017, uma revista de Michigan tentou uma versão bilateral do experimento "escape de sua câmara de eco".[2] Ela recrutou um casal e um indivíduo com pontos de vista muito diferentes um do outro, que concordaram em trocar seu consumo de mídia por uma semana. Do lado liberal estavam Aric Knuth e Jim Leija, que moram em Ann Arbor e trabalham para a Universidade de Michigan. Eles são fãs da NPR e leitores ávidos do *New York Times* e do site feminista *Jezebel*. Do lado conservador estava Tom Herbon, um engenheiro aposentado e defensor entusiasta de Donald Trump que vivia em um subúrbio de Detroit. Herbon é leitor diário do *Drudge Report* online e mantém seu rádio sintonizado no *The Patriot*, uma estação com personalidades conservadoras como Sean Hannity.

Knuth e Leija concordaram em ler o *Drudge Report* e ouvir *The Patriot*. Em troca, Herbon concordou em ler o *New York Times* e *Jezebel*, e deixar seu rádio sintonizado na NPR enquanto estivesse em casa. Depois de uma semana, a revista conferiu o resultado com suas três cobaias. Eles aprenderam alguma coisa?

De fato, sim: todos haviam aprendido que o "outro lado" era ainda mais tendencioso, impreciso e irritante do que eles acreditavam anteriormente. Leija nunca tinha ouvido o programa de rádio *The Patriot* antes e o achou chocante. Ele disse, sobre Herbon: "Fiquei muito triste com o fato de que existem pessoas que escutam essa estação de rádio o dia todo, repleta de pessoas que são exatamente como elas, que dizem exatamente as coisas que elas querem ouvir." Enquanto isso, Herbon odiou tanto *Jezebel* e o *New York Times* que desistiu deles no meio do experimento (embora tenha conseguido ficar com a NPR durante a semana inteira). Ele disse: "Fiquei imediatamente desanimado com as imprecisões do que sei ser um fato. Se as pessoas não sabem o que é um fato, temos um grande problema."

Se esses experimentos não forem formais o suficiente para você, também houve um estudo em grande escala em 2018 sobre os efeitos de ouvir o "outro lado".[3] Os pesquisadores ofereceram às pessoas 11 dólares para seguir uma conta automatizada do Twitter (um "bot") que as exporia a tweets do outro lado do espectro político. Para os liberais, o bot mostraria a eles quatro tweets por dia de figuras conservadoras, como políticos, meios de comunicação, organizações sem fins lucrativos e especialistas. Para os conservadores, o bot mostraria 24 tweets por dia de figuras liberais. Os pesquisadores garantiram que os participantes estivessem realmente lendo os tweets do bot, dando a todos questionários semanais sobre seu conteúdo.

Um mês depois, os pesquisadores mediram as atitudes políticas de seus participantes. Suas opiniões foram moderadas pela incursão fora de suas câmaras de eco? Pelo contrário. Os conservadores que passaram um mês lendo tweets liberais tornaram-se drasticamente mais conservadores. Liberais que passaram um mês lendo tweets conservadores tornaram-se um pouco mais liberais (embora o efeito não tenha sido estatisticamente significativo).

Resultados como esses parecem repudiar toda a ideia de ouvir o outro lado. Mas a situação não é tão sinistra. O que deve se concluir com esses experimentos fracassados não é que aprender com o desacordo é inútil — mas que estamos fazendo tudo errado.

Nosso erro está em como selecionamos as fontes que ouvimos. Por costume, acabamos ouvindo as pessoas que iniciam desentendimentos conosco, bem como as figuras públicas e os meios de comunicação que são os representantes mais populares do outro lado. Esses critérios de seleção não são muito promissores. Em primeiro lugar, que tipo de pessoa tem maior probabilidade de iniciar um desacordo? Uma pessoa desagradável. ("Este artigo que você compartilhou no Facebook é uma completa besteira — deixe-me educar você...") Em segundo lugar, que tipo de pessoa ou mídia provavelmente se tornará representante popular de uma ideologia? Aquele que faz coisas como torcer para o lado deles e zombar ou caricaturar o outro lado — isso é, você.

Para ter a melhor chance de aprender com as divergências, você deve ouvir as pessoas que tornam *mais fácil* ser aberto aos seus argumentos, não mais difícil. Pessoas de quem você gosta ou respeita, mesmo que não concorde com elas. Pessoas com quem você tem alguma coisa em comum — premissas intelectuais ou um valor central que compartilham — mesmo que discorde delas em outras questões. Pessoas que você considera razoáveis, que reconhecem nuances e áreas de incerteza e que argumentam de boa-fé.

OUÇA AS PESSOAS QUE VOCÊ ACHA RAZOÁVEIS

Quando você imagina um debate no Reddit entre um bando de feministas e um bando de antifeministas, que adjetivos vêm à mente? "Frustrante"? "Terrível"? "Desastre completo", talvez?

Como regra, isso seria correto. Mas, por vários anos, r/FeMRADebates foi uma exceção brilhante à regra.[4] Foi criado em 2014 como um espaço para feministas e ativistas dos direitos dos homens (MRAs) para discutir questões que os dividem.* O que tornou o r/FeMRADebates único foi o cuidado que os moderadores tiveram ao definir as normas de conduta desde o início: não insulte outros membros ou use apelidos como *feminazi* ou *neckbeard*. Não generalize. Discorde de pessoas ou pontos de vista específicos em vez de falar sobre o que as "feministas" acreditam como se fossem um monólito.

Graças a essas regras e à influência positiva dos membros fundadores do fórum, r/FeMRADebates conseguiu evitar o problema de "desastre completo" em um grau incomum. Com que frequência você vê comentários como estes em um típico debate online?

> Dei uma olhada em seu artigo e sim, na verdade, sou eu que estou errado.[5]
>
> Eu não culpo as pessoas por 'não entenderem' mais. Acho que elas têm uma posição razoável.[6]
>
> Nem sempre concordo com (outra comentadora)... mas, se alguém fosse me convencer a ser uma feminista, seria ela com certeza.[7]

Tanto feministas quanto MRAs que chegaram ao subreddit com uma visão sombria do outro lado frequentemente mudavam de ideia com o tempo. Um membro chamado Rashid me disse que costumava ser cético em relação à afirmação feminista de que as mulheres vítimas de estupro são frequentemente responsabilizadas e seu estupro trivializado. Depois de conversar com várias feministas no r/FeMRADebates, ele concluiu que isso acontece com muito mais frequência do que ele imaginava.

Rashid se considerava um "antifeminista" quando se juntou ao subreddit, mas desde então abandonou esse rótulo. O que o fez mudar de ideia? Conversando com feministas que estavam discutindo de boa-

---

* Os direitos dos homens é um movimento que acredita que a sociedade discrimina os homens; seus membros são frequentemente hostis ao feminismo.

-fé, ele me disse. "Eu costumava passar muito tempo exposto às piores 'cenas' do lado feminista que eram compartilhadas por outros antifeministas para mostrar como elas eram ridículas", disse Rashid. Como resultado, ele tinha a impressão de que os piores exemplos de feminismo eram muito mais comuns do que realmente eram.

Do outro lado do corredor, uma das fundadoras feministas do grupo começou a ver algumas falhas nos conceitos da teoria feminista, como "patriarcado". Ela também passou a se preocupar muito mais com alguns problemas enfatizados pelos MRAs, como a agressão sexual de homens. Em uma mensagem sincera a alguns de seus frequentes parceiros de debate, ela escreveu: "Você me viu mudar minha postura em mais questões do que posso imaginar... Você me fez aceitar muito mais o MRM (movimento pelos direitos dos homens) em geral e me fez perceber a importância das questões de muitos homens."[8]

ESCUTE AS PESSOAS COM AS QUAIS VOCÊ COMPARTILHA TERRENO INTELECTUAL COMUM

Da última vez que deixamos o cético sobre mudanças climáticas Jerry Taylor no Capítulo 10, ele estava em um estado de incerteza. Ele ficou alarmado ao descobrir que um cientista de seu lado havia deturpado os fatos e perturbado com o fato de que as fontes que ele citava eram mais instáveis do que imaginava. Ele ainda achava que os argumentos básicos para o ceticismo sobre as mudanças climáticas estavam corretos... mas ele tinha muito menos certeza de sua posição do que antes.

Taylor permaneceu nesse estado de incerteza por vários anos, até que um amigo marcou uma reunião para ele com um ativista do clima chamado Bob Litterman.[9] Quando você ouve "ativista", pode imaginar alguém usando maconha e tie-dye, e se acorrentando a uma árvore em um ato de protesto. Mas Litterman não era um ativista típico. Seu trabalho diurno era dirigir a Kepos Capital, uma empresa de consultoria de investimentos que ele fundou depois de passar mais de duas décadas na Goldman Sachs.

Litterman foi uma figura de prestígio no campo da gestão de risco, tendo desenvolvido um dos modelos mais populares utilizados pelos investidores para alocar de forma otimizada as suas carteiras.

Em sua reunião, realizada no *Cato Institute* em 2014, Litterman apresentou um argumento para tomar medidas contra a mudança climática que Taylor nunca tinha ouvido antes. A mudança climática catastrófica é um risco não *diversificável*, disse Litterman. Isso significa que não há nada em que você possa investir que possa proteger contra a possibilidade de isso acontecer. Em circunstâncias normais, os investidores estão dispostos a pagar grandes quantias de dinheiro para evitar riscos não diversificáveis. E pela mesma lógica, argumentou Litterman, nós, como sociedade, deveríamos estar dispostos a investir uma grande quantia de dinheiro na prevenção da possibilidade de uma mudança climática catastrófica.

Litterman, Taylor e um dos colegas de Taylor discutiram por uma hora e meia. Depois que Litterman saiu, Taylor virou-se para seu colega e disse: "Parece que nossa posição foi destroçada." Pouco depois dessa conversa, Taylor deixou o *Cato Institute* e se tornou um ativista da ação climática — o único cético profissional em relação à mudança climática, até o momento, que mudou de lado.

Por que essa discordância foi tão produtiva? Porque, embora Litterman estivesse do outro lado da questão da mudança climática, ele era alguém com "credibilidade instantânea com pessoas como eu", disse Taylor mais tarde. "Ele é de Wall Street. Ele é um tipo de libertário flexível."[10]

Saber que você tem um terreno intelectual comum com alguém imediatamente o torna mais receptivo aos argumentos dele. Também possibilita que eles expliquem o lado deles em sua "língua". O caso de Litterman para a ação climática baseava-se na economia e na incerteza, uma linguagem que Taylor já considerava convincente. Para alguém como Taylor, uma conversa com um ativista do clima que pode defender sua posição nesses termos será muito mais valiosa do que 100 conversas com ativistas que falam sobre a responsabilidade moral da humanidade para com a Mãe Terra.

ESCUTE PESSOAS QUE COMPARTILHAM SEUS OBJETIVOS

Minha amiga Kelsey Piper é jornalista da Vox, onde cobre desenvolvimentos em filantropia, tecnologia, política e outras questões que afetam o bem-estar global. Kelsey também é ateia. E uma de suas boas amigas, a quem chamarei de Jen, é católica praticante. Essa é uma grande diferença de crenças, que muitas vezes torna as divergências intratáveis, especialmente em questões como homossexualidade, controle de natalidade, sexo antes do casamento ou eutanásia. Quando as posições morais de uma pessoa derivam de premissas religiosas que outra pessoa não compartilha, é difícil saber como fazer progresso.

Mas uma coisa que Kelsey e Jen compartilham é o desejo de tornar o mundo um lugar melhor da forma mais eficaz possível. Ambas fazem parte do movimento do altruísmo eficaz, que se dedica a encontrar maneiras de alto impacto e baseadas em evidências de fazer o bem. Esse objetivo compartilhado cria um sentimento de camaradagem e confiança entre elas, tornando Kelsey mais disposta a ouvir a perspectiva de Jen com a mente mais aberta do que ela estaria de outra forma.

Um tópico sobre o qual as opiniões de Kelsey mudaram como resultado dessas conversas foi o aborto. No início, ela tinha sido incondicionalmente pró-escolha. Sua opinião era que um feto não é senciente o suficiente para ser considerado uma "pessoa" no sentido moralmente relevante, o sentido que tornaria um aborto errado.

Agora, depois de muitas conversas com Jen, Kelsey é um pouco mais simpática à posição de pró-vida. Mesmo que ela considere *improvável* que um feto possa ser senciente, "parece possível que, se eu tivesse uma compreensão completa da experiência de ser um feto, acabaria pensando, 'Oh, sim, este é o tipo de ponto de vista onde algo trágico aconteceu quando ele morreu'", ela me disse. Kelsey ainda é fortemente a favor do aborto legal. Mas ela agora leva mais a sério a possibilidade de que o aborto seja um resultado ruim, algo que deveríamos nos esforçar mais para prevenir.

Essa mudança não teria acontecido se Kelsey não tivesse feito um esforço genuíno para entender a perspectiva de Jen — e isso não teria acontecido se Kelsey não tivesse sentido que Jen era sua aliada na luta para tornar o mundo melhor, alguém com quem partilha muitas das mesmas preocupações. Sentir-se no mesmo time de alguma forma importante pode tornar possível aprender uns com os outros, mesmo quando suas visões de mundo são muito diferentes.

O PROBLEMA COM UMA "EQUIPE DE RIVAIS"

Quando Abraham Lincoln ganhou a presidência em 1860, ele estendeu a mão para os homens que haviam sido seus principais oponentes à indicação republicana — Simon Cameron, Edward Bates, Salmon Chase e William Seward — e ofereceu a todos cargos em seu gabinete. Essa história foi imortalizada pela historiadora Doris Kearns Goodwin em seu livro best-seller de 2005 *Team of Rivals: The Political Genius of Abraham Lincoln* [Equipe de Rivais: o Gênio Político de Abraham Lincoln, em tradução livre].[11]

A "equipe de rivais" de Lincoln é agora um exemplo-padrão citado em livros e artigos que incentivam as pessoas a se exporem a opiniões diversas. "Lincoln escolheu conscientemente diversas pessoas que podiam desafiar suas inclinações e testar os argumentos umas das outras no interesse de produzir os julgamentos mais sensatos", escreveu o professor de Direito de Harvard Cass Sunstein em seu livro *Going to Extremes* [Indo aos Extremos, em tradução livre].[12] Barack Obama citou o *Team of Rivals* como inspiração para sua própria presidência, elogiando Lincoln por estar "confiante o suficiente para estar disposto a ter essas vozes dissidentes" em seu gabinete.[13]

Esse é o relato que eu também tinha ouvido antes de começar a pesquisar esse livro. Mas acontece que a história completa produz uma moral mais complicada. Dos quatro "rivais" que Lincoln convidou para seu gabinete — Cameron, Bates, Chase e Seward — três saíram mais cedo, após uma gestão malsucedida.

Cameron foi afastado do cargo depois de menos de um ano, por ser corrupto. (Um contemporâneo de Cameron disse sobre ele que "não roubaria um fogão quente".)

Bates pediu demissão depois de se distanciar cada vez mais de seu trabalho. Ele tinha pouca influência na administração; Lincoln não pedia seu conselho com muita frequência e Bates não o oferecia.[14]

Chase estava convencido de que merecia a presidência mais do que Lincoln, a quem considerava inferior. Ele entrou em confronto com Lincoln repetidamente e, mais de uma vez, ameaçou renunciar a menos que suas exigências fossem atendidas. Por fim, Lincoln desafiou o blefe de Chase e aceitou sua renúncia, dizendo a um amigo mais tarde: "Eu não aguentava mais."[15]

Seward foi uma exceção parcial a esse padrão. Ele ficou por todo o tempo da presidência de Lincoln no cargo e se tornou um amigo e conselheiro de confiança. Em mais de uma ocasião, ele fez Lincoln mudar de ideia sobre algo importante. Mas Seward cedeu apenas após meses minando a autoridade de Lincoln pelas costas e tentando conquistar poder político para si mesmo.

É prova da equanimidade de Lincoln que ele foi capaz de trabalhar com seus rivais, e pode muito bem ter sido uma sensata jogada política para ele. Mas não é um grande exemplo do valor de se expor a pontos de vista divergentes. A dissidência de pessoas que você não respeita ou que nem mesmo compartilham um gosto em comum o suficiente com você para concordar que você deveria estar no mesmo time não é tão útil.

É MAIS DIFÍCIL DO QUE VOCÊ PENSA

Um dos maiores motivos pelos quais deixamos de aprender com as divergências é que esperamos que seja mais fácil do que realmente é. Presumimos que se ambas as pessoas são basicamente razoáveis e argumentam de boa-fé, então chegar ao meio-termo deve ser simples: cada pessoa explica em que acredita, e se uma pessoa pode apoiar sua posição com lógica e evidências, então a outra diz: "Oh, você está certo", e muda de ideia. Simples!

Quando as coisas não acontecem assim — quando um lado se recusa a mudar de ideia, mesmo depois de ouvir o que o outro lado considera uma discussão arrasadora — todos ficam frustrados e concluem que os outros são irracionais.

Precisamos diminuir muito nossas expectativas. Mesmo sob condições ideais em que todos estão bem informados, razoáveis e fazendo um esforço de boa-fé para explicar seus pontos de vista e compreender o outro lado, aprender com as divergências ainda é difícil (e as condições quase nunca são ideais). Aqui estão três motivos:

1. Nós entendemos mal as opiniões uns dos outros

Durante uma viagem ao Cairo, o blogueiro Scott Alexander teve uma conversa agradável com uma garota muçulmana em um café. Quando ela mencionou algo sobre pessoas malucas que acreditam na evolução, Alexander admitiu que era uma dessas "pessoas malucas".

A garota ficou chocada. Ela respondeu: "Mas... macacos não se transformam em humanos. O que diabos o faz pensar que macacos podem se transformar em humanos?"[16] Alexander tentou explicar que a mudança de macaco para humano foi muito gradual, que ocorreu ao longo de muitas gerações, e ele recomendou alguns livros que poderiam explicar o processo melhor do que ele. Mas estava claro que ela ainda não acreditava.

Se você já está familiarizado com a teoria da evolução, é óbvio para você que a garota no café a entendeu mal. Mas você tem certeza de que nenhuma das ideias estranhas que você descartou no passado também são mal-interpretadas sobre a coisa real? Mesmo ideias corretas muitas vezes parecem erradas quando você as ouve pela primeira vez. A versão de 30 segundos de uma explicação é inevitavelmente simplista, deixando de fora esclarecimentos e nuances importantes. Você está perdendo o contexto básico, palavras sendo usadas de maneiras diferentes do que você está acostumado e muito mais.

2. Argumentos ruins nos imunizam contra bons argumentos

Quando encontramos um bom argumento que é novo para nós, muitas vezes o confundimos com um argumento ruim com o qual já estamos familiarizados. Por exemplo, no capítulo anterior, citei o psicólogo cognitivo Gary Klein, que estuda como as pessoas mudam de ideia em contextos de alto risco, como combate a incêndios ou enfermagem. O trabalho de Klein tem sido muito útil para me ajudar a compreender como funciona a tomada de decisão no mundo real e reconhecer algumas das deficiências nos estudos acadêmicos de tomada de decisão.

Mesmo assim, ignorei o trabalho de Klein por anos depois de ouvi-lo pela primeira vez. Isso porque ele fala sobre o "poder da intuição", o que me fez associá-lo ao tipo de pessoa que exalta a intuição como um sexto sentido pseudo-místico que merece precedência sobre todas as outras formas de evidência, incluindo a ciência. Essa não é a opinião de Klein. Por "intuição", ele está simplesmente se referindo às habilidades de modelagem de padrões embutidas em nossos cérebros. Mas porque eu tinha encontrado tantas pessoas dizendo coisas como "Não me importa o que a ciência diz — minha intuição me diz que fantasmas são reais", automaticamente agrupei Klein com elas.

3. Nossas crenças são interdependentes — mudar uma requer mudar outras

Suponha que Alice acredite que a mudança climática é um problema sério, e ela está falando com Kevin, que discorda. Alice poderia mostrar a Kevin um artigo dizendo que os modelos da ciência do clima fizeram previsões precisas, mas isso não mudará a mente de Kevin — mesmo se Kevin estiver com a mentalidade de explorador.

Isso porque nossas crenças estão todas interconectadas, como uma teia. A crença de que "a mudança climática não é real" é apoiada por outras crenças de Kevin sobre como o mundo funciona e quais fontes são confiáveis. Para que Kevin atualize significativamente a crença de que "a mudança climática não é real", ele também terá que atualizar algumas de suas crenças associadas, como "os meios de comunicação céticos sobre a mudança climática são mais confiáveis do que a mídia convencional" ou "pessoas inteligentes não acreditam no consenso da ciência do clima". Isso pode acontecer, mas exigirá muito mais evidências do que um único artigo de uma fonte de notícias em que Kevin não confia no momento.

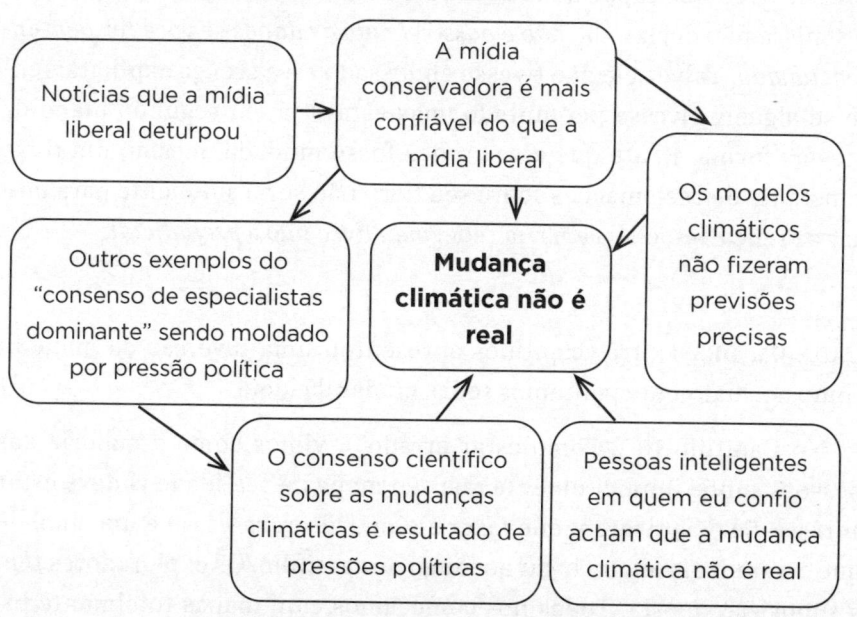

```
[Notícias que a mídia liberal deturpou]  →  [A mídia conservadora é mais confiável do que a mídia liberal]
                                              ↓        ↘
[Outros exemplos do "consenso de especialistas dominante" sendo moldado por pressão política]   [Mudança climática não é real]   [Os modelos climáticos não fizeram previsões precisas]
                                              ↑        ↑
                              [O consenso científico sobre as mudanças climáticas é resultado de pressões políticas]   [Pessoas inteligentes em quem eu confio acham que a mudança climática não é real]
```

UM EXEMPLO DE CRENÇAS INTERDEPENDENTES

No fim do capítulo anterior, conhecemos Joshua Harris, o autor de *I Kissed Dating Goodbye*, que começou a ouvir de leitores alegando que seu livro havia estragado suas vidas. A primeira vez que começou a perceber que seus críticos poderiam ter razão foi em 2015, quando soube que vários membros de sua igreja, a *Covenant Life Church*, em Gaithersburg, Maryland, eram culpados de abusar sexualmente de menores na congregação. Harris não estava pessoalmente envolvido no abuso, mas sabia sobre isso e não encorajou as vítimas a falar com a polícia.

A compreensão perturbadora de que ele lidou mal com aquela crise se espalhou pela teia de crenças de Harris. "Foi a primeira vez em que comecei a perceber, sabe de uma coisa? Você pode ter boas intenções e pensar que está tomando boas decisões, mas o efeito na vida das pessoas pode ser muito diferente do que você planejou", disse Harris mais tarde. Essa constatação, por sua vez, gerou o pensamento: "Talvez haja problemas com meu livro."[17]

Durante todos aqueles anos em que Harris ouviu discordâncias sobre seu livro, sua capacidade de mudar de ideia foi prejudicada por uma premissa não declarada: *não é possível causar danos se você for bem-intencionado*. Talvez ele não tivesse endossado essa crença explicitamente se alguém tivesse perguntado, mas estava lá em segundo plano da mesma forma. E, até que essa crença fosse mudada, mesmo um fluxo constante de reclamações sobre seu livro não seria suficiente para mudar a crença associada em sua rede: *meu livro não é prejudicial*.

CADA UM DESSES três capítulos apresentou uma inversão da maneira como normalmente pensamos sobre mudar de ideia.

No Capítulo 10 ("Como estar errado"), vimos como a maioria das pessoas supõe implicitamente que seu mapa da realidade já deve estar correto. Se elas tiverem que fazer alguma alteração, isso é um sinal de que erraram em algum lugar ao longo do caminho. Os exploradores têm a suposição oposta. Todos nós começamos com mapas totalmente incorretos e, com o tempo, à medida que obtemos mais informações, os tornamos um pouco mais precisos. Revisar seu mapa é um sinal de que você está fazendo a coisa certa.

O Capítulo 11 ("Mergulhe na Confusão") foi sobre o que fazer quando o mundo atropela suas teorias, quando outras pessoas se comportam "irracionalmente" ou quando você não obtém os resultados que esperava ou se surpreende quando alguém discorda de você. Em vez de tentar ajustar os detalhes que não se encaixam em sua visão de mundo, como vincos em um tecido, puxe-os para ver o que mostrarão.

E, neste capítulo, vimos como as pessoas esperam que seja fácil entender divergências e ficam desagradavelmente surpresas quando falham. Mas a realidade é que é difícil mesmo nas melhores condições, e você ficará agradavelmente surpreso quando realmente tiver sucesso. Ouvir pontos de vista com os quais você discorda e levá-los a sério o suficiente para ter uma chance de mudar de ideia requer esforço mental e emocional e, acima de tudo, paciência. Você tem que estar disposto a dizer a si mesmo: "Parece que essa pessoa está errada, mas talvez eu a esteja entendendo mal — deixe-me verificar" ou "Ainda não concordo, mas talvez com o tempo eu comece a ver exemplos do que ela está falando".

Por que tornar uma tarefa difícil ainda mais difícil ao ouvir opiniões de pessoas que não são razoáveis, que zombam de suas opiniões e com quem você não compartilha nenhum terreno comum? Por que não se dá a melhor chance possível de mudar de ideia, ou pelo menos ser capaz de avaliar como uma pessoa razoável poderia discordar de você? Como disse Kelsey (a jornalista ateia com a amiga católica): "Se entender alguém não me faz sentir mais compaixão por sua perspectiva, então continuo procurando."

PARTE V

Repensando a Identidade

Capítulo 13

Como as Crenças se Tornam Identidades

UMA NOITE, QUANDO a professora Courtney Jung estava grávida de cinco meses, ela foi a um coquetel. Sóbria e entediada, Jung ficou aliviada quando outro convidado da festa se aproximou dela para cumprimentá-la e dar os parabéns pela gravidez.[1]

No entanto, os "parabéns" da mulher rapidamente se transformaram em um "argumento de vendas". Ela tinha a missão de convencer Jung a amamentar, em vez de alimentar seu futuro bebê com leite em pó. "Sim, bem, provavelmente vou amamentar", disse Jung, embora ainda não tivesse pensado muito no assunto.

Essa resposta aparentemente careceu de convicção suficiente para a defensora da amamentação, que continuou listando os muitos benefícios médicos e emocionais da amamentação. Enquanto pressionava defendendo seu caso, ela se inclinou em direção a Jung, com fervor; Jung se afastou, desconfortável; e assim elas avançaram pela sala durante a noite, até que Jung se viu encurralada em um canto — literal e figurativamente.

AS "GUERRAS DAS MÃES"

Se você está surpreso com a imagem de uma fanática pela amamentação, provavelmente nunca ouviu falar das (apelidadas de forma depreciativa) "guerras das mães", entre mães que acreditam ser vital alimentar seus bebês com leite materno e mães que acreditam que não há problema em alimentar bebês com leite em pó em uma mamadeira.

Em teoria, a discordância sobre quanto benefício uma criança obtém do leite materno é simplesmente científica. Mas, na prática, a linguagem da discordância soa como se estivesse descrevendo uma guerra santa aterrorizante. As mães que oferecem a mamadeira se queixam de ter sofrido "lavagem cerebral pela propaganda pró-amamentação"[2] e "foram levadas a perder a capacidade de pensar criticamente"[3] pelas "Pró-amamentação". Uma nova mãe que participou de um seminário sobre amamentação disse mais tarde: "Eu me senti como se estivesse em uma sessão de doutrinação da Coreia do Norte."[4] Enquanto isso, blogueiras no campo da amamentação descartam tais reclamações e referem-se a artigos questionando os méritos do leite materno como um "ataque preventivo à amamentação"[5] por "apologistas da mamadeira".

Depois que ela escapou daquele canto na festa no qual foi encurralada, Courtney Jung começou a pensar sobre a paixão e a raiva que as pessoas sentem em relação à amamentação — e como, para muitas, suas opiniões sobre o assunto se tornaram parte de sua identidade. Essa experiência plantou a semente de seu livro, *Lactivism* [Lactivismo, em tradução livre], no qual ela escreveu: "A verdade é que, nos Estados Unidos, a amamentação se tornou muito mais do que simplesmente uma forma de alimentar um bebê. É uma forma de mostrar ao mundo quem você é e no que você acredita."[6]

O QUE SIGNIFICA QUE ALGO FAÇA PARTE DA SUA IDENTIDADE

É uma velha regra de etiqueta que você não deve conversar sobre política ou religião. Isso porque todos nós sabemos que as visões políticas e religiosas das pessoas costumam fazer parte de suas *identidades*. Quando alguém critica uma crença que faz parte da sua identidade, é uma atitude hostil. É como alguém insultar sua família ou pisotear a bandeira de seu país. Até mesmo descobrir que alguém discorda de você sobre uma crença carregada de identidade é como descobrir que eles estão em um time rival: "Oh, então você é um deles."

Mas a política e a religião são apenas os exemplos mais conhecidos. Sua decisão de amamentar ou dar mamadeira, sua escolha de linguagem de programação e sua atitude em relação ao capitalismo podem fazer parte de sua identidade. Elas podem não vir com rótulos oficiais como "Democrata" ou "Batista do Sul", mas podem desencadear as mesmas reações apaixonadas, combativas e defensivas.

Concordar com uma crença não é a mesma coisa que se identificar com ela. Muitas pessoas são pioneiras no sentido de que concordariam com a afirmação "a ciência é a melhor forma de aprender como o mundo funciona e merece muito financiamento e respeito". Mas apenas uma fração dessas pessoas tem a ciência como parte de sua identidade, a ponto de se sentirem hostis com pessoas que não apreciam ciência, ou usarem camisetas estampadas com slogans populares da ciência, como: "A ciência não se preocupa com as suas crenças" ou "Ciência: ela funciona, vadias".

Qualquer coisa pode se tornar parte de nossa identidade. No entanto, alguns problemas parecem mais suscetíveis do que outros. Por que isso ocorre? Por que os debates sobre os riscos à saúde do leite em pó para bebês são muito mais acalorados do que os sobre os riscos da poluição do ar à saúde? Por que existem tantas opções se você quiser comprar uma camiseta "Introvertido com Orgulho", mas não encontramos uma única camiseta "Extrovertido com Orgulho"?

A ciência sobre identidade ainda está evoluindo, mas observei duas coisas que transformam uma crença em uma identidade: sentir-se em apuros e sentir-se orgulhoso.

SENTINDO-SE EM APUROS

As crenças se cristalizam em identidades por meio da sensação de estar sob o cerco de um mundo hostil, da mesma forma que a pressão prolongada une os átomos de carbono para formar um diamante. Pense em seitas religiosas minoritárias ou em subculturas frequentemente zombadas como "preparadores", que acreditam que vale a pena se preparar para um desastre natural ou colapso social. Ser ridicularizado, perseguido ou de outra forma estigmatizado por nossas crenças nos faz querer defendê-las ainda mais e nos dá um senso de solidariedade para com as outras pessoas que estão conosco.

Pode parecer que cada questão deve ter uma maioria dominante e uma minoria em apuros. Mas ambos os lados de uma questão podem genuinamente ver seu lado como o que está em apuros. Isso é o que está acontecendo nas "guerras das mães". As que usam leite em pó se sentem constantemente na defensiva, forçadas a explicar por que não estão amamentando e se sentindo julgadas como mães ruins, silenciosa ou abertamente. (Não é apenas sua imaginação. Uma pesquisa de 2001 descobriu que dois terços das mães que amamentam "sentem pena" dos filhos de mães que não amamentam.[7])

As amamentadoras também se sentem em apuros, por diferentes razões. Elas reclamam de uma sociedade criada para dificultar a vida delas, em que a maioria dos locais de trabalho carece de um ambiente confortável para bombear o leite materno e em que um seio exposto em público atrai olhares ofendidos e sussurros. Algumas argumentam que essa é uma forma de opressão mais significativa do que a enfrentada pelo outro lado. "Porque, vamos encarar os fatos", escreveu uma mãe que amamenta às que não amamentam, "embora você possa sentir um pouco de culpa vindo de uma mãe quando ouve 'seio é melhor', ninguém nunca foi expulso de um restaurante por dar mamadeira para seu bebê".[8]

Ou considere ateus e cristãos. Os ateus sentem-se em apuros por causa da quantidade de discriminação que enfrentam nos Estados Unidos. Muitos ouviram que são imorais. Eles costumam falar em se "assumir" como ateus, depois de terem passado muito tempo se sentindo obrigados a esconder suas visões estigmatizadas. A pesquisa Gallup mais recente em 2019 descobriu que 40% dos norte-americanos não votariam em um membro bem qualificado de seu próprio partido se ele fosse ateu. (Para efeito de comparação, as porcentagens correspondentes de pessoas que disseram que não votariam em um candidato judeu e em um candidato católico foram de 7% e 5%, respectivamente.)[9]

Ao contrário dos ateus, os cristãos evangélicos são mais propensos a viver em famílias e comunidades que compartilham sua fé, então eles não são confrontados da mesma forma. No entanto, eles se sentem cada vez mais alienados pelas mudanças legais e culturais na América do Norte nos últimos 50 anos, como o aborto legal, o casamento gay e o conteúdo sexualizado na mídia. "A guerra cultural acabou — e nós perdemos", lamentou um líder cristão em um livro intitulado *Prepare: Living Your Faith in an Increasingly Hostile Culture* [Prepare-se: Vivendo sua Fé em uma Cultura Cada Vez Mais Hostil, em tradução livre].[10]

SENTINDO-SE ORGULHOSO

As crenças também se tornam parte de sua identidade quando passam a representar alguma virtude da qual você se orgulha. Por exemplo, para muitas mulheres, a crença de que a amamentação é importante sinaliza sua conexão com o bebê e sua disposição de se sacrificar pela maternidade. A amamentação é a "representação definitiva da mãe, da conexão e do amor", como um pôster colocou em uma conferência sobre amamentação.[11] Por outro lado, para muitas mulheres que rejeitam a imposição de amamentar, isso é uma recusa em ficar acorrentada às restrições da biologia, restrições que tendem a impor muito mais duramente a liberdade de uma nova mãe do que a de um pai. "Em um nível mais ideológico, estamos evitando o mamilo por causa de como a amamentação impede o progresso do feminismo", escreveu uma jornalista sobre a escolha dela e de seu parceiro de não amamentar.[12]

Ou considere a criptomoeda. Para muitos crentes verdadeiros, o apelo nunca foi apenas ficar rico. Tratava-se de mudar o mundo. Acreditar no potencial da criptografia era ser um rebelde, lutar pela libertação da humanidade da tirania de poderosas instituições centralizadas. Como disse um dos primeiros entusiastas do Bitcoin: "Você está ajudando a inaugurar uma nova era financeira! Você está privando os grandes bancos de seu poder imerecido sobre as massas, ajudando a construir uma moeda controlada por todos!"

Tanto os otimistas quanto os pessimistas autoidentificados se orgulham de sua maneira de ver o mundo. Os otimistas muitas vezes falam como se ter crenças positivas fosse um sinal de virtude: "Apesar de como seria fácil escolher o cinismo, eu escolho acreditar na bondade inerente da humanidade", declarou um otimista.[13] Enquanto isso, os pessimistas se veem como astutos e sofisticados, ao contrário daqueles otimistas insípidos: "Ao investir, um touro soa como uma líder de torcida imprudente, enquanto um urso soa como uma mente afiada que vasculhou as manchetes", observou um investidor.[14]

Sentir-se orgulhoso e sentir-se em apuros geralmente se alimentam um do outro. Por exemplo, pessoas adeptas do poliamor podem parecer presunçosas ou superiores sobre sua escolha de estilo de vida, reconheceu uma blogueira poliamorosa chamada Eli Heina Dadabhoy. Mas essa é uma reação compreensível à hostilidade com que essas pessoas são constantemente atacadas. "Quando o mundo ao seu redor está constantemente gritando sobre como você está errado, declarar sua superioridade pode parecer uma resposta legítima, a única maneira de se opor a essas fortes mensagens negativas", disse Dadabhoy.[15]

AS "GUERRAS DE PROBABILIDADE"

Nenhuma pergunta é tão cética ou esotérica que é imune às forças da identidade. Não acredita em mim? Permita-me apresentar o longo debate entre os frequentistas e os bayesianos, dois campos de estatísticos que analisam os dados de maneiras diferentes. Na raiz do debate está uma simples discordância filosófica.

Os frequentistas definem a probabilidade de um evento objetivamente, em termos da frequência com que ele ocorreria em uma longa série de tentativas. Um frequentista diria que a probabilidade de jogar uma moeda e sair cara é de uma metade, porque, se você pudesse jogar a moeda um número infinito de vezes, metade dos resultados seria cara.

O bayesianismo é baseado em um teorema chamado regra de Bayes, em homenagem ao reverendo Thomas Bayes, o filósofo e estatístico do século XVIII que foi o primeiro a criá-lo. Os bayesianos definem a probabilidade de um evento subjetivamente, em termos de quão confiante alguém está de que um evento ocorrerá. Lembra-se dos exercícios que fizemos no Capítulo 6, nos quais aprendemos a quantificar nossa confiança em uma afirmação pensando sobre quais apostas estaríamos dispostos a fazer nela? Um bayesiano chamaria isso de "probabilidades"; um frequentista, não.

Você pode esperar que esses debates ocorram exclusivamente em linguagem técnica enterrada em artigos de periódicos acadêmicos. Mas, durante décadas, houve uma conferência anual Bayesiana onde os participantes cantaram canções que defendiam o bayesianismo e vaiaram o frequentismo. Aqui está uma estrofe de amostra, destinada a ser cantada ao som de "O Hino de Batalha da República":

> *Meus olhos viram a glória do Reverendo Thomas Bayes*
> *Ele está eliminando frequentistas e seus modos incoerentes...*
> *Glória, glória, probabilidade!*
> *Glória, glória, subjetividade!*
> *Suas tropas estão marchando.*[16]

Obviamente, essa música é irônica. Mas, como todo bom humor observacional, é baseada em uma semente da verdade. Se você navegar na blogosfera de estatísticas, encontrará bayesianos e frequentistas acusando uns aos outros de preconceito irracional, reclamando de frequentistas fundamentalistas, frequentistas ortodoxos, preconceito anti-bayesiano, bayesianos presunçosos, anti-bayesianos furiosos, líderes de torcida bayesianos e bayesianos obstinados. Um estatístico até mesmo renunciou ao bayesianismo e escreveu uma postagem no blog intitulada "Respirando um pouco de ar fresco fora da Igreja Bayesiana".[17]

Como muitas batalhas de identidade, as guerras de probabilidade começaram com os bayesianos se sentindo em guerra na década de 1980. Eles tinham que ter cuidado para não mencionar o "a palavra com b" com muita frequência, para não serem vistos como criadores de problemas. Pelo menos um professor que defendia os métodos bayesianos foi expulso de seu departamento por sua dissidência. "Sempre fomos uma minoria oprimida, tentando obter algum reconhecimento"[18], lembrou Alan Gelfand, um dos primeiros a adotar o bayesianismo. Agora o jogo virou. Nos últimos 15 anos, o bayesianismo se tornou popular, e os frequentistas são os que se sentem marginalizados — tanto que um estatístico frequentista intitulou sua postagem no blog "Frequentistas no Exílio".[19]

As guerras de probabilidade espalharam-se até mesmo para fora do âmbito acadêmico e para as partes mais nerds da internet. Em 2012, o webcomic XKCD publicou uma tira sobre a diferença entre as abordagens frequentista e bayesiana que zombava da primeira.[20] A reação foi tão acalorada que um comentarista brincou: "Da próxima vez que for israelense e palestino, será menos polêmico."[21]

SINAIS DE QUE UMA CRENÇA PODE SER UMA IDENTIDADE

Às vezes, é óbvio quando uma crença se tornou uma identidade. Se você tem "vegano orgulhoso" na primeira linha de sua biografia do Instagram, todos os seus amigos são veganos, você vai a comícios veganos e usa botões e camisetas veganas, então esse é um caso bastante aberto. Mas, para cada caso óbvio como esse, existem muitos outros mais sutis, crenças que podem não vir com um rótulo ou uma associação oficial a um grupo, mas que levamos para o lado pessoal. Para notá-los, fique atento a qualquer um dos seguintes sinais:

1. Usando a frase "Eu acredito"

Iniciar uma alegação com a frase "Eu acredito" é uma dica de que é importante para sua identidade. Pense em declarações como "Eu acredito no otimismo" ou "Eu acredito que as pessoas são mais boas do que más" ou "Eu acredito que as mulheres estão mudando o mundo". Essas frases aparentemente redundantes — não deveria ser desnecessário dizer que você acredita em suas próprias afirmações? — indica que você não está simplesmente descrevendo o mundo, você está se definindo. "As pessoas podem mudar" é uma declaração sobre como você acha que o mundo funciona. Mas "eu acredito que as pessoas podem mudar" é uma declaração sobre você, sobre o tipo de pessoa que você é — generoso, perdoador, compassivo.

2. Ficar irritado quando uma ideologia é criticada

"I F*cking Love Science" (IFLS) é uma página popular do Facebook que compartilha memes da pró-ciência, desenhos animados e slogans como "Pegou poliomielite? Nem eu. Obrigado, ciência." Em uma discussão na página do Facebook "I F*cking Love Science", uma comentarista chamada Jessica mencionou que até mesmo os cientistas costumam resistir a fatos que contradizem suas crenças. "Humanos são humanos", disse ela.

No que diz respeito às críticas à ciência, isso foi bastante moderado (e inegavelmente verdadeiro). Mas outro comentarista chamado Warren se irritou com esse insulto à honra da ciência. Ele respondeu: "Uh, não. Mil vezes não. Não é assim que a ciência funciona. Nunca."[22]

Quando você sente a necessidade de intervir e defender um grupo ou sistema de crenças contra as críticas percebidas, há boas chances de que sua identidade esteja envolvida. Recentemente, vi um artigo intitulado "Por que os ateus não são tão racionais quanto alguns gostam de pensar". Senti um aumento na defensiva e me preparei para refutar as afirmações do artigo, mesmo antes de abri-lo. A ironia é que eu mesma afirmei exatamente o mesmo ponto — que alguns ateus autoidentificados erroneamente pensam que seu ateísmo prova que eles são "racionais". Mas o fato de que o argumento vinha de um estranho e parecia ter a intenção de desacreditar os ateus, automaticamente me irritou.

3. Linguagem desafiadora

Pessoas que têm a ciência como grande parte de sua identidade às vezes usam camisetas ou exibem cartazes que dizem "Nerd orgulhoso" ou "Defenda a ciência". As mães que alimentam seus bebês com leite em pó escrevem postagens de blog com títulos como "O caso sem remorso da alimentação com mamadeira"[23] ou "Defendendo as mães que usam Leite em pó" ou referem-se a si mesmas como "Mães destemidas que usam mamadeira".[24] Enquanto isso, as mães que amamentam dizem coisas como: "Ai de qualquer mãe que amamenta que abertamente admite ter preferência, conhecimento e até mesmo um *suspiro* de orgulho em amamentar seu filho."

Orgulhoso, se impondo, sem remorso, sem medo — uma linguagem desafiadora como essa é um sinal de que você se vê como um ponto de vista de minoria que enfrenta uma sociedade que está tentando silenciar, oprimir ou envergonhar você.

4. Um tom justo

Você deve ter notado os floreios justos que às vezes adicionamos ao final de nossas declarações: *ponto final. Fim da história. Fim de discussão. É simples assim.* Ou que tal a atualmente popular prática de quebrar uma frase com um ponto final enfático após cada palavra? *Você não apoia esta política? Vocês. São. Parte. Do. Problema.*

A colunista de economia Megan McArdle veio com a analogia perfeita para o que o tom de voz justo pretende transmitir. "As mensagens que fazem você se sentir bem consigo mesmo (e, claro, com seus amigos afins) são as que sugerem que você é um gigante moral caminhando com ousadia pela paisagem, empunhando sua lógica ética inescapável", escreveu ela.[25]

5. Guardião da entrada

Se você pesquisar online pela frase "Você não pode se chamar de feminista", encontrará uma grande variedade de condições que as pessoas impuseram unilateralmente ao uso desse rótulo, como "Você não pode se chamar de feminista se você não é interseccional"[26] e "Você não pode se chamar de feminista se não acredita no direito ao aborto".[27]

Quando um rótulo é mais do que apenas uma descrição prática de suas crenças — quando parece um símbolo de status ou uma fonte de orgulho — então a questão de quem mais pode usar esse rótulo realmente importa. Torna-se importante policiar os limites da identidade.

À medida que "I F*cking Love Science" (IFLS) se tornou cada vez mais popular e sua contagem de seguidores alcançou dezenas de milhões, algumas outras pessoas pró-ciência começaram a ficar irritadas. "A visão da IFLS de 'ciência' é tão superficial — é apenas um monte de memes e fotos de galáxias! Não é isso que significa amar a ciência!", resmungaram um para o outro. O discurso mais famoso contra os fãs da IFLS veio de um cartunista chamado Kris Wilson: "As pessoas que realmente amam a ciência passam suas vidas estudando as pequenas partes entediantes, bem como os grandes fatos chamativos", escreveu ele. "Você não ama ciência. Você está olhando para a bunda dela quando ela passa."[28]

6. Schadenfreude

Imagine ver um artigo que começa com a seguinte frase: "A conferência (nome do grupo) neste fim de semana foi um fracasso espetacular devido a brigas e planejamento insuficiente." Existe um nome de grupo ideológico que poderia entrar nessa frase que faria você sorrir em antecipação ao doce prazer de schadenfreude [alegria pelo infortúnio do outro] esperando por você no artigo?

Ter prazer em notícias que humilham algum grupo ideológico do qual você discorda é um sinal de uma "identidade de oposição" — uma identidade definida por aquilo a que se opõe. É fácil ignorar isso porque muitas vezes não envolvem rótulos próprios, mas podem distorcer seu julgamento da mesma forma. Se você ama odiar hippies, tecnólogos, libertários, fundamentalistas ou qualquer outro grupo ideológico, isso lhe dá um motivo para acreditar em qualquer coisa que pareça desacreditar sua visão de mundo. Acha os veganos irritantes? Você receberá de bom agrado qualquer notícia de que uma dieta vegana não é saudável. Gosta de zombar de "techbros"? Você provavelmente não vai olhar muito criticamente para nenhum artigo de sucesso sobre empresas de tecnologia.

7. Epítetos

Você já ouviu os epítetos padrão no "discurso" político e cultural: guerreiros da justiça social, feminazis, neckbeards, flocos de neve, Brigada Woke, libtards e muito mais. As "guerras das mães" têm epítetos como "lactivistas", "Breastapo" e "mães que usam mamadeira defensivas (DFFs)". Pessoas sem filhos às vezes se referem às pessoas com filhos como "reprodutores" ou aos filhos como "descendentes". Depois, há os epítetos de propósito geral: idiotas, malucos, loucos, descompensados...

Se você usar epítetos como esses ao falar sobre um determinado problema, é um sinal de que você está vendo isso como uma luta entre pessoas, não ideias. Isso não significa necessariamente que sua posição sobre o assunto esteja errada ou que o outro lado esteja certo, mas significa que sua identidade provavelmente está influenciando seu julgamento.

8. Tendo que defender sua visão

Quanto mais você defende uma posição para outras pessoas, especialmente em público, mais ela se torna ligada ao seu ego e à sua reputação, e mais difícil é abandonar essa posição mais tarde.

Se você é conhecido no trabalho por ser um defensor do crescimento rápido em vez do lento, ou por ser pessimista em vez de otimista em um determinado projeto, ou por ser um defensor de políticas "baseadas em dados" em vez de julgamentos instintivos, essas posições podem parecer parte de sua identidade. A mesma coisa se você for aquele em seu grupo de amigos que é conhecido por ser um defensor do CrossFit, ou da medicina alternativa, ou da educação escolar em casa.

O problema é agravado se você tiver que defender sua opinião contra críticas injustas ou agressivas. Agora, mudar de ideia é como deixar o inimigo vencer. Uma mulher que costumava se identificar como não querer filhos decidiu tê-los, afinal, confessou que mudar de ideia tinha sido especialmente difícil: "Porque as pessoas ficavam dizendo 'Ah, você vai mudar de ideia!' e isso parecia muito invalidante. Então, realmente me irritou provar que eles estavam certos."[29]

O PROBLEMA COM a nossa tendência de transformar crenças em identidades não é que isso nos coloque uns contra os outros. Pelo menos, esse não é o problema que me preocupa aqui. (Dar-se bem uns com os outros também é importante — mas isso está fora do escopo deste livro.)

O problema com a identidade é que ela destrói sua capacidade de pensar com clareza. Identificar-se com uma crença faz com que você sinta que precisa estar pronto para defendê-la, o que o motiva a concentrar sua atenção na coleta de evidências a seu favor. A identidade faz com que você rejeite reflexivamente argumentos que parecem ataques a você ou ao status de seu grupo. Ela transforma questões empíricas como "Qual a dimensão dos benefícios da amamentação para a saúde?" em perguntas que têm peso emocional muito maior e que dificultam pensar claramente: "Sou uma boa mãe? Eu sou uma boa feminista? Meus amigos vão me julgar? 'Meu lado' foi justificado ou humilhado?"

E, quando uma crença faz parte da sua identidade, fica muito mais difícil mudar de ideia, mesmo quando os fatos mudam dramaticamente. Na década de 1980, começaram a se acumular evidências de que o HIV pode ser transmitido pelo leite materno. O Centro de Controle e Prevenção de Doenças (CDC) emitiu rapidamente uma recomendação de que as mães com HIV evitassem a amamentação. Mas os defensores da amamentação rejeitaram o aviso.[30] O leite materno era inerentemente bom, saudável e natural; *não* poderia ser perigoso. Além disso, eles suspeitavam dos motivos do CDC, com quem eles vinham batendo cabeça há anos. O CDC provavelmente estava sob o domínio do lobby pró-leite em pó, eles imaginaram.

Demorou até 1998, e o acúmulo de uma montanha de evidências adicionais, para que as principais organizações de amamentação aceitassem que o HIV pode ser transmitido pelo leite materno e informassem esse fato às novas mães em sua defesa da amamentação. Àquela altura, muitos bebês já haviam contraído a doença desnecessariamente. Permitir que crenças se transformem em identidades pode ser literalmente mortal.

Capítulo 14

Mantenha sua Identidade com Leveza

FIQUEI ALARMADA QUANDO comecei a perceber quanto poder nossas identidades têm sobre nosso pensamento. Isso foi há cerca de dez anos, na época em que um ensaio popular sobre esse tópico foi publicado, intitulado "Mantenha sua identidade pequena", do investidor em tecnologia Paul Graham. Nele, Graham apontou para o problema que descrevi no capítulo anterior e avisou: "Quanto mais rótulos você tem para si mesmo, mais burro eles o tornam."[1] Inspirada em parte pelo ensaio de Graham, resolvi evitar me identificar com qualquer ideologia, movimento ou grupo.

Esse plano rapidamente teve problemas.

Para começar, evitar rótulos provou ser estranho. Na época, eu seguia uma dieta mais ou menos vegana; quando alguém estava planejando um jantar e me perguntou sobre minhas restrições alimentares, era muito mais fácil e menos confuso apenas dizer "Eu sou vegana" do que dizer "Bem, eu não como ovos ou laticínios, ou carne..." Além disso, ter uma dieta restrita já era uma imposição suficiente para meus amigos e família. Quando outras pessoas se referiam a mim como "vegana", eu com certeza não iria pular e corrigi-los: "Na verdade, eu prefiro ser chamada de uma pessoa que faz uma dieta vegana." Mais seriamente, haviam causas que eu queria ajudar, grupos e movimentos que eu realmente acreditava estarem indo bem, como o altruísmo efetivo.* Se eu não estivesse disposta a me identificar publicamente com um movimento, seria difícil ajudar a espalhar suas ideias.

Acabei com algumas mudanças duradouras devido a minha incursão na ausência de identidade. Por exemplo, parei de me referir a mim mesma como democrata, embora esteja oficialmente registrada para votar como democrata. Mas acabei aceitando que há um limite para o quão longe você pode levar esse processo. O que você precisa fazer é impedir que essas identidades colonizem seus pensamentos e valores. Eu chamo isso de "manter sua identidade com leveza".

O QUE SIGNIFICA MANTER SUA IDENTIDADE COM LEVEZA

Manter uma identidade com leveza significa pensar nela de uma maneira prática, em vez de ser uma fonte central de orgulho e significado em sua vida.

É uma descrição, não uma bandeira a ser acenada com orgulho.

Por exemplo, um amigo meu chamado Ben costumava se identificar como feminista. Quando ele ouvia argumentos contra o feminismo, sentia como se sua tribo estivesse sob ataque; ele frequentemente ficava na

---

*Esse é o movimento que mencionei no Capítulo 12, que usa a razão e as evidências para encontrar as maneiras mais eficazes de fazer o bem.

defensiva e se sentia incapaz de resistir a argumentar para responder às críticas.

Então Ben decidiu manter sua identidade com mais leveza. Ele ainda costuma responder "sim" quando as pessoas perguntam se ele é feminista, porque esse rótulo ainda é uma descrição basicamente precisa de seus pontos de vista. Mas, internamente, ele agora se considera mais como uma "pessoa que concorda com a maioria das ideias que fazem parte do consenso feminista".

Isso pode soar como uma pequena distinção, mas na verdade há uma grande diferença. "É mais fácil abordar esses debates com base em seus méritos, então mudei de ideia sobre um pequeno número de questões", diz Ben. Ainda mais importante, esmagou o que ele chama de impulso do "Alguém está errado na internet!", que consiste no desejo de entrar em discussões improdutivas online sobre feminismo.

Alguém que mantém sua identidade política com leveza fica feliz quando seu partido vence uma eleição. Mas está feliz porque espera que ele faça um trabalho melhor liderando o país, não porque o outro lado sofreu uma derrota humilhante. Ele não fica tentado a zombar dos perdedores, da maneira como alguns democratas se gabavam dos "ataques de raiva da direita"[2] após a vitória de Obama em 2012 ou da maneira como alguns republicanos saboreavam as "lágrimas liberais" após a vitória de Donald Trump em 2016.

Manter uma identidade com leveza significa tratar essa identidade como contingente, dizendo a si mesmo: "Eu sou um liberal, enquanto continuar considerando que o liberalismo é justo." Ou: "Sou feminista, mas abandonaria o movimento se, por algum motivo, eu acreditasse que estava causando danos concretos." Significa manter um senso de suas próprias crenças e valores, independentemente das crenças e valores da tribo, e um reconhecimento — pelo menos na privacidade de sua própria cabeça — dos lugares onde essas duas coisas divergem.

"NÃO SOU UM REPUBLICANO 'EU TAMBÉM'"

Durante sua vida, Barry Goldwater foi chamado de "Sr. Republicano", um "Herói da direita", "o pai do conservadorismo norte-americano moderno" e "o herói do movimento conservador da América". Em certo sentido, o rótulo era preciso — Goldwater era um anticomunista fervoroso que acreditava no governo pequeno e nos direitos dos estados. Mas Goldwater manteve sua identidade republicana de maneira incomumente leve. No primeiro comício para sua campanha para o Senado, ele anunciou: "Eu não sou um republicano 'eu também'", alertando a seu público de que ele não se acomodaria se não concordasse com o partido.[3] Foi uma promessa de campanha que ele manteve por toda a carreira.

Na década de 1970, quando o presidente republicano Richard Nixon foi investigado por escutas telefônicas ilegais e outros crimes, Goldwater exortou-o publicamente a ser honesto. Quando a Casa Branca tentou retratar a investigação como um esforço partidário dos democratas para difamar o presidente, Goldwater defendeu a integridade do senador democrata que liderava a investigação ("Ainda não detectei nenhuma declaração partidária dele").[4] E, quando Nixon continuou a se calar enquanto as evidências contra ele aumentavam, foi Goldwater quem liderou uma delegação à Casa Branca para informar a Nixon que ele havia perdido o apoio da Câmara e do Senado e deveria contar com a condenação. Nixon renunciou no dia seguinte.[5]

Na década de 1980, quando o presidente republicano Ronald Reagan alegou que não sabia do caso Irã-Contras, Goldwater estava cético e disse isso. Um jornalista que cobriu a batida de Goldwater naquela época lembrou: "Isso era típico de Goldwater — deixar sua percepção da verdade prevalecer sobre o partidarismo ou a amizade."[6]

Embora Goldwater nunca tenha abandonado seus princípios conservadores fundamentais, suas opiniões sobre questões específicas mudavam ocasionalmente. Ele passou a ver os direitos gays como logicamente vinculados a seus próprios princípios: "Você não precisa concordar com isso, mas eles têm o direito constitucional de serem gays", disse

Goldwater.⁷ Isso não o tornou querido por seus colegas conservadores. Nem sua decisão de apoiar o aborto na década de 1980, quando votou a favor da decisão de escolha da Suprema Corte no caso Roe vs. Wade.

Em 1994, o presidente democrata Bill Clinton estava sendo investigado por investimentos suspeitos na *Whitewater Development Corporation*. Os republicanos o acusaram e à esposa, Hillary Clinton, de envolvimento em crimes graves, incluindo fraude. A essa altura, Goldwater tinha 85 anos, cabelos brancos e se apoiava em uma bengala. Ele não era grande fã do presidente. Certa vez, ele disse a um repórter que Clinton não sabia "porra nenhuma" sobre política externa e acrescentou: "A melhor coisa que Clinton poderia fazer — acho que escrevi uma carta para ele sobre isso, mas não estou certo — é calar a boca."⁸

No entanto, ele passou uma noite estudando os detalhes das acusações de Whitewater, querendo fazer uma avaliação justa. No dia seguinte, ele chamou repórteres à sua casa para compartilhar sua conclusão: os republicanos não tinham um caso contra Clinton. "Ainda não ouvi nada que diga que isso é um grande problema", anunciou ele.⁹ Outros republicanos não ficaram nada satisfeitos. Chamadas furiosas encheram a sede do Partido Republicano e programas de rádio, e um apresentador de talk show conservador resmungou: "Goldwater deve saber que não se cancelam as buscas quando seu partido está prestes a achar o culpado."¹⁰

A resposta de Goldwater às críticas foi caracteristicamente contundente. "Sabe de uma coisa?" ele disse. "Eu não dou a mínima."

VOCÊ CONSEGUIRIA PASSAR EM UM TESTE IDEOLÓGICO DE TURING?

Em 1950, o cientista da computação pioneiro Alan Turing propôs um teste que poderia ser usado para decidir se uma inteligência artificial é realmente consciente: poderia passar por humana? Se uma série de juízes conversasse tanto com uma inteligência artificial quanto com um ser humano real, eles seriam capazes de dizer com segurança quem era quem?

Isso agora é chamado de teste de Turing. O teste ideológico de Turing, sugerido pelo economista Bryan Caplan, baseia-se em uma lógica semelhante.[11] É uma maneira de determinar se você realmente entende uma ideologia: você pode explicá-la como um adepto faria, de forma convincente o suficiente para que outras pessoas não percebam a diferença entre você e um adepto genuíno?

Se você acha que Haskell é a melhor linguagem de programação, pode explicar por que há quem a odeie?

Se você é a favor do aborto legalizado, pode explicar por que alguém não seria?

Se você acha que está claro que a mudança climática é um problema sério, pode explicar por que alguém pode ser cético?

Em teoria, você consultaria os adeptos do outro lado para ver se passou no teste. Mas isso nem sempre é viável. É demorado e você pode não ser capaz de encontrar facilmente um público do outro lado em quem você confia para ouvir sua tentativa de boa-fé. Na maioria das vezes, trato o teste de Turing ideológico como uma espécie de "Estrela do Norte", um ideal para guiar meu pensamento: minha caracterização do outro lado pelo menos soa como algo que eles podem realmente dizer ou endossar?

Comparada com esse padrão, a maioria das tentativas é obviamente insuficiente.* Como exemplo, considere a tentativa de uma blogueira liberal de modelar a visão de mundo conservadora. Ela começa: "Se eu posso dizer alguma coisa nesta hora sombria, com o mundo se dividindo

---

* Isso inclui muitas tentativas dos próprios defensores do teste. Certa vez, vi alguém falar sobre como é importante ser capaz de passar em um teste ideológico de Turing e, em seguida, acrescentar: "É claro que as pessoas muitas vezes não querem fazer isso, porque têm medo de mudar de ideia." Isso soa como um motivo que alguém que não quisesse fazer o teste ideológico de Turing realmente daria? Não para mim.

em pedaços, é isto: conservadores, eu entendo vocês. Pode não ser algo que esperam ouvir de um liberal, mas eu sim. Eu entendo vocês."[12] Um começo sério, mas sua tentativa de sentir empatia pelos conservadores rapidamente se transforma em caricatura. Aqui está sua impressão sobre a abordagem conservadora em vários assuntos:

> *Sobre o capitalismo:* "Os que estão no topo devem ter o máximo possível. Essa é a ordem natural... Não é um segredo; apenas não seja preguiçoso. Por que todo mundo é tão pobre e preguiçoso?"
>
> *Sobre as feministas:* "Essas mulheres fazem barulho, fazem exigências, ocupam espaço... Quem elas pensam que são?"
>
> *Sobre o aborto:* "Que farsa... mulheres tomando esses tipos de decisões radicais por si mesmas."
>
> *Sobre homossexuais e pessoas transgêneros:* "Eles não deveriam existir. Eles são erros. Eles têm que ser. Mas espere, não. Deus não comete erros... Oh céus. Você não sabe mais o que está acontecendo e não gosta disso. Isso lhe deixa tonto. Fora de controle."

Raramente é necessário mostrar esse texto para um público de conservadores para prever que ele seria reprovado no teste ideológico de Turing. Sua visão "conservadora" do capitalismo soa como um vilão de desenho animado. A linguagem sobre as mulheres ocupando espaço e tomando decisões por si mesmas é como os liberais enquadram essas questões, não os conservadores. E sua impressão de um conservador de repente percebendo que seus pontos de vista sobre as pessoas transgênero e homossexuais são internamente inconsistentes ("Eles são erros... Mas espere, não. Deus não comete erros") apenas parece um tiro certeiro que ela não resistiu dar.

Ela não pode deixar de voltar à sua própria voz como uma liberal--que-odeia-conservadorismo, mesmo enquanto tenta falar como uma conservadora. O efeito geral é uma reminiscência daquela piada sobre o estudante que entregou ao professor um bilhete de sua "mãe": Caro professor, por favor, abone a falta de hoje de Billy porque ele está doente. Atenciosamente, minha mãe.

O teste ideológico de Turing é normalmente visto como um teste de seu conhecimento: até que ponto você entende as crenças do outro lado? Mas também serve como um teste emocional: você carrega sua identidade com leveza suficiente para evitar caricaturar seus oponentes ideológicos?

Até mesmo estar disposto a tentar o teste ideológico de Turing é significativo. Pessoas que mantêm sua identidade fortemente muitas vezes diante da ideia de tentar "entender" um ponto de vista que consideram repulsivamente errado ou prejudicial. Parece que você está ajudando e confortando o inimigo. Mas se você quiser ter uma chance de realmente mudar o ponto de vista das pessoas, em vez de apenas ficar enojado com o quão erradas elas estão, entender essas opiniões é essencial.

UMA IDENTIDADE MANTIDA FORTEMENTE IMPEDE VOCÊ DE PERSUADIR OUTROS

Em março de 2014, a atriz de televisão Kristin Cavallari anunciou que ela e seu marido haviam decidido não vacinar seu filho. Eles fizeram muitas pesquisas, leram muitos livros e sentiram que os riscos não valiam a pena. Em resposta, um jornalista zombou: "Oh, livros — você lê livros, você diz?" Ele então se dirigiu ao público: "Pela última vez, pare de ouvir estrelas de TV com cabeça de vento e comece a ouvir médicos. Vacine seus filhos ou você é um pai de merda. Ponto."[13]

Mas quem, exatamente, é seu público? Que pessoa hipotética será conquistada por ser desprezada e chamada de pai de merda, sem ao menos ouvir nenhuma razão convincente de que seus medos são infundados?

Outro jornalista reagiu ao anúncio de Cavallari escrevendo um guia educacional sobre vacinas.[14] Parece um passo promissor, à primeira vista — mas a linguagem do guia está impregnada com desprezo pelo ceticismo em relação à vacina ("jargão anticientífico") e condescendência para com seus leitores ("As vacinas são seguras. Sim, leia novamente.").

Ele também perde completamente o ponto. Para defender a segurança das vacinas, o jornalista cita o Departamento de Saúde e se refere a "testes científicos" que provaram que as vacinas são seguras. Mas um cético em relação às vacinas já sabe que as principais instituições médicas afirmam que as vacinas são seguras. O problema é que ele não confia nessas instituições. Citá-las como autoridades não fará nada além de confirmar a suspeita dele de que você não entendeu.

Resumindo: é difícil mudar a opinião de alguém quando você se sente moral e intelectualmente superior a essa pessoa. Como disse Megan McArdle de maneira memorável: "Levei anos escrevendo na internet para aprender o que é quase lei nos comentários: quanto melhor sua mensagem o faz sentir sobre si mesmo, menos provável é que você esteja convencendo outra pessoa."[15]

ENTENDER O OUTRO LADO TORNA POSSÍVEL MUDAR PONTOS DE VISTA

Adam Mongrain é um jornalista que antes não sentia nada além de desprezo pelos céticos sobre as vacinas. "Não que eu soubesse que eles estavam errados sobre as vacinas", disse ele. "Era mais do que isso. Eu me considerava intelectual e moralmente superior a essas pessoas... Eu dominei um rosto, uma espécie de olhar chocado e desaprovador que fazia sempre que alguém tocava no assunto do ceticismo à vacina."[16]

A atitude de Mongrain começou a mudar depois que ele se tornou amigo e mais tarde se casou com uma mãe solteira que se opunha veementemente à vacinação de seu filho. Ele não podia rejeitá-la como uma idiota. Antes mesmo de o assunto vacinas surgir, ele já a conhecia e a respeitava como uma pessoa inteligente e atenciosa. Em vez disso, Mongrain começou a tentar entender como uma pessoa inteligente e atenciosa poderia ser cética em relação à vacina. Conforme o relacionamento deles progredia, ele percebeu várias coisas.

Em primeiro lugar, não é loucura alguém ser cético em relação ao consenso de especialistas em vacinas. Existem precedentes trágicos para a cautela — tinta com chumbo, tabaco e sangria são coisas que o público já foi assegurado de que eram seguras. Portanto, quando os especialistas dizem com segurança: "Confie em nós, as vacinas são totalmente seguras", você realmente pode culpar alguém por ser cético? A esposa de Mongrain também tinha motivos pessoais para desconfiar dos médicos. Quando ela era adolescente, sofreu uma bad trip ao usar drogas e estava preocupada com os efeitos colaterais persistentes das drogas em seu cérebro. Quando foi ver um médico, ela saiu frustrada com a maneira como ele descartou suas preocupações sem ouvi-la.

Uma vez que você já está preparado para suspeitar das vacinas e da medicina tradicional, é fácil encontrar evidências que confirmam essas suspeitas. Há uma enorme indústria de medicina alternativa produzindo artigos sobre crianças que se tornam autistas após tomarem suas vacinas. Na verdade, a cunhada de Mongrain fazia parte dessa indústria. Ela se autodenominava uma "naturopata" que havia estudado extensivamente as vacinas e acreditava que eram tóxicas. Quando a esposa de Mongrain se sentia dividida sobre a vacinação, ela falava com a irmã e voltava com seu ceticismo sobre a vacina renovado.

Nenhum desses comportamentos é exclusivo dos céticos sobre as vacinas, percebeu Mongrain. Ler fontes que confirmam suas crenças, confiar nas pessoas de quem você é próximo — todo mundo faz isso. É apenas um fato lamentável que essa tendência universal às vezes produza resultados prejudiciais.

Assim que sentiu que poderia entender a posição antivacina, Mongrain procurou oportunidades de abordar o assunto com a esposa sem ser um idiota condescendente. Ele encontrou uma no verão de

2015. Foi quando ele soube que descobriram que uma vacina chamada Pandemrix desencadeava a narcolepsia em crianças — um fato que a comunidade médica e a grande mídia demoraram a reconhecer por medo de dar munição à comunidade anti-vacinação.

Os médicos não demoraram muito para endireitar seu rumo, felizmente, mas Mongrain sentiu que a história ainda era uma concessão legítima que ele poderia fazer às preocupações de sua esposa. "Uma história como a da Pandemrix me permitiu engajá-la de boa-fé, admitir que às vezes a medicina toma decisões ruins e que a mídia pode ser cúmplice", disse ele. "Falei com minha esposa para mostrar que me importo com suas preocupações, que não acho que elas estejam além do limite."[17]

Reconhecer as fraquezas do seu "lado" pode ajudar muito a mostrar a alguém do outro lado que você não é apenas um fanático repetindo dogmas e que vale a pena ouvi-lo. Depois de várias dessas conversas calmas, sem confronto e de boa-fé com Mongrain sobre vacinas, sua esposa decidiu por conta própria inscrever a filha para as vacinas ainda naquele ano.

MANTER SUA IDENTIDADE COM LEVEZA É COMPATÍVEL COM O ATIVISMO?

Vimos como uma identidade fortemente arraigada distorce sua capacidade de pensar. A sensação de absoluta clareza moral, de estar do lado do bem, lutando contra o mal — essas são as condições ideais para a mentalidade de soldado.

Mas e se essas também forem as condições ideais para o ativismo? Mudar o mundo requer paixão. Dedicação. Sacrifício. O soldado pode ter uma visão de mundo tendenciosa em preto e branco, mas pelo menos ele está cheio do tipo de paixão que move montanhas. Por outro lado, o explorador, embora seja um pensador admiravelmente justo, é desapaixonado e emaranhado demais em nuances para entrar em ação.

Ou é o que a sabedoria comum diz. Vamos ver como isso se sai em um exame minucioso.

Primeiro, observe que nem todas as maneiras de "agir" são iguais. Algumas ações são mais impactantes do que outras, e algumas são melhores para afirmar sua identidade (enchendo você com aquele brilho satisfatório de "lutar pelo lado justo"). Ocasionalmente, há uma ação que se sai bem em ambas as dimensões. Imagine um democrata apaixonado, trabalhando na campanha do candidato democrata que está concorrendo a um cargo em um estado indeciso. Seus dias e noites passados lutando pela vitória são tanto de afirmação de identidade quanto de impacto — em uma disputa acirrada por um assento importante, os esforços da equipe de campanha realmente podem fazer a diferença.

Normalmente, entretanto, os ativistas enfrentam trade-offs entre identidade e impacto — e quanto mais leve você mantém sua identidade, mais pode se concentrar exclusivamente nas ações de maior impacto. No Capítulo 10, descrevi como a *Humane League* mudou de sua abordagem original de protestos de confronto em nome de animais de laboratório para uma estratégia de negociação com grandes corporações para um tratamento mais humano dos animais de fazenda. Esse pivô aumentou seu impacto por um fator de milhões em termos do número de animais afetados — mas, por meio de uma lente de identidade, ser legal com uma "corporação do mal" não é tão atraente.

Muitas ações de afirmação da identidade, por sua vez, têm pouco impacto no mundo real. Pense em alguém colocando adesivos no carro ou gritando com estranhos na internet por terem opiniões erradas. Algumas ações de afirmação da identidade têm até impacto negativo — são contraproducentes para seus objetivos. Você provavelmente conhece ativistas que gastam a maior parte de sua energia lutando com outros ativistas com os quais já estão 95% de acordo sobre os 5% restantes de desacordo. Sigmund Freud chamou isso de "narcisismo das pequenas diferenças" — para fins de afirmação de sua identidade, a luta mais tentadora costuma ser aquela que ajuda a distingui-lo de seus vizinhos ideológicos.

MANTENHA SUA IDENTIDADE COM LEVEZA

(+) IDENTIDADE

Protestos ineficazes

Protestos eficazes

Atacar pessoas do seu lado por serem insuficientemente puras

Fazendo campanha por um político em um estado indeciso

Desabafando para pessoas que pensam como você

(-) IMPACTO ← - → **(+) IMPACTO**

Mudança política entediante e incremental

Mudar corações e mentes ao compreender o outro lado

Colaborar com grupos dos quais você discorda, quando útil

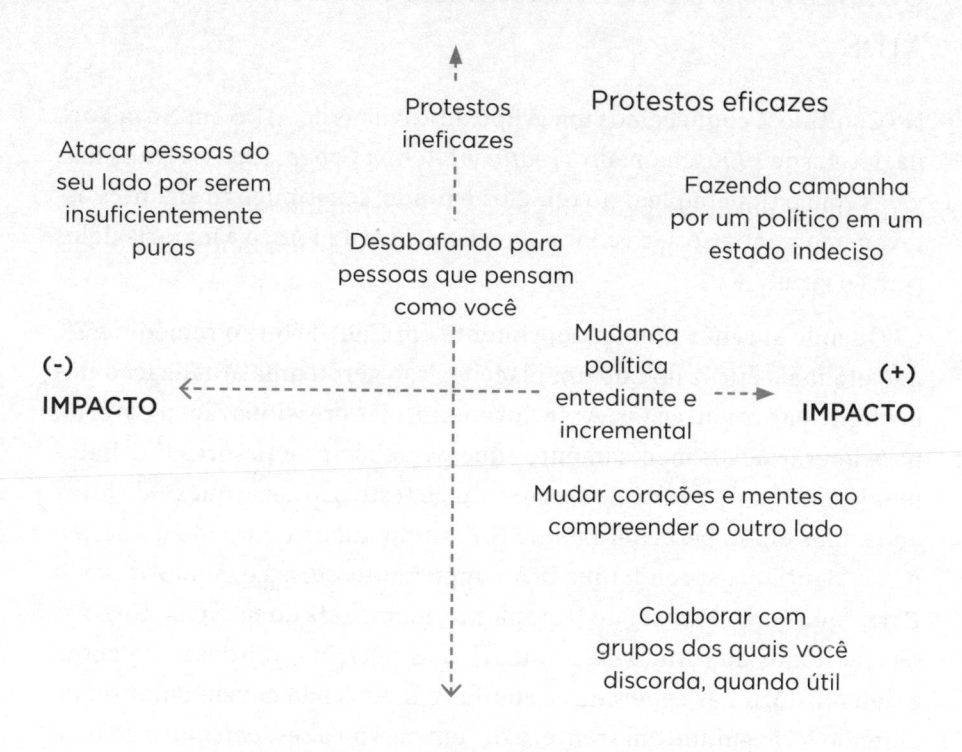

(-) IDENTIDADE

EXEMPLOS DE COMO VÁRIOS TIPOS DE ATIVISMO PONTUAM NAS DIMENSÕES DE "IDENTIDADE" E "IMPACTO"

Um ativista eficaz deve manter sua identidade leve o suficiente para ser capaz de fazer avaliações criteriosas das melhores maneiras de atingir seus objetivos e, ao mesmo tempo, ser capaz de trabalhar apaixonadamente por eles. Para um exemplo brilhante de como isso pode ocorrer, considere a história de um pequeno grupo de exploradores cujos esforços mudaram a maré da AIDS: os cientistas cidadãos.

OS CIENTISTAS CIDADÃOS E A CRISE DA AIDS

No Capítulo 7, conhecemos um grupo de ativistas da AIDS em Nova York na década de 1990, chamado *Treatment Action Group*. Eles viveram suas vidas com o tiquetaquear do relógio ao fundo; seus amigos e amantes estavam morrendo ao seu redor a uma taxa devastadora, e a maioria deles tinha o vírus.

Quando surgiu a notícia deprimente em 1993 de que o remédio AZT não era mais eficaz do que um placebo, isso gerou uma atualização importante para os ativistas. Anteriormente, eles pressionavam o governo para liberar novos medicamentos que pareciam promissores imediatamente, em vez de passar pelo processo de teste padrão, o que pode levar anos. Eles então perceberam que tinha sido um erro nascido do desespero. "Senti que aprendi uma lição importante", disse o membro David Barr, "que como ativista do tratamento, na medida do possível, é deixar os resultados do estudo determinarem as posições políticas que apoio e defendo. Minhas esperanças, sonhos e medos não devem guiar o que defendo."[18] Seguindo em frente, a ordem passou a ser: *entenda a ciência da forma correta*.

Nenhum deles era cientista. Barr era advogado; outros ativistas trabalharam em finanças, fotografia ou escreviam roteiros. Mas eles eram extremamente motivados a aprender. Eles começaram com os livros didáticos de Imunologia 101, reunindo-se todas as semanas para o que apelidaram de "clube de ciências", atribuindo tarefas uns aos outros e mantendo um glossário de todo o jargão com o qual não estavam familiarizados.

Eles também mergulharam nas políticas de pesquisa do governo, familiarizando-se com a forma como o financiamento era estruturado e como os testes de drogas eram conduzidos. A desorganização que descobriram os alarmou. "Foi como chegar ao Mágico de Oz", disse um ativista chamado Mark Harrington. "Você chegou ao centro de todo o sistema e só tem esse idiota atrás de uma cortina."[19]

Quanto mais aprendiam, mais percebiam que essa luta não poderia ser vencida com seu atual tipo de ativismo. Eles focavam protestos que atraíam a atenção, como bloquear o tráfego e se acorrentar às mesas de políticos. Uma noite, eles se esgueiraram até a casa do senador conservador Jesse Helms e, sob o manto da escuridão, envolveram sua casa com uma camisinha gigante.

Mas, para melhorar a maneira como os medicamentos estavam sendo desenvolvidos e testados, eles precisariam estar do lado de dentro, trabalhando com burocratas e cientistas do *National Institutes of Health* (NIH). Essa decisão não agradou a seus colegas ativistas, muitos dos quais ainda estavam furiosos com o governo por sua resposta lenta e, às vezes, apática à crise da AIDS. "Havia esse tipo de pseudo-analogia de que o NIH era como o Pentágono ou algo assim — que não deveríamos nos encontrar com eles e que eram maus ou malignos", lembrou Harrington.[20]

Para dizer a verdade, foi uma mudança agridoce para o *Treatment Action Group* também. Eles "cruzaram" a parte externa das estruturas de poder, e entraram — e, no processo, sacrificaram parte de sua pureza ideológica. "Eu sabia que nunca seríamos tão puros e fervorosos em nossa crença de que estávamos certos, porque iríamos realmente nos comprometer e, portanto, ser mais responsáveis por algumas das coisas que realmente aconteceram", disse Harrington.[21]

Essa disposição de renunciar à pureza ideológica valeu a pena. Os "cientistas cidadãos" tinham tanto conhecimento sobre as pesquisas de ponta da AIDS que não demorou muito para que os cientistas do NIH começassem a levar suas propostas a sério. Uma dessas propostas era para um novo tipo de estudo denominado "grande ensaio simples", que um dos ativistas, chamado Spencer Cox, havia descoberto enquanto ensinava a si mesmo o design dos estudos. Com um número suficientemente grande de pacientes, o estudo poderia dar-lhes respostas sobre a eficácia de um medicamento muito mais rapidamente — em apenas alguns meses, em vez de anos — sem sacrificar o rigor.

Como agora eram ouvidos pela *Food and Drug Administration*, eles conseguiram convencer o comissário da FDA a levar seu plano de design de estudo às empresas farmacêuticas, que por sua vez concordaram em usar uma versão modificada do design de Cox para testar o último lote de medicamentos para AIDS.

Os resultados foram anunciados em uma conferência médica em janeiro de 1996. Eles foram dramáticos. Um medicamento manteve a carga viral dos pacientes abaixo dos níveis detectáveis por até dois anos. Outro reduziu a mortalidade pela metade. Combinados, eles representaram uma suspensão da execução para os pacientes com AIDS.

Enquanto Spencer Cox estava sentado na plateia olhando para os resultados no slide, seus olhos se encheram de lágrimas. "Conseguimos", disse ele. "Nós vamos viver."[22] Nos dois anos seguintes, a mortalidade por AIDS nos Estados Unidos caiu 60%. A luta não havia acabado, nem de longe, mas a maré finalmente mudou.

A COOPERAÇÃO COM cientistas do governo foi o que acabou revertendo a disseminação da AIDS. Mas manter sua identidade levemente não significa sempre escolher a cooperação em vez da disrupção. Esses protestos iniciais e perturbadores desempenharam um papel crucial em conscientizar o público sobre a AIDS e pressionar o governo a investir mais recursos no seu combate. Para ser um ativista eficaz, você precisa ser capaz de perceber quando será mais impactante cooperar e quando será mais impactante perturbar, caso a caso.

Manter sua identidade com leveza é o que permite que você tome decisões tão bem quanto possível. Não é um favor que você faz para outras pessoas, para ser legal ou civilizado. Manter sua identidade com leveza é um favor para você mesmo — uma maneira de manter sua mente flexível, sem restrições de identidade e livre para seguir as evidências aonde quer que elas o levem.

Capítulo 15

Uma Identidade de Explorador

UMA NOITE EM 1970, Susan Blackmore se viu no teto olhando para seu próprio corpo.

Blackmore era uma caloura na Universidade de Oxford, estudando psicologia e fisiologia. Como muitos calouros na faculdade, ela começou a fazer experiências com drogas e achou que elas abriam a mente. Mas foi aquela viagem em particular, durante a qual Blackmore experimentou a consciência deixando seu corpo, flutuando até o teto, e então voando ao redor do mundo, que mudou sua vida.

Tinha que ser paranormal, Blackmore raciocinou, prova de que havia mais no universo e na consciência humana do que os cientistas tradicionais sabiam. Ela decidiu mudar seu foco acadêmico para a parapsicologia a fim de obter evidências científicas dos fenômenos paranormais que ela agora acreditava serem reais.[1]

Blackmore começou a cursar doutorado e passou anos realizando experimentos. Ela testou as pessoas quanto à telepatia, precognição e clarividência. Ela tentou realizar seus experimentos com outros alunos de pós-graduação; com pares de gêmeos; com crianças pequenas. Ela ensinou a si mesma a ler cartas de tarô. Mas quase todos os experimentos que fez não renderam nada além de resultados casuais.

Nas raras ocasiões em que seus experimentos produziram resultados significativos, ela ficou animada. Mas, então, "como um cientista deve", lembra Blackmore, "repeti o experimento, verifiquei se havia erros, refiz as estatísticas e variei as condições, e toda vez ou encontrei o erro ou obtive resultados aleatórios novamente". Por fim, ela teve que enfrentar a verdade: que ela poderia ter estado errada o tempo todo, e que talvez os fenômenos paranormais não fossem reais.

Era uma verdade difícil de enfrentar, especialmente porque naquele ponto toda a identidade de Blackmore estava construída em torno da crença no paranormal. Ela havia aprendido a ser bruxa e frequentado igrejas espíritas, usava roupas da Nova Era, jogava tarô, caçava fantasmas. Seus amigos não acreditaram que ela estava pensando em "mudar de lado" para se juntar aos céticos. Todas as forças do tribalismo a pressionavam para continuar acreditando.

"Mas no fundo", diz Blackmore, "eu era uma cientista e sempre fui. Esses resultados estavam claramente me dizendo algo. Eu estava errada!"

MUDANDO O SCRIPT SOBRE IDENTIDADE

A identidade de Blackmore como uma adepta de fenômenos paranormais dificultou a tarefa de mudar de ideia, mas ela acabou conseguindo de qualquer maneira. Isso porque, além de sua identidade como adepta paranormal, Blackmore tinha uma segunda identidade, que era forte o suficiente para se opor à primeira — a de uma buscadora da verdade. Ela se orgulhava de submeter suas conclusões a um exame minucioso, aos resultados de dupla verificação e, por fim, por acreditar em seus dados.

Esse é um tema comum entre pessoas que são boas em enfrentar verdades duras, mudar de ideia, aceitar críticas e ouvir pontos de vista opostos. A mentalidade do explorador não é uma tarefa que elas adotam de má vontade; é algo de profundo valor pessoal, algo de que se orgulham.

Ao longo dos dois últimos capítulos, vimos como sua identidade é um obstáculo para a mentalidade de exploradores, como pensar em si mesmo como "um feminista" ou "um otimista" pode moldar seu pensamento e comportamento de maneiras invisíveis, criando pressão para acreditar em certas coisas e defender certas posições independentemente de serem verdadeiras. Este capítulo é sobre uma maneira de fazer esse fenômeno trabalhar a nosso favor, em vez de contra nós, mudando o script e tornando a mentalidade de explorador parte de nossa identidade.

Podemos voltar agora a Joshua Harris, pastor e autor de *I Kissed Dating Goodbye*. Quando o deixamos pela última vez, Harris havia começado a considerar seriamente a possibilidade de seus críticos estarem certos. Talvez a mensagem pró-pureza de seu livro fosse muito extrema. Talvez tenha realmente sido prejudicial para o relacionamento e a autoestima de alguns de seus leitores, embora essa nunca tenha sido sua intenção. Ainda assim, ele achou difícil engolir a ideia de repudiar seu próprio livro. Como ele admitiu a um jornalista, "Parte do motivo pelo qual isso tem sido tão difícil para mim é que tenho muito da minha identidade amarrada a esses livros. É pelo que sou conhecido. É como, bem, droga, a maior coisa que eu fiz na minha vida é esse erro realmente enorme?".[2]

A identidade tornou difícil para Harris enfrentar a verdade, mas no final, a identidade também é o motivo pelo qual ele teve sucesso. Em 2015, Harris deixou o cargo de pastor e se matriculou em uma faculdade de teologia. Aos 40 anos, foi a primeira vez que ele frequentou uma escola tradicional em tempo integral — ele fora educado em casa quando criança e, depois que seu livro o tornou famoso aos 21, ele se tornou pastor sem antes ir para a faculdade. A mudança em seu papel provocou uma mudança correspondente na maneira como ele se via. Ele não era mais o "líder com as respostas". Ele era um "aluno com dúvidas" e descobriu que a nova identidade tornava mais fácil para ele entreter novas perspectivas, mesmo quando elas ultrapassavam os limites de sua zona de conforto.³

Em 2018, Harris concluiu seu exame de consciência e encontrou a resposta: ele decidiu interromper a publicação de *I Kissed Dating Goodbye*. Ele anunciou a decisão em seu site, explicando: "Não concordo mais com a ideia central de que o namoro deve ser evitado. Agora acho que namorar pode ser uma parte saudável de uma pessoa se desenvolvendo relacionalmente e aprendendo as qualidades que mais importam em um parceiro."⁴

IDENTIDADE FAZ AS COISAS DIFÍCEIS SEREM RECOMPENSADORAS

Imagine que você fez uma promessa a si mesmo de que todos os dias desta semana você vai se levantar quando o alarme tocar, em vez de ceder ao seu hábito de apertar o botão de soneca. Na segunda-feira de manhã, o alarme dispara às 5h30, mas você está exausto e extremamente tentado a renegar sua promessa. Compare as duas coisas a seguir que você poderia dizer para se motivar a sair da cama:

1. "Não devo quebrar promessas a mim mesmo."
2. "Eu sou o tipo de pessoa que cumpre suas promessas."

A primeira declaração enquadra a situação em termos de suas obrigações. As palavras *não devo* sugerem um pai figurativo ou outra figura de autoridade apontando o dedo para você. Se você sai da cama, é de má vontade, como se estivesse se forçando a fazer algo. Em contraste, a segunda declaração enquadra a situação em termos de sua identidade.

Sair da cama agora é uma afirmação de seus valores, prova de que você está vivendo de acordo com o tipo de pessoa que deseja ser.

O mesmo se aplica à mentalidade de explorador. Se você se orgulha de ser um explorador, fica mais fácil resistir à tentação de zombar de alguém que discorda de você, porque você pode se lembrar: "Não sou o tipo de pessoa que dá golpes baixos" e ficar orgulhoso. Torna-se mais fácil reconhecer quando você comete um erro, porque pode dizer a si mesmo: "Eu não dou desculpas para mim mesmo" e sentir uma onda de satisfação. E, às vezes, esses golpes de orgulho ou satisfação são suficientes para tornar o caminho do explorador mais tentador do que o caminho do soldado.

Por que Jerry Taylor, o ex-cético da mudança climática, estava disposto a ouvir os melhores argumentos contra sua posição e duvidar de seus fatos quando informado de que eles estavam errados? Identidade. Ele se orgulhava de não ser um hack:

> A maioria das pessoas que faz o que eu faço não está empenhada em lutar com os argumentos e os defensores mais fortes do outro lado. Seu objetivo é ser o melhor porta-voz de sua causa dentro do coro. E eu queria fazer algo além disso. E, então, porque eu tinha aspirações maiores para mim mesmo, isso exigia que eu lutasse com os melhores argumentos do outro lado.[5]

Você deve se lembrar de como, depois daquela conversa importante em seu escritório com o ativista climático, Taylor se virou para seu colega e disse: "Nossa posição foi destroçada." Mas sua reação emocional não foi de desespero ou amargura. Em vez disso, foi assim que Taylor descreveu aquele momento: "Revigorante."

Pense em como você se sente no dia seguinte a um treino especialmente extenuante. Seus músculos estão doloridos. Mas a dor, embora desconfortável, também não é satisfatória? É um lembrete de que você fez algo difícil que vai valer a pena no longo prazo. Se você tem uma identidade de explorador, é assim que se sente quando percebe que tem que mudar de ideia. Não é que seja fácil; ainda dói um pouco perceber que você cometeu um erro ou que a pessoa com quem você está discutindo realmente tem razão. Mas essa leve dor é um lembrete de que você está vivendo de acordo com seus padrões, que está se tornando mais forte. E assim a sensação se torna prazerosa, da mesma forma que músculos doloridos podem ser prazerosos para alguém que está progredindo para ficar em forma.

No Capítulo 3, vimos como nossos cérebros têm uma tendência embutida para recompensas de curto prazo, e que isso nos faz buscar reflexivamente a mentalidade de soldado com mais frequência do que deveríamos. As identidades são um curativo para esse bug. Elas mudam o panorama dos incentivos emocionais, permitindo que nos sintamos recompensados no curto prazo por escolhas que tecnicamente só compensam no longo prazo.

SUAS COMUNIDADES FORMAM SUA IDENTIDADE

Bethany Brookshire sempre se preocupou em fazer as coisas direito. Mas, ao longo de sua vida, sua capacidade de reconhecer seus erros — ou mesmo de notá-los — flutuou dependendo da comunidade em que ela estava inserida.

Quando estava no colégio, Brookshire era membro do clube de teatro, onde a imperfeição era considerada uma parte normal e esperada do processo de aprendizagem. Nesse ambiente, ela achava relativamente fácil notar e falar sobre as falhas em suas próprias performances.

Quando ela começou a trabalhar em seu doutorado, as coisas mudaram. Nesse ambiente, seus colegas atacariam qualquer admissão de erro. Brookshire percebeu sua mente tentando "esconder" coisas que havia errado e teve que lutar para superar o impulso.

Quando ela deixou o meio acadêmico dez anos depois para se tornar jornalista, as coisas mudaram novamente. A editora de Brookshire ficou genuinamente grata quando ela apontou seus próprios erros, assim como a grande maioria de seus leitores online. Perceber erros ficou mais fácil mais uma vez. Quando ela seguiu sua afirmação sobre preconceito de gênero em e-mails com uma correção, a reação que obteve foi laudatória. "Atualização surpreendente e incrível", disse uma pessoa. "Inspirador." "Precisamos de mais disso."

Eu me concentrei quase exclusivamente no que você, como indivíduo, pode fazer para mudar seu pensamento, mantendo o mundo ao seu redor constante, porque queria que este livro fosse útil para você imediatamente. Mas, a médio e longo prazo, uma das melhores coisas que você pode fazer para mudar seu modo de pensar é mudar as pessoas que mantém ao seu redor. Nós, humanos, somos criaturas sociais e nossas identidades são moldadas por nossos círculos sociais, quase sem que percebamos.

Suponha que você disse a seus amigos ou colegas de trabalho que não tinha certeza se concordava 100% com alguma visão política que todos compartilham. Você esperaria que eles ficassem curiosos sobre seu raciocínio ou se tornassem hostis em relação a você? Suponha que esteja tendo um desentendimento com alguém de seu grupo social. Você se sente à vontade para considerar o ponto dele antes de responder ou espera que qualquer hesitação de sua parte seja recebida com um sorriso triunfante dele?

Você pode se esforçar para pensar honestamente, independentemente da comunidade em que está inserido. Mas seus amigos, colegas de trabalho e público podem fornecer um vento contrário ou um vento a favor para seus esforços.

Esse vento favorável é uma das razões pelas quais me juntei ao movimento altruísta efetivo. As principais organizações altruístas eficazes mantêm páginas públicas com o título "Nossos erros". Indivíduos proeminentes no movimento publicam postagens em blogs com títulos como "Três questões-chave sobre as quais mudei de ideia".[6] Algumas das censuras mais duras que vi de altruístas eficazes foram dirigidas a outras pessoas no movimento, por exagerar ou promover o altruísmo eficaz para o público de uma forma intelectualmente desonesta.

E, na maioria das vezes, eles acolhem boas críticas. Em 2013, um amigo meu chamado Ben Kuhn publicou uma postagem no blog intitulada "Uma crítica do altruísmo eficaz".[7] Isso desencadeou uma ampla discussão em que os comentários mais votados eram todos de outros altruístas eficazes, dizendo alguma versão do seguinte: "Bom trabalho, mas parece que você pegou leve demais com a gente. Aqui estão algumas críticas mais fortes que eu faria..."

No início daquele ano, Ben se candidatou a um estágio na *GiveWell*, uma das organizações altruístas eficazes mais proeminentes, mas foi recusado. Depois de ler a crítica de Ben, *GiveWell* voltou a entrar em contato com ele e ofereceu-lhe o cargo.

Como qualquer comunidade, o altruísmo eficaz não é perfeito, e eu poderia adicionar minhas próprias críticas às de Ben. Mas, no geral, minha experiência mostra que ele faz um esforço sincero para recompensar as pessoas por tornar a comunidade mais precisa, não seguir os demais ou torcer cegamente por nosso "time". Em outros grupos sociais dos quais fiz parte, sempre houve uma ameaça implícita no fundo da minha mente, desviando meus pensamentos de certas conclusões: *você não pode acreditar nisso ou as pessoas vão odiá-la*. É libertador saber que, entre altruístas eficazes, discordar do consenso não me custará nenhum ponto social, contanto que eu esteja fazendo um esforço de boa-fé para descobrir as coisas.

VOCÊ PODE ESCOLHER QUE TIPO DE PESSOAS ATRAI

A mídia chamou Vitalik Buterin de "profeta", "mentor", "gênio" e "a maior celebridade do movimento blockchain". Sua estrela ascendeu em 2013, quando Buterin, aos 19 anos, fundou o blockchain Ethereum e sua criptomoeda correspondente, Ether, uma das criptomoedas mais conhecidas depois do Bitcoin. A importância de Buterin no mundo da criptomoeda é tão grande que, em 2017, um boato falso de que ele havia morrido em um acidente de carro fez com que o preço do Ether despencasse, eliminando bilhões de dólares de seu valor em poucas horas.

Dada sua reputação, era de se esperar que Buterin falasse com a certeza absoluta de um guru, ou mesmo de um líder de seita. No entanto, é um tipo estranho de líder de culto à criptomoeda que diz, como Buterin disse: "Eu nunca tive 100% de confiança na criptomoeda como setor. Veja minhas muitas postagens e vídeos no blog, sou consistente em minha incerteza."[8]

Na verdade, ele é. No auge da criptomania em dezembro de 2017, quando a capitalização total de mercado das criptomoedas atingiu meio trilhão de dólares e outras criptomoedas estavam nascendo, Buterin tuitou com ceticismo: "Mas será que nós *merecemos*?" e listou os motivos pelos quais todo o campo foi supervalorizado. Ele alertou às pessoas repetidamente de que a criptomoeda é um campo altamente volátil que pode cair para quase zero a qualquer momento, e que eles não devem investir nenhum dinheiro que não estejam preparados para perder. Na verdade, ele sacou 25% de suas próprias participações na Ether bem antes do pico. Quando alguns críticos o acusaram de falta de confiança em sua própria moeda, ele deu de ombros, dizendo: "Caramba, não vou me desculpar por um planejamento financeiro sólido."[9] Buterin é igualmente franco sobre os melhores argumentos a favor e contra suas decisões estratégicas e os pontos fortes e fracos do Ethereum. Em uma conversa online sobre as falhas do Ethereum, ele entrou sem ser convidado e disse: "Na minha opinião, as críticas mais válidas ao Ethereum como está atualmente são..." e listou sete problemas.[10]

Essa honestidade às vezes cria dores de cabeça para ele. Os críticos o parafraseiam sem piedade ("Buterin admite que não acredita em Ethereum!"). Ou o repreendem por não manter uma atitude positiva.

Então, por que ele continua fazendo isso? Porque, embora o estilo de Buterin não agrade a todos, as pessoas a quem atrai tendem a ser especialmente atenciosas, inteligentes e exploradoras — e esse é o tipo de pessoa que ele deseja atrair para a Ethereum. "Parte disso é uma preferência de gosto intrínseca: eu honestamente prefiro manter os mil seguidores do meu Twitter que mais respeito do que todos os outros", ele me disse, "e parte disso é porque eu realmente acho que ter essa cultura aumenta as chances de sucesso da Ethereum".

Esteja você iniciando uma empresa, aumentando o público para sua escrita ou fazendo networking com clientes em potencial, você constrói um nicho para si mesmo com base em como fala e age. Se você se esforça para ser um explorador, é verdade que não agradará a todos. No entanto, como seus pais podem ter dito a você enquanto crescia, isso é impossível de qualquer maneira. Portanto, você também pode ter como objetivo agradar o tipo de pessoa que mais gostaria de ter ao seu redor, pessoas que respeita e que o motivam a ser uma versão melhor de si mesmo.

VOCÊ PODE ESCOLHER SUAS COMUNIDADES ONLINE

Apesar de todas as pessoas reclamarem sobre o quão tóxico o Twitter, o Facebook e o resto da internet podem ser, elas não parecem se esforçar muito para criar uma experiência online melhor para si mesmas. Claro, há muitos trolls, especialistas excessivamente confiantes, apresentadores de talk shows pouco piedosos e influenciadores intelectualmente desonestos. Mas você não precisa dar atenção a eles. Você pode escolher ler, seguir e se envolver com as exceções à regra.

Visitamos uma dessas exceções no Capítulo 12 — r/FeMRADebates, o lar de discussões produtivos entre feministas e ativistas dos direitos dos homens. Outro exemplo é a *ChangeAView.com*, uma comunidade online fundada por um estudante finlandês do ensino médio chamado Kal Turnbull que cresceu para mais de meio milhão de membros.

No *ChangeAView*, as pessoas iniciam as discussões compartilhando uma visão sobre a qual estão abertas a mudar de ideia. Por exemplo, uma postagem pode começar, "Mude minha visão: realisticamente, não há nada que possa ser feito para prevenir as mudanças climáticas" ou

"Mude minha visão: todas as drogas devem ser legais". Outros comentaristas respondem com argumentos contra a opinião, e o autor da postagem original premia com um "delta" qualquer um que os faça mudar de ideia de alguma forma.* Isso geralmente não significa uma reversão de 180 graus, mas uma pequena atualização — uma exceção à sua visão ou um contra-argumento interessante que eles não tinham ouvido antes e ainda não têm certeza se acreditam.

As pessoas querem ganhar deltas. Eles são a moeda de status no *ChangeAView*, com a contagem delta cumulativa de cada membro exibida ao lado de seu nome. Com o tempo, as pessoas desenvolvem estilos de comunicação que geram deltas de maneira mais confiável, como fazer perguntas esclarecedoras e tentar não insultar abertamente as pessoas cujas mentes desejam mudar.

Em parte por causa das regras explícitas da comunidade, e em parte apenas por causa do tipo de pessoa que se sente atraída por essa comunidade, o tom das discussões no *ChangeAView* é muito diferente daquele na maior parte da internet. Não foi difícil encontrar exemplos de comentários como os seguintes, qualquer um dos quais seria atípico em outro lugar:

- "Esta é uma resposta muito interessante que me leva a uma direção totalmente inesperada. Obrigada."[11]
- "Isso é algo que eu não tinha considerado. Acho que você merece um delta."[12]
- "Não tenho contraponto. Acho que este é provavelmente o argumento mais persuasivo que já vi aqui até agora, mas não tenho certeza se mudou minha visão ainda. Acho que ainda estou processando."[13]

As pessoas que você lê, segue e com que conversa online ajudam a moldar sua identidade, assim como fazem as pessoas em suas comunidades da "vida real". Passar seu tempo com pessoas que o deixam

---

* Delta é uma letra grega que os matemáticos usam para indicar uma mudança incremental.

com raiva, na defensiva e com desprezo pode reforçar a mentalidade de soldado. Entretanto, passar seu tempo em lugares como *ChangeAView* ou r/FeMRADebates pode reforçar a mentalidade de explorador. Você pode até criar uma "comunidade" vagamente unida para si mesmo fazendo conexões com pessoas que você vê como um bom exemplo de mentalidade de explorador online — blogueiros, autores ou apenas pessoas aleatórias nas redes sociais.

Você nunca sabe o que pode acontecer se fizer isso.

Uma semana em 2010, eu estava acompanhando um acalorado debate online sobre se uma determinada postagem do blog era sexista. O blogueiro, um homem de vinte e poucos anos chamado Luke, interveio para dizer que havia considerado os argumentos de seus críticos com cuidado, mas não achava que havia algo errado com sua postagem. Ainda assim disse que estava aberto a mudar de ideia. Ele até publicou uma lista intitulada "Por que é plausível que eu esteja errado", na qual resumiu e vinculou alguns dos melhores argumentos contra ele até agora, enquanto explicava por que não foi totalmente persuadido por eles.

Poucos dias depois — altura em que o debate abrangeu mais de 1.500 comentários em vários blogs — Luke postou novamente. Ele queria que todos soubessem que havia encontrado um argumento que o convenceu de que sua postagem original era prejudicial.

Ele certamente já havia alienado muitos leitores que acreditavam que sua postagem original era moralmente errada, Luke reconheceu. "E agora, ao discordar daqueles que vieram em minha defesa e disseram que não havia nada de errado com minha postagem, provavelmente irei alienar ainda mais leitores", disse ele. "Bem, isso é muito ruim, porque eu *realmente* acho que era moralmente errado."[14]

"Uau", pensei. Eu admirei tanto o fato de que Luke não mudou de ideia diante da forte pressão, quanto o fato de que ele *mudou* de ideia em resposta a argumentos fortes. Decidi enviar uma mensagem a ele e compartilhar minha gratidão: "Ei, aqui é Julia Galef — só queria dizer o quanto aprecio sua escrita atenciosa! Parece que você realmente se importa com o que é verdade."

"Oi, obrigado — eu sinto o mesmo sobre as coisas que você escreve", respondeu Luke.

Dez anos depois dessa troca, estamos noivos para nos casar.

VOCÊ PODE ESCOLHER SEUS MODELOS

Quando há uma virtude pela qual você aspira, geralmente você pode citar pelo menos um modelo que incorpore essa virtude e o motive a incorporá-la. Uma ambiciosa empreendedora pode se lembrar de outros empreendedores que trabalharam 18 horas por dia, comendo miojo e abrindo uma loja em sua garagem e, quando ela está se sentindo desmoralizada, eles vêm à mente e a inspiram a continuar trabalhando. Um pai que se esforça para ser paciente com seus filhos tem em mente o exemplo de seus próprios pais, avós, professores ou outros adultos que mostraram admirável paciência para com eles quando eram jovens.

O mesmo se aplica à mentalidade de explorador. Quando você fala com pessoas que são excepcionalmente boas na mentalidade de explorador, muitas vezes elas dão o crédito a um modelo, uma pessoa em que se inspiram. Na verdade, isso era parte do meu objetivo ao escolher histórias para incluir neste livro: tenho tentado transmitir não apenas por que a mentalidade de explorador é útil, mas por que as pessoas a acham emocionante, significativa e inspiradora

Pessoas diferentes são inspiradas por coisas diferentes, e você vai querer se concentrar em pessoas que incorporam um dos aspectos da mentalidade de explorador que é particularmente atraente para você. Talvez seja a capacidade de manter sua identidade levemente e focar o impacto, como os cientistas cidadãos durante a crise da AIDS. Aprendi a história deles com David Coman-Hidy, chefe da *Humane League*, que a compartilha com sua equipe como um modelo de ativismo. "Para mim, essa é a maior história inspiradora", disse-me Coman-Hidy. "Esse é o espírito com que acho que os ativistas deveriam trabalhar — que teremos obstáculos, estaremos errados sobre as coisas, sofreremos derrotas... Mas só precisamos manter constantemente uma avaliação sóbria do que pode fazer a maior diferença."

Talvez o que inspire você seja a confiança de se sentir confortável com a incerteza. Julian Sanchez é escritor e membro sênior do Cato Institute em Washington, DC. Quando estava na faculdade, ele conduziu o que acabou sendo a entrevista final com o aclamado filósofo político Robert Nozick antes de sua morte em 2002. A conversa causou uma profunda impressão em Sanchez.

A maioria dos filósofos que Sanchez havia lido defendia seus pontos de vista de maneira agressiva. O objetivo deles era forçar você a aceitar a conclusão levantando e dizimando completamente todas as objeções potenciais a ela. A abordagem de Nozick era diferente: "Ele levava você com ele enquanto resolvia um problema", lembrou Sanchez, "não fazendo nenhum esforço para esconder pontos de dúvida ou confusão, muitas vezes fugindo por tangentes intrigantes ou levantando problemas apenas para admitir que não podia resolvê-los totalmente".[15] Era como se Nozick dissesse: *eu não preciso parecer certo — porque, se não tenho certeza da resposta, ninguém pode ter.*

Essa atitude segura em relação à incerteza é o que Sanchez agora tem em mente como um modelo para seus próprios escritos sobre tecnologia, privacidade e política. "Nozick alimenta minha sensibilidade estética — que é a sensação de que é um sinal de confiança, intelectualmente, não precisar ter certeza de tudo", ele me disse.

Talvez o que você ache mais inspirador seja a ideia de ter a coragem de encarar a realidade de frente. No Capítulo 7, contei a história de Steven Callahan, cuja serenidade durante suas semanas como um náufrago o ajudou a planejar para o pior e fazer as melhores escolhas que podia quando todas as suas opções eram sombrias. Uma coisa que ajudou Callahan a alcançar essa equanimidade foi um modelo: outro sobrevivente de naufrágio chamado Dougal Robertson, que conseguiu manter a si mesmo e a sua família vivos no mar por mais de cinco semanas depois que seu navio naufragou em 1972.

A autobiografia de Robertson, *Sea Survival* [Sobrevivência no Mar, em tradução livre], foi um dos poucos bens que Callahan fez questão de resgatar de seu barco quando ele afundou. Ele não pagou muito pelo livro. Mas nas semanas que passou no bote salva-vidas, *Sea Survival* valia "o resgate de um rei" para Callahan, não apenas por suas dicas práticas de sobrevivência, mas por sua orientação emocional.[16] Robertson enfatizou como era importante aceitar a realidade de sua nova vida como náufrago, em vez de se agarrar à esperança de ser resgatado. Cada vez que um navio passava pela jangada de Callahan, dolorosamente perto, mas ainda muito longe para localizá-lo, Callahan se lembrava da máxima de Robertson: *o resgate virá como uma interrupção bem-vinda de sua viagem de sobrevivência.*

Pessoalmente, acho todas essas facetas da mentalidade de explorador inspiradoras — a disposição de priorizar o impacto sobre a identidade; a confiança para não ter confiança; a coragem de enfrentar a realidade. Mas, se eu fosse nomear uma única faceta que considero mais inspiradora, é a ideia de ser *intelectualmente honrado*: querer que a verdade vença e colocar esse princípio acima do seu próprio ego.

O exemplo de honra intelectual em que me pego pensando com mais frequência é uma história contada por Richard Dawkins, de seus anos como estudante no departamento de zoologia de Oxford.[17] Na época, havia uma grande controvérsia na biologia sobre uma estrutura celular chamada aparelho de Golgi — era real ou uma ilusão criada por nossos métodos de observação?

Um dia, um jovem acadêmico visitante dos Estados Unidos foi ao departamento e deu uma palestra na qual apresentou novas e convincentes evidências de que o aparelho de Golgi era, de fato, real. Sentado na audiência dessa palestra estava um dos zoólogos mais respeitados de Oxford, um professor idoso que era conhecido por sua posição de que o aparelho de Golgi era ilusório. Então, é claro, durante a palestra, todos estavam olhando furtivamente para o professor, se perguntando: *como ele está reagindo a isso? O que ele vai dizer?*

No fim da palestra, o idoso professor de Oxford levantou-se de sua cadeira, caminhou até a frente da sala de aula e estendeu a mão para apertar a mão do professor visitante, dizendo: "Meu caro amigo, desejo agradecer-lhe. Eu estive errado nesses 15 anos." A sala de aula explodiu em aplausos.

Dawkins diz: "A memória desse incidente ainda cria um nó na garganta." Também sinto um nó na garganta toda vez que reconto essa história. Esse é o tipo de pessoa que quero ser — e isso muitas vezes é o suficiente para me inspirar a escolher a mentalidade de explorador, mesmo quando as tentações da mentalidade de soldado são fortes.

CONCLUSÃO

QUANDO AS PESSOAS OUVEM que escrevi um livro sobre como parar de enganar a si mesmo e ver o mundo de forma realista, elas presumem que minha visão de mundo deve ser rígida. *Desista de seus sonhos felizes e enfrente a dura realidade!* Mas, na verdade, este é um livro excepcionalmente otimista. Não "otimista" no sentido injustificado, no qual você deve acreditar que as coisas são maravilhosas, não importa o que aconteça, mas otimista no sentido justificado: acho que um olhar honesto em nossa situação mostra que temos motivos para nos alegrar.

A maioria das pessoas acha que você deve escolher entre ser feliz e ser realista. E então elas dão de ombros, levantam as mãos e dizem: "Ah, bem, pior para o realismo", ou às vezes: "Ah, bem, pior para a felicidade."

Um tema central deste livro é que *não* precisamos escolher. Com um pouco de esforço e inteligência extras, podemos ter os dois. Podemos encontrar maneiras de lidar com o medo e a insegurança. Podemos assumir riscos ousados e perseverar em face a contratempos. Podemos influenciar, persuadir e inspirar. Podemos lutar com eficácia pela mudança social. E podemos fazer tudo isso entendendo e trabalhando com o que é real, sem fechar os olhos para isso.

Parte de "entender e trabalhar com o que é real" é aceitar o fato de que a mentalidade de soldado faz parte de sua estrutura. Isso não significa que você não pode mudar sua maneira de pensar, é claro. Mas significa que você deve ter como objetivo dar passos graduais na direção do soldado para o explorador, em vez de esperar ser 100% explorador do dia para a noite.

Antes de fechar este livro, considere fazer um plano para como essas etapas incrementais em direção à mentalidade de explorador podem funcionar para você. Eu recomendo escolher um pequeno número de hábitos de explorador para começar, não mais do que dois ou três. Aqui está uma lista de ideias para escolher:

Na próxima vez que você estiver tomando uma decisão, pergunte-se que tipo de preconceito poderia estar afetando seu julgamento nessa situação e, em seguida, faça o experimento de pensamento relevante (por exemplo, teste externo, teste de conformidade, teste de tendência ao status quo).

1. Quando você perceber que está fazendo uma afirmação com certeza ("É impossível..."), pergunte a si mesmo se você realmente tem certeza.
2. A próxima vez que uma preocupação surgir em sua cabeça e você ficar tentado a racionalizá-la, faça um plano concreto de como você lidaria com ela se ela se tornasse realidade.
3. Encontre um autor, meio de comunicação ou outra fonte de opinião que tenha pontos de vista diferentes dos seus, mas que tenha uma chance melhor do que a média de mudar sua mente — alguém que você considere razoável ou com quem compartilhe alguns pontos em comum.
4. Da próxima vez que você notar que alguém está sendo "irracional", "louco" ou "rude", fique curioso para saber por que seu comportamento pode fazer sentido para ele.
5. Procure oportunidades para se atualizar pelo menos um pouco. Você consegue encontrar uma ressalva ou exceção a uma de suas crenças, ou um pouco de evidência empírica que deve torná-lo um pouco menos confiante em sua posição?

6. Pense em um desentendimento que você teve com alguém no passado e sobre o qual sua perspectiva mudou e entre em contato com essa pessoa para que ela saiba como você se atualizou.
7. Escolha uma crença que você mantenha fortemente e faça um teste ideológico de Turing do outro lado. (Seria um bônus se você conseguir encontrar alguém do outro lado para julgar sua tentativa.)

Quaisquer que sejam os outros hábitos que você escolher para se concentrar, aqui está mais um que deve estar em sua lista: fique de olho em exemplos de raciocínio motivado em você mesmo — *e, quando você encontrar um, fique orgulhoso de si mesmo por notar*. Lembre-se de que o raciocínio motivado é universal; se você nunca percebe, provavelmente não é porque você está imune. Tornar-se mais consciente do raciocínio motivado é um passo essencial no caminho para reduzi-lo, e você deve se sentir bem ao dar esse passo.

Também acho que a defesa do otimismo justificado se estende à humanidade como um todo. Saber o quão profundamente a mentalidade de soldado está gravada no cérebro humano — e como é difícil perceber em nós mesmos, quanto mais superar, mesmo se formos inteligentes e bem-intencionados — tornar-me ciente desses fatos me fez perdoar com mais facilidade a irracionalidade de outras pessoas. (Além disso, tendo notado inúmeros exemplos de meu próprio raciocínio motivado até agora, não sinto que estou em posição de julgar!)

No fim do dia, somos um bando de primatas cujos cérebros foram otimizados para defender a nós mesmos e nossas tribos, não para fazer avaliações imparciais de evidências científicas. Então, por que ficar com raiva da humanidade por não ser uniformemente excelente em algo que não evoluímos para ser excelentes? Não faria mais sentido apreciar as maneiras como transcendemos nosso legado genético?

E são muitos. Jerry Taylor poderia facilmente ter continuado a defender o ceticismo climático, mas se importou o suficiente com a verdade para investigar as evidências contra seu lado e mudar de ideia. Josh Harris poderia facilmente ter continuado promovendo *I Kissed Dating Goodbye*, mas ele escolheu ouvir seus críticos, refletir sobre suas histórias e parar de publicar o livro. Bethany Brookshire não precisava verificar seus próprios fatos sobre preconceito de gênero e corrigir o registro, mas o fez de qualquer maneira.

Você pode se concentrar na capacidade da humanidade para distorções egoístas da realidade e se sentir amargo. Ou você pode se concentrar no outro lado da moeda, os Picquarts do mundo que estão dispostos a passar anos de suas vidas garantindo que a verdade vença e se sentir inspirado a seguir seu exemplo.

Não somos uma espécie perfeita. Mas devemos nos orgulhar de quão longe chegamos, e não ficar frustrados por ter ficado aquém de algum padrão ideal. E, ao escolhermos nos tornar um pouco menos como soldados e um pouco mais como exploradores, podemos ser ainda melhores.

Agradecimentos

Estou profundamente grata às boas pessoas da Portfolio que me ajudaram a elaborar este livro e mostraram notável paciência comigo enquanto eu escrevia e reescrevia de novo e de novo. Kaushik Viswanath, sua opinião sempre foi atenciosa e incisiva. Nina Rodríguez-Marty, você tem as melhores conversas estimulantes. Stephanie Frerich, muito obrigada por se arriscar comigo em primeiro lugar. E não consigo imaginar um agente melhor do que William Callahan do Inkwell, que guiou esta autora de primeira viagem através do processo com suporte infinito, flexibilidade, conselhos inteligentes e energia positiva.

Eu me beneficiei muito de poder passar tanto tempo com altruístas eficazes, uma comunidade que é rica em mentalidade de explorador e cheia de pessoas cujas mentes e corações eu admiro. Sinto-me muito sortuda por ter uma comunidade na qual as ideias são levadas a sério e as divergências são abordadas com uma atitude de "Vamos trabalhar juntos para descobrir por que estamos vendo isso de maneira diferente".

Inúmeras pessoas doaram generosamente seu tempo para este livro, permitindo-me entrevistá-las, compartilhar suas experiências e questionando minhas ideias de maneiras instigantes. Embora esta lista esteja lamentavelmente incompleta, quero agradecer a alguns dos indivíduos cuja opinião ficou comigo e acabou influenciando meus argumentos no livro: Will MacAskill, Holden Karnofsky, Katja Grace, Morgan Davis, Ajeya Cotra, Danny Hernandez, Michael Nielson, Devon Zuegel, Patrick Collison, Jonathan Swanson, Lewis Bollard, Darragh Buckley, Julian Sanchez, Simine Vazire, Emmett Shear, Adam d'Angelo, Harjeet Taggar, Malo Bourgon, Spencer Greenberg, Stephen Zerfas, e Nate Soares.

Este livro nunca poderia ter sido concluído sem a ajuda de Churchill, Whistler, Zoe, Molly, Winston e todos os outros cães de Noe Valley (e seus donos que me deixaram acariciá-los). Você me mantiveram sã durante meus longos e solitários meses de edição. Obrigada; vocês são todos os melhores cães. Sou extremamente grata aos meus amigos e familiares que me apoiaram durante o processo de escrita deste livro. Vocês me enviaram mensagens gentis enquanto eu estava escondida como uma eremita, vocês foram compreensivos quando tive que cancelar os planos e sabiam quando evitar perguntar: "Então, como vai o livro?" Para meu irmão, Jesse, e meu amigo Spencer: toda vez que falava com vocês sobre as ideias com as quais estava lutando, saía com percepções esclarecedoras que tornavam o livro melhor. Para minha mãe e meu pai: obrigada pelo amor e incentivo, e por me dar um grande exemplo de mentalidade de explorador enquanto crescia.

Acima de tudo, quero agradecer ao meu noivo, Luke, por ser um pilar de apoio inestimável, caixa de ressonância, fonte de inspiração e modelo. Você me ajudou a elaborar a tese deste livro, fez sugestões brilhantes, me confortou quando eu estava lutando e assistiu pacientemente a tantos discursos furiosos sobre a metodologia inadequada nas ciências sociais. Eu não poderia pedir um parceiro melhor.

Apêndice A
Previsões do Spock

1. **KIRK:** Você não consegue se aproximar das outras crianças?
   SPOCK: Impossível. Eles conhecem a área muito bem, como ratos.
   KIRK: Vou tentar.
   Kirk é bem-sucedido.[1]

2. **SPOCK:** Se os romulanos são uma ramificação do meu sangue vulcano, e eu acho que isso é provável...
   Ele está correto; os romulanos são um desdobramento da raça vulcana.[2]

3. **SPOCK:** Cavalheiros, vindo atrás de mim, vocês podem muito bem ter destruído sua pequena chance de sobrevivência.
   Todo mundo sobrevive.[3]

4. Spock, abandonado em um planeta com vários membros da tripulação, envia um sinal de socorro enquanto afirma que sua própria ação é ilógica porque "não há chance" de alguém ver.
   A Enterprise vê e os resgata.[4]

5. O capitão Kirk está sendo julgado por negligência. Spock testemunha que é "impossível" Kirk ser culpado porque "Eu conheço o capitão".
   Ele está correto; Kirk estava sendo incriminado.[5]

6. **KIRK:** Sr. Spock, havia 150 homens, mulheres e crianças naquela colônia. Quais são as chances de sobreviventes?
   SPOCK: Absolutamente nenhuma, capitão.
   Na verdade, existem muitos sobreviventes, que estão vivos e bem.[6]

7. **SPOCK:** O que você está descrevendo já foi conhecido no vernáculo como uma pílula da felicidade. E você, como cientista, deve saber que isso não é possível.
   Na verdade, é possível, e Spock é drogado com uma.[7]

8. **SPOCK:** A probabilidade de você e eu sermos mortos é de 2.228,7 para 1.
   KIRK: 2.228,7 a 1? Essas são boas chances, Sr. Spock.
   Na verdade, os dois sobrevivem.[8]

9. **KIRK:** Sr. Spock, podemos ganhar desses dois guardas? Qual você diria que são as chances de sairmos daqui?
   SPOCK: É difícil ser preciso, capitão. Devo dizer aproximadamente 7.824,7 para 1.
   Ambos escapam no final.[9]

10. **KIRK:** Bem, quais são as chances de uma fuga bem-sucedida agora?
    SPOCK: Menos de 7 mil para 1, capitão. É notável que chegamos até aqui.
    Ambos escapam no final.[0]

11.	**SPOCK:** Suas chances de sobrevivência não são promissoras. Nós nem sabemos se a explosão será poderosa o suficiente. **KIRK:** Um risco calculado, Sr. Spock. *Ele sobrevive.*[11]
12.	**KIRK:** Você acha que poderíamos criar uma interrupção sônica com dois de nossos comunicadores? **SPOCK:** Apenas uma chance muito pequena de funcionar. *Funciona.*[12]
13.	**MCCOY:** As chances de nossos amigos sobreviverem não são boas. **SPOCK:** Não. Eu diria cerca de quatrocentos... *McCoy o interrompe, mas Spock provavelmente diria "quatrocentos para um". Na verdade, seus amigos sobreviveram.*[13]
14.	**CHEKOV:** Talvez uma nuvem de poeira interestelar. **SPOCK:** Não é muito provável, Ensign. *Na verdade, o que eles viram não era uma nuvem de poeira, mas uma criatura espacial gigante que drena energia.*[14]
15.	**KIRK:** Spock, se você inverter os circuitos do neuroanalisador de McCoy, pode configurar um campo de contador para bloquear o projetor de paralisia? **SPOCK:** Tenho dúvidas sobre as possibilidades de sucesso, capitão... **KIRK:** Existe alguma chance? **SPOCK:** Uma pequena. *Na verdade, não funciona.*[15]
16.	**KIRK:** Sr. Spock, é possível que haja uma civilização mais evoluída em algum outro lugar deste planeta, alguém capaz de construir aquele obelisco ou desenvolver um sistema defletor? **SPOCK:** Altamente improvável, capitão. As sondas de sensor indicam apenas um tipo de forma de vida aqui. *Spock está correto.*[16]
17.	**SPOCK:** Essa nave está morta... Probabilidade 0,997, Capitão. *Na verdade, a nave contém uma forma de vida alienígena perigosa.*[17]
18.	**KIRK:** O transportador pode ser programado para nos repadronizar como éramos? **SPOCK:** Possivelmente. Mas as chances contra nós são de 99,7 para um. *O transportador funciona e eles ficam bem.*[18]
19.	**KIRK:** Você acha que Harry Mudd está aí embaixo, Spock? **SPOCK:** A probabilidade de sua presença no Motherlode é de 81% mais ou menos. *Na verdade, Mudd está lá.*[19]
20.	**EM:** Todos nós vamos morrer aqui. **SPOCK:** Uma probabilidade estatística. *Eles sobrevivem.*[20]
21.	**EM:** O sabotador é um de nós...? **SPOCK:** Aproximadamente 82,5% a favor da possibilidade. *De fato o sabotador está em seu grupo.*[21]
22.	**KIRK:** Sr. Spock, quais são as nossas chances? **SPOCK:** ...Se a densidade não piorar, devemos ser capazes de superá-la. *Eles tiveram sucesso.*[22]
23.	**SPOCK:** Capitão, interceptar as três naves é uma impossibilidade! *Kirk é bem-sucedido.*[23]

Apêndice B
Respostas da prática de calibração

Rodada 1: Fatos Sobre Animais
1. Falso. A baleia azul, não o elefante, é o maior mamífero.
2. Verdadeiro.
3. Falso. A centopeia não é o animal com mais pernas — alguns têm até 750 pernas. A centopeia pode ter até 354 patas.
4. Verdadeiro. Os primeiros mamíferos surgiram há cerca de 200 milhões de anos. Os dinossauros foram extintos há cerca de 65 milhões de anos.
5. Falso.
6. Falso. Os camelos armazenam gordura, não água, em suas corcovas.
7. Verdadeiro.
8. Verdadeiro. A dieta de um panda gigante é quase inteiramente de bambu.
9. Falso. O ornitorrinco é um dos dois mamíferos que põem ovos. O outro é a equidna.
10. Verdadeiro.

Rodada 2: Figuras Históricas
11. Confúcio (551 a.C) nasceu antes de Júlio César (100 a.C).
12. Mahatma Gandhi (1869) nasceu antes de Fidel Castro (1926).
13. Nelson Mandela (1918) nasceu antes de Anne Frank (1929).
14. Cleópatra (69 a.C) nasceu antes de Maomé (cerca de 570).
15. Joana d'Arc (por volta de 1412) nasceu antes de William Shakespeare (1564).
16. Sun Tzu (544 a.C) nasceu antes de George Washington (1732).

17. Genghis Khan (cerca de 1160) nasceu antes de Leonardo da Vinci (1452).
18. Karl Marx (1818) nasceu antes da Rainha Vitória (1819)
19. Marilyn Monroe (1926) nasceu antes de Saddam Hussein (1937).
20. Albert Einstein (1879) nasceu antes de Mao Tse-tung (1893)

Rodada 3: Populações de Países em 2019

21. A Alemanha (84 milhões) tem mais habitantes do que a França (65 milhões).
22. O Japão (127 milhões) tem mais habitantes do que a Coreia do Sul (51 milhões).
23. O Brasil (211 milhões) tem mais habitantes do que a Argentina (45 milhões).
24. O Egito (100 milhões) tem mais habitantes que Botsuana (2 milhões).
25. O México (128 milhões) tem mais habitantes que a Guatemala (18 milhões).
26. O Panamá (4 milhões) tem mais habitantes que Belize (390 mil).
27. O Haiti (11 milhões) tem mais habitantes do que a Jamaica (3 milhões).
28. A Grécia (10 milhões) tem mais habitantes que a Noruega (5 milhões).
29. A China (1.43 bilhões) tem mais habitantes que a Índia (1.37 bilhões).
30. O Irã (83 milhões) tem mais habitantes do que o Iraque (39 milhões).

Rodada 4: Fatos Científicos Gerais

31. Falso. Marte tem duas luas, Fobos e Deimos.
32. Verdadeiro.
33. Falso. O latão é feito de zinco e cobre, não de ferro e cobre.
34. Verdadeiro. Uma colher de sopa de óleo tem cerca de 120 calorias, enquanto uma colher de sopa de manteiga pode conter até 110 calorias.
35. Falso. O elemento mais leve é o hidrogênio, não o hélio.
36. Falso. O resfriado comum é causado por vírus, não por bactérias.
37. Verdadeiro.
38. Falso. As estações são causadas pela inclinação do eixo da Terra.
39. Verdadeiro.
40. Verdadeiro.

Notas

Capítulo 1. Dois Tipos de Pensamento

1. As descrições do caso Dreyfus neste capítulo são baseadas em Jean-Denis Bredin, *The Affair: The Case of Alfred Dreyfus* (Londres: Sidgwick e Jackson, 1986); Guy Chapman, *The Dreyfus Trials* (Londres: B. T. Batsford Ltd., 1972); e Piers Paul Read, *The Dreyfus Affair: The Scandal That Tore France in Two* (Londres: Bloomsbury, 2012).
2. "Men of the Day. — No. DCCLIX — Captain Alfred Dreyfus", Vanity Fair, 7 de setembro de 1899, https://bit.ly/2LPkCsl.
3. O artigo que popularizou o conceito de raciocínio motivado direcional é de Ziva Kunda, "The Case for Motivated Reasoning", *Psychological Bulletin* 108, no. 3 (1990): 480–98, https://bit.ly/2MMybM5.
4. Thomas Gilovich, *How We Know What Isn Don't So: The Fallibility of Human Reason in Everyday Life* (Nova York: The Free Press, 1991), 84.
5. Robert B. Strassler, ed., *The Landmark Thucydides* (Nova York: The Free Press, 2008), 282.
6. A metáfora "argumento é guerra" na língua inglesa foi mais notoriamente apontada em *Metaphors We Live By* (Chicago: University of Chicago Press, 1980), de George Lakoff e Mark Johnson.
7. Ronald Epstein, Daniel Siegel e Jordan Silberman, "Self-Monitoring in Clinical Practice: A Challenge for Medical Educators", *Journal of Continuing Education in the Health Professions* 28, no. 1 (inverno de 2008): 5-13.
8. Randall Kiser, *How Leading Lawyers Think* (Londres e Nova York: Springer, 2011), 100.

Capítulo 2: O Que o Soldado Está Protegendo

1. G. K. Chesterton, "The Drift from Domesticity", *The Thing* (1929), loc. 337, Kindle.
2. G. K. Chesterton, *The Collected Works of G. K. Chesterton*, vol. 3 (São Francisco, CA: Ignatius Press, 1986), 157.
3. James Simpson, *The Obstetric Memoirs and Contributions of James Y. Simpson*, vol. 2 (Philadelphia: J. B. Lippincott & Co., 1856).
4. Leon R. Kass, "The Case for Mortality", *American Scholar* 52, no. 2 (Spring 1983): 173-91.
5. Alina Tugend, "Meeting Disaster with More Than uma Wing and a Prayer", *New York Times*, 19 de julho de 2008, https://www.nytimes.com/2008/07/19/business/19shortcuts.html.
6. *Eleição*, dirigido por Alexander Payne (MTV Filmes em associação com Bona Fide Productions, 1999).
7. R. W. Robins e J. S. Beer, "Positive Illusions About the Self: Short-term Benefits and Long-term Costs", *Journal of Personality and Social Psychology* 80, no. 2 (2001): 340–52, doi: 10.1037/0022-3514.80.2.340.
8. Jesse Singal, "Why Americans Ignore the Role of Luck in Everything", *The Cut*, 12 de maio de 2016, https://www.thecut.com/2016/05/why-americans-ignore-the-role-of-luck-in-everything.html.
9. wistfulxwaves (usuário do Reddit), comentário sobre "Masochistic Epistemology", Reddit, 17 de setembro de 2018, https://www.reddit.com/r/BodyDysmorphia/comments/9gntam/masoquistic_epistemology/e6fwxzf/.
10. A. C. Cooper, C. Y. Woo e W. C. Dunkelberg, "Entrepreneurs' Perceived Chances for Success", *Journal of Business Venturing* 3, no. 2 (1988): 97–108, doi: 10.1016 / 0883-9026 (88) 90020-1.
11. Daniel Bean, "Never Tell Me the Odds", Daniel Bean Films (blog), 29 de abril de 2012, https://danielbeanfilms.wordpress.com/2012/04/29/never-tell-methe-odds/.
12. Nils Brunsson, "The Irrationality of Action and Action Rationality: Decisions, Ideologies and Organizational Actions", *Journal of Management Studies* 19, no. 1 (1982): 29–44.
13. A distinção entre benefícios emocionais e sociais está no cerne de um debate entre psicólogos e psicólogos evolucionistas sobre a verdadeira função da mentalidade de soldado. Os psicólogos muitas vezes descrevem os benefícios emocionais do raciocínio motivado como uma espécie de "sistema imunológico psicológico" que evoluiu para proteger nossa saúde emocional, da mesma forma que nosso sistema imunológico regular evoluiu para proteger nossa saúde física.

A ideia de um sistema imunológico psicológico é intuitivamente atraente. O único problema com isso, replicam os psicólogos evolucionistas, é que não faz sentido. Não há razão para a evolução dotar uma mente com a capacidade de se fazer sentir bem. No entanto, há uma razão para que a evolução nos dote com a capacidade de ter uma boa aparência. Se pudermos convencer outras pessoas de que somos fortes, leais e de alto status, elas ficarão mais inclinadas a se submeter e a se unir a nós. Os benefícios sociais do raciocínio motivado são o motivo de sua evolução, argumentam os psicólogos evolucionistas, e os benefícios emocionais são apenas efeitos colaterais.

Há também uma terceira possibilidade: em muitos casos, nosso uso da mentalidade de soldado não é uma característica evoluída de forma alguma. É simplesmente algo que fazemos porque é bom e podemos. Por analogia, a masturbação não *evoluiu*, per se. Mas nosso impulso sexual evoluiu e nossas mãos evoluíram... e nós, humanos, descobrimos como combinar os dois.

14. Robert A. Caro, *Master of the Senate: The Years of Lyndon Johnson* III (Nova York: Knopf Doubleday Publishing Group, 2009), 886.
15. Z. J. Eigen e Y. Listokin, "Do Lawyers Really Believe their Own Hype, and Should They? A Natural Experiment", *Journal of Legal Studies* 41, no. 2 (2012), 239-67, doi:10/1086/667711.
16. Caro, *Master of the Senate*, 886.
17. Randall Munroe, "Bridge", *XKCD*, https://xkcd.com/1170.
18. Peter Nauroth et al., "Social Identity Threat Motivates Science-Discrediting Online Comments", *PloS One* 10, no. 2 (2015), doi:10.1371/journal.pone.0117476.
19. Kiara Minto et al., "A Social Identity Approach to Understanding Responses to Child Sexual Abuse Allegations", *PloS One* 11 (25 de abril de 2016), doi:10.1371 / journal.pone.0153205.
20. Esse resultado é relatado em Eigen e Listokin, "Do Lawyers Really Believe Their Own Hype, and Should They?" Há um efeito negativo semelhante nas negociações — os alunos que são atribuídos aleatoriamente a um lado de um caso antes de ler os fatos passam a acreditar que seu lado está certo e a exigir mais dinheiro na negociação. Como resultado, é menos provável que cheguem a um acordo e saiam com menos dinheiro, em média. Ver George Loewenstein, Samuel Issacharoff, Colin Camerer e Linda Babcock, "Self-Serving Assessments of Fairness and Pretrial Bargaining", *Journal of Legal Studies* 22, no. 1 (1993): 135-59.

Capítulo 3. Por que a Verdade é Mais Valiosa do Que Imaginamos

1. Bryan Caplan, "Rational Ignorance Versus Rational Irrationality", KYKLOS 54, no. 1 (2001): 2–26, doi: 10.1111/1467-6435.00128. No artigo de Caplan, ele visualiza pessoas manipulando quais crenças adotam, aplicando mais esforço às questões sobre as quais desejam crenças precisas e menos esforço às questões sobre as quais desejam falsas crenças. E, às vezes, é assim que funciona a mentalidade de soldado — ouvimos uma discussão e, se estamos no modo "Posso aceitá-la?", simplesmente a aceitamos sem escrutínio. Mas, outras vezes, a mentalidade de soldado envolve a aplicação de muito mais esforço para encontrar justificativas para uma crença falsa.
2. A melhor discussão de como o viés presente e o viés de vivacidade afetam nossa tomada de decisão é *Picoeconomics: The Strategic Interaction of Successive Motivational States Within the Person*, de George Ainslie (Cambridge, Reino Unido: Cambridge University Press, 1992).
3. Andrea Gurmankin Levy et al., "Prevalence of and Factors Associated with Patient Nondisclosure of Medically Relevant Information to Clinicians", *JAMA Network Open* 1, no. 7 (30 de novembro de 2018): e185293, https://jamanetwork.com/journals/jamanetworkopen/fullarticle/2716996.
4. "Up to 81% of Patients Lie to Their Doctors— And There's One Big Reason Why", *The Daily Briefing*, 10 de dezembro de 2018, https://www.advisory.com/daily-briefing/2018/12/10/lying-patients.
5. Joanne Black, "New Research Suggests Kiwis Are Secretly Far More Ambitious Than We Let On", *Noted*, 4 de abril de 2019, https://www.noted.co.nz/health/psychology/ambition-new-zealanders-more-ambitious-than-we-let-on/.
6. Mark Svenvold, *Big Weather: Chasing Tornadoes in the Heart of America* (Nova York: Henry Holt and Co., 2005), 15.

Capítulo 4. Sinais de um Explorador

1. u/AITAthrow12233 (Usuário Reddit), "AITA if I don't want my girlfriend to bring her cat when she moves in?", Reddit, 3 de novembro de 2018, https://www.reddit.com/r/AmItheAsshole/comments/9tyc9m/aita_if_i_dont_want_my_girlfriend_to_bring_her/.
2. Alexandra Wolfe, "Katie Couric, Woody Allen: Jeffrey Epstein's Society Friends Close Ranks", *Daily Beast*, 1º de abril de 2011, https://www.

thedailybeast.com/katie-couric-woody-allen-jeffrey-epsteins-society-friends-close-ranks.
3. Isaac Asimov, "A Cult of Ignorance", *Newsweek*, 21 de janeiro de 1980.
4. Richard Shenkman, *Just How Stupid Are We? Facing the Truth About the American Voter* (Nova York: Basic Books, 2008).
5. Dan M. Kahan, "'Ordinary Science Intelligence': A Science-Comprehension Measure for Study of Risk and Science Communication, with Notes on Evolution and Climate Change", *Journal of Risk Research* 20, no. 8 (2017): 995–1016, doi:10.1080/13669877.2016.1148067.
6. Caitlin Drummond e Baruch Fischhoff, "Individuals with Greater Science Literacy and Education Have More Polarized Beliefs on Controversial Science Topics", *Proceedings of the National Academy of Sciences* 114, no. 36 (2017): 9587–92, doi:10.1073/pnas.1704882114.
7. Yoel Inbar e Joris Lammers, "Political Diversity in Social and Personality Psychology", *Perspectives on Psychological Science* 7 (Setembro de 2012): 496–503.
8. Esses itens são retirados de duas das métricas de "rigidez" mais amplamente utilizadas. O item 1 é da Escala de Autoritarismo da Direita, projetada para medir a "personalidade autoritária". Os itens 2 a 4 são da Escala de Conservadorismo de Wilson, projetada para capturar "autoritarismo, dogmatismo, fascismo e uma atitude anticientífica". G. D. Wilson e J. R. Patterson, "A New Measure of Conservatism", *British Journal of Social and Clinical Psychology* 7, no. 4 (1968): 264–69, doi:10.1111/j.2044- 8260.1968.tb00568.x.
9. William Farina, *Ulysses S. Grant, 1861–1864: His Rise from Obscurity to Military Greatness* (Jefferson, NC: McFarland & Company, 2014), 147.
10. Charles Carleton Coffin, *Life of Lincoln* (Nova York e Londres: Harper & Brothers, 1893), 381.
11. William Henry Herndon e Jesse William Weik, *Herndon's Informants: Letters, Interviews, and Statements About Abraham Lincoln* (Champaign, IL: University of Illinois Press, 1998), 187.
12. Bethany Brookshire (@BeeBrookshire), Twitter, 22 de janeiro de 2018, https://bit.ly/2Awl8qJ.
13. Bethany Brookshire (@BeeBrookshire), Twitter, 29 de janeiro de 2018, https://bit.ly/2GTkUjd.
14. Bethany Brookshire, "I went viral. I was wrong", blog post, 29 de janeiro de 2018, https://bethanybrookshire.com/i-went-viral-i-was-wrong/.

15. Regina Nuzzo, "How Scientists Fool Themselves — And How They Can Stop", *Nature*, 7 de outubro de 2015, https://www.nature.com/news/how-scientists-fool-themselves-and-how-they-can-stop-1.18517.
16. Darwin Correspondence Project, "Letter no. 729", acessado em 5 de janeiro de 2020, https://www.darwinproject.ac.uk/letter/DCP-LETT-729.xml.
17. Darwin Correspondence Project, "Letter no. 2791", acessado em 7 de fevereiro de 2020, https://www.darwinproject.ac.uk/letter/DCP-LETT-2791.xml.
18. Darwin Correspondence Project, "Letter no. 2741", acessado em 10 de janeiro de 2020, https://www.darwinproject.ac.uk/letter/DCP-LETT-2741.xml.

Capítulo 5. Notando o Preconceito

1. Max H. Bazerman and Don Moore, *Judgment in Managerial Decision Making* (Nova York: John Wiley & Sons, 2008), 94.
2. u/spiff2268 (usuário do Reddit), comentário sobre "[Serious] Ex Incels of Reddit. O que trouxe a ideologia para você e o que a tirou?", Reddit, 22 de agosto de 2018, https://www.reddit.com/r/AskReddit/comments/99buzw/serious_ex_incels_of_reddit_what_trouxe_you/e4mt073/.
3. Greendruid, comentário em "Re: Democrats may maneuver around GOP on Health", Discussion World Forum, 26 de abril de 2009, http://ww.discussionworldforum.com/showpost.php?s=70747dd92d8fbdba12c4dd-0592d72114&p=7517&postcount=4.
4. Andrew S. Grove, *Only the Paranoid Survive: How to Exploit the Crisis Points That Challenge Every Company* (Nova York: Doubleday, 1999), 89.
5. Uma frase emprestada de Hugh Prather, *Love and Courage* (Nova York: MJF Books, 2001), 87.
6. Julie Bort, "Obama Describes What Being in the Situation Room Is Like — and It's Advice Anyone Can Use to Make Hard Decisions", *Business Insider*, 24 de maio de 2018, https://www.businessinsider.com/obama-describes-situation-room-gives-advice-for-making-hard-decisions-2018-5.
7. Uma versão mais sutil do teste de tendência de status quo para visões de política é descrita em Nick Bostrom e Toby Ord, "The Reversal Test: Eliminating Status Quo Bias in Applied Ethics", *Ethics* 116, no. 4 (Julho de 2006): 656–79, https://www.nickbostrom.com/ethics/statusquo.pdf.

Capítulo 6. Quão Certo Você Está?

1. *Star Trek Beyond*, dirigido por Justin Lin (Hollywood, CA: Paramount Pictures, 2016).
2. *Star Trek: The Original Series*, temporada 2, episódio 11, "Friday's Child", foi ao ar em 1 de dezembro de 1967, na NBC.
3. *Star Trek: The Original Series*, temporada 1, episódio 26, "Errand of Mercy", foi ao ar em 23 de março de 1967, na NBC.
4. *Star Trek: The Original Series*, temporada 1, episódio 24, "This Side of Paradise", foi ao ar em 2 de março de 1967 na NBC.
5. "As a percentage, how certain are you that intelligent life exists outside of Earth?", Reddit, 31 de outubro de 2017, https://www.reddit.com/r/Astronomy/comments/79up5b/as_a_percentage_how_certain_are_you_that/dp51sg2/.
6. "How confident are you that you are going to hit your 2017 sales goals? What gives you that confidence?", Quora, https://www.quora.com/How-confident-are-you-that-you-are-going-to-hit-your-2017- sales- goals- What- gives- you -t hat- confidence.
7. Filmfan345 (Reddit user), "How confident are you that you won't convert on your deathbed?", Reddit, 3 de fevereiro de 2020, https://www.reddit.com/r/atheism/comments/eycqrb/how_confident_are_you_that_you_wont_convert_on/.
8. M. Podbregar et al., "Should We Confirm Our Clinical Diagnostic Certainty by Autopsies?" *Intensive Care Medicine* 27, no. 11 (2001): 1752, doi:10.1007/s00134-0 01-1129-x.
9. Tive que exercer alguma licença criativa para colocar as previsões variadas de Spock nessas categorias. Por exemplo, a categoria "provável" inclui a hora em que Spock declarou algo como uma "probabilidade estatística" e também a hora em que previu uma "chance de 82,5%". Para fins de gráfico dos resultados, centrei as previsões "impossíveis" em 0% de chance, "muito improvável" em 10% de chance, "improvável" em 25% de chance e "provável" em 75% de chance. Ao todo, isso deve ser tomado como uma representação aproximada e impressionista da calibração de Spock em vez de uma curva de calibração literal.
10. Douglas W. Hubbard, *How to Measure Anything: Finding the Value of "Intangibles" in Business* (Hoboken, NJ: John Wiley & Sons, 2007), 61.
11. Robert Kurzban, *Why Everyone (Else) Is a Hypocrite* (Princeton, NJ: Princeton University Press, 2010).

12. A técnica nesta seção foi adaptada de Douglas W. Hubbard, *How to Measure Anything: Finding the Value of "Intangibles" em Business* (Hoboken, NJ: John Wiley & Sons, Inc., 2007), 58.

Capítulo 7. Lidando com a Realidade

1. Steven Callahan, *Adrift: Seventy-six Days Lost at Sea* (Nova York: Houghton Mifflin, 1986).
2. Callahan, *Adrift*, 84.
3. Callahan, *Adrift*, 39.
4. Callahan, *Adrift*, 45.
5. Carol Tavris e Elliot Aronson, *Mistakes Were Made (But Not by Me): Why We Justify Foolish Beliefs, Bad Decisions, and Hurtful Acts* (Nova York: Houghton Mifflin Harcourt, 2007), 11.
6. Daniel Kahneman, *Thinking, Fast and Slow* (Nova York: Farrar, Straus and Giroux, 2013), 264.
7. Darwin Correspondence Project, "Letter no. 3272", acessado em 1 de dezembro de 2019, https://www.darwinproject.ac.uk/letter/DCP-LETT-3272.xml.
8. Charles Darwin, *The Autobiography of Charles Darwin* (Nova York: W. W. Norton & Company, 1958), 126.
9. *The Office*, temporada 2, episódio 5, "Halloween", dirigido por Paul Feig, escrito por Greg Daniels, foi ao ar em 18 de outubro de 2005 na NBC.
10. Stephen Fried, *Bitter Pills: Inside the Hazardous World of Legal Drugs* (Nova York: Bantam Books, 1998), 358.
11. David France, *How to Survive a Plague: The Inside Story of How Citizens and Science Tamed AIDS* (Nova York: Knopf Doubleday Publishing Group, 2016), 478.
12. Douglas LaBier, "Why Self-Deception Can Be Healthy for You", *Psychology Today*, 18 de fevereiro de 2013, https://www.psychologytoday.com/us/blog/the-new-resilience/201302/why-self-deception-can-be-healthy-you.
13. Joseph T. Hallinan, *Kidding Ourselves: The Hidden Power of Self-Deception* (Nova York: Crown, 2014).
14. Stephanie Bucklin, "Depressed People See the World More Realistically— And Happy People Just Might Be Slightly Delusional", *Vice*, 22 de junho de 2017, https://www.vice.com/en_us/article/8x9j3k/depressed-people-see-the-world-more-realistically.

15. J. D. Brown, "Evaluations of Self and Others: Self-E nhancement Biases in Social Judgments", *Social Cognition* 4, no. 4 (1986): 3 53– 76, http://d x.doi.org/10.1521/soco.1986.4.4.353.
16. É verdade que se as pessoas, em média, pensam que são melhores do que seus colegas, isso é evidência de que pelo menos algumas pessoas se enganam. Afinal, o mundo real não é Lake Wobegon, onde "todas as crianças estão acima da média". Mas também é presumível que muitas, talvez a maioria, das pessoas que pensam que são melhores do que seus colegas de uma forma ou de outra estão apenas percebendo corretamente que estão acima da média. E essas pessoas sozinhas podem facilmente ser responsáveis pelo aumento da felicidade e do sucesso que observamos na amostra do estudo.
17. Shelley Taylor e Jonathon Brown, "Illusion and Well-being: A Social Psychological Perspective on Mental Health", *Psychological Bulletin* 103, no. 2 (1988): 193–210, doi.org/10.1037/0033-2909.103.2.193.
18. Ruben Gur e Harold Sackeim, "Lying to Ourselves", interview by Robert Krulwich, *Radiolab*, WNYC studios, 10 de março de 2008, https://www.wnycstudios.org/podcasts/radiolab/segments/91618-lying-to-ourselves.
19. O Questionário de Autoengano aparece em R. C. Gur e H. A. Sackeim, "Self-deception: A Concept in Search of a Phenomenon", *Journal of Personality and Social Psychology* 37 (1979): 1 47– 69. Foi citado como evidência dos efeitos do autoengano em livros populares como Robin Hanson e *The Elephant in the Brain* de Kevin Simler, e em podcasts populares como *Radiolab*.

Capítulo 8. Motivação sem Autoengano

1. A primeira referência conhecida de Ford fazendo esta declaração parece estar em uma edição de 1947 do *Reader's Digest,* que não fornecia uma citação para a frase (*The Reader's Digest*, Setembro de 1947, 64; via Garson O'Toole, "Whether You Believe You Can Do a Thing or Not, You Are Right", Quote Investigator, 3 de fevereiro de 2015, https://quoteinvestigator.com/2015/02/03/you-can/).
2. Nenhuma fonte é fornecida para esta citação.
3. Jonathan Fields, "Odds Are for Suckers", postagem do blog, http://www.jonathanfields.com/odds-are-for-suckers/.
4. Cris Nikolov, "10 Lies You Will Hear Before You Chase Your Dreams", MotivationGrid, 14 de dezembro de 2013, https://motivationgrid.com/lies-you-will-hear-pursue-dreams/.

5. Victor Ng, *The Executive Warrior: 40 Powerful Questions to Develop Mental Toughness for Career Success* (Cingapura: Marshall Cavendish International, 2018).
6. Michael Macri, "9 Disciplines of Every Successful Entrepreneur", Fearless Motivation, 21 de janeiro de 2018, https://www.fearlessmotivation.com/2018/01/21/9-disciplines-of-every-successful-entrepreneur/.
7. William James, "The Will to Believe", https://www.gutenberg.org/files/26659/26659-h/26659-h.htm.
8. Jeff Lunden, "Equity at 100: More Than Just a Broadway Baby", *Weekend Edition Saturday*, NPR, 25 de maio de 2013, https://www.npr.org/2013/05/25/186492136/equity-at-100-more-than-just-a-broadway-baby.
9. Shellye Archambeau, "Take Bigger Risks", entrevista por Reid Hoffman, *Masters of Scale*, podcast, https://mastersofscale.com/shellye-archambeau-take-bigger-risks/.
10. Norm Brodsky, "Entrepreneurs: Leash Your Optimism", *Inc.*, Dezembro 2011, https://www.inc.com/magazine/201112/norm-brodsky-on-entrepreneurs-as-perennial-optimists.html.
11. É possível que o aumentos dos aparelhos de fax fosse uma ameaça que Brodsky deveria ter previsto. As vendas dos aparelhos vinha dobrando a cada ano há sete anos, segundo M. David Stone, "PC to Paper: Fax Grows Up", *PC Magazine*, 11 de abril de 1989.
12. Ben Horowitz, *The Hard Thing About Hard Things* (Nova York: HarperCollins, 2014).
13. Elon Musk, "Fast Cars and Rocket Ships", entrevista por Scott Pelley, *60 Minutes*, exibida em 30 de março de 2014, na CBS, https://www.cbsnews.com/news/tesla-and-spacex-elon-musks-industrial-empire/.
14. Catherine Clifford, "Elon Musk Always Thought SpaceX Would 'Fail' and He'd Lose His Paypal Millions", CNBC.com, 6 de março de 2019, https://www.cnbc.com/2019/03/06/elon-musk-on-spacex-i-always-thought-we-would-fail.html.
15. Rory Cellan-Jones, "Tesla Chief Elon Musk Says Apple Is Making an Electric Car", BBC, 11 de janeiro de 2016, https://www.bbc.com/news/technology-35280633.
16. "Fast Cars and Rocket Ships", *60 Minutes*.
17. Elon Musk and Sam Altman, "Elon Musk on How to Build the Future", *Y-Combinator* (blog), 15 de setembro de 2016, https://blog.ycombinator.com/elon-musk-on-how-to-build-the-future/.

18. Paul Hoynes, "'Random Variation' Helps Trevor Bauer, Cleveland Indians Beat Houston Astros", Cleveland.com, 27 de abril de 2017, https://www.cleveland.com/tribe/2017/04/random_variation_helps_ trevor.html.
19. Alex Hooper, "Trevor Bauer's Random Variation Downs Twins Again", CBS Cleveland, 14 de maio de 2017, https://cleveland.cbslocal.com/2017/05/14/trevor-bauers-random-variation-downs-twins-again/.
20. Merritt Rohlfing, "Trevor Bauer's Homers Have Disappeared", *SB Nation* (blog), 26 de maio de 2018, https://bit.ly/2RCg8Lb.
21. Zack Meisel, "Trevor Bauer Continues to Wonder When Lady Luck Will Befriend Him: Zack Meisel's Musings", Cleveland.com, Junho de 2017, https://www.cleveland.com/tribe/2017/06/cleveland_indians_minnesota_tw_138.html.
22. "Amazon CEO Jeff Bezos and Brother Mark Give a Rare Interview About Growing Up and Secrets to Success." Postado pela Summit, 14 de novembro de 2017. YouTube, https://www.youtube.com/watch?v=Hq89wYzOjfs.
23. Lisa Calhoun, "When Elon Musk Is Afraid, This Is How He Handles It", *Inc.*, 20 de setembro de 2016, https://www.inc.com/lisa-calhoun/elon-musk-says-he-feels-fear-strongly-then-makes-this-move.html.
24. Nate Soares, "Come to Your Terms", Minding Our Way, 26 de outubro de 2015, http://mindingourway.com/come-to-your-terms/.

Capítulo 9. Influência Sem Excesso de Confiança

1. "Amazon's Source", *Time*, 27 de dezembro de 1999.
2. "Jeff Bezos in 1999 on Amazon's Plans Before the Dotcom Crash", CNBC, https://www.youtube.com/watch?v=GltlJO56S1g.
3. Eugene Kim, "Jeff Bezos to Employees: 'One Day, Amazon Will Fail' But Our Job Is to Delay It as Long as Possible", CNBC, 15 de novembro de 2018, https://www.cnbc.com/2018/11/15/bezos-tells-employees-one-day-amazon-will-fail-and-to-stay-hungry.html.
4. Jason Nazar, "The 21 Principles of Persuasion", *Forbes*, 26 de março de 2013, https://www.forbes.com/sites/jasonnazar/2013/03/26/the-21-principles-of-persuasion/.
5. Mareo McCracken, "6 Simple Steps to Start Believing in Yourself (They'll Make You a Better Leader)", *Inc.*, 5 de fevereiro de 2018, https://www.inc.com/mareo-mccracken/having-trouble-believing-in-yourself-that-means-your-leadership-is-suffering.html.

6. Ian Dunt, "Remain Should Push for an Election", politics.co.uk, 24 de outubro de 2019, https://www.politics.co.uk/blogs/2019/10/24/remain-should-push-for-an-election.
7. Claude-Anne Lopez, *Mon Cher Papa: Franklin and the Ladies of Paris* (New Haven, CT: Yale University Press, 1966).
8. Benjamin Franklin, *The Autobiography of Benjamin Franklin* (Nova York: Henry Holt and Company, 1916), via https://www.gutenberg.org/files/20203/20203-h/20203-h.htm.
9. Franklin, *The Autobiography of Benjamin Franklin*.
10. Maunsell B. Field, *Memories of Many Men and of Some Women: Being Personal Recollections of Emperors, Kings, Queens, Princes, Presidents, Statesmen, Authors, and Artists, at Home and Abroad, During the Last Thirty Years* (Londres: Sampson Low, Marston, Low & Searle, 1874), 280.
11. C. Anderson et al., "A Status-Enhancement Account of Overconfidence", *Journal of Personality and Social Psychology* 103, no. 4 (2012): 718–35, https://doi.org/10.1037/a0029395.
12. M. B. Walker, "The Relative Importance of Verbal and Nonverbal Cues in the Expression of Confidence", *Australian Journal of Psychology* 29, no. 1 (1977): 45–57, doi:10.1080/00049537708258726.
13. Brad Stone, *The Everything Store: Jeff Bezos and the Age of Amazon* (Nova York: Little, Brown & Company, 2013).
14. D. C. Blanch et al., "Is It Good to Express Uncertainty to a Patient? Correlates and Consequences for Medical Students in a Standardized Patient Visit", *Patient Education and Counseling* 76, no. 3 (2009): 302, doi:10.1016/j.pec.2009.06.002.
15. E. P. Parsons et al., "Reassurance Through Surveillance in the Face of Clinical Uncertainty: The Experience of Women at Risk of Familial Breast Cancer", *Health Expectations* 3, no. 4 (2000): 263–73, doi:10.1046/j.1369-6513.2000.00097.x.
16. "Jeff Bezos in 1999 on Amazon's Plans Before the Dotcom Crash."
17. Randall Kiser, *How Leading Lawyers Think* (Londres e Nova York: Springer, 2011), 153.
18. Matthew Leitch, "How to Be Convincing When You Are Uncertain", Working in Uncertainty, http://www.workinginuncertainty.co.uk/convincing.shtml.
19. Dorie Clark, "Want Venture Capital Funding? Here's How", *Forbes*, 24 de novembro de 2012, https://www.forbes.com/sites/dorieclark/2012/11/24/want-venture-capital-funding-heres-how/#39dddb331197.

20. Stone, *The Everything Store*.
21. "Jeff Bezos in 1999 on Amazon's Plans Before the Dotcom Crash."
22. "Jeff Bezos 1997 Interview", gravado em junho de 1997 na conferência Special Libraries (SLA) em Seattle, WA. Vídeo via Richard Wiggans, https://www.youtube.com/watch?v=rWRbTnE1PEM.
23. Dan Richman, "Why This Early Amazon Investor Bet on Jeff Bezos' Vision, and How the Tech Giant Created Its 'Flywheel,'" *Geekwire*, 3 de janeiro de 2017, https://www.geekwire.com/2017/early-amazon-investor-bet-jeff-bezos-vision-tech-giant-created-flywheel/.

Capítulo 10. Como Estar Errado

1. Philip E. Tetlock e Dan Gardner, *Superforecasting: The Art and Science of Prediction* (Nova York: Crown, 2015), 4.
2. "GJP also beat its university-affiliated competitors, including the University of Michigan and MIT, by hefty margins, from 30% to 70%, and even outperformed professional intelligence analysts with access to classified data. After two years, GJP was doing so much better than its academic competitors that IARPA dropped the other teams", em Tetlock e Gardner, *Superforecasting*, 17–18.
3. Jerry Taylor, "A Paid Climate Skeptic Switches Sides", entrevista com Indre Viskontas e Stevie Lepp, *Reckonings*, 31 de outubro de 2017, http://www.reckonings.show/episodes/17.
4. Philip E. Tetlock, *Expert Political Judgment: How Good Is It? How Can We Know?* (Princeton, NJ: Princeton University Press, 2017), 132.
5. Tetlock e Gardner, *Superforecasting*.
6. A medida de erro usada aqui é a pontuação de Brier. A inclinação das pontuações de Brier dos supermeteorologistas ao longo de um ano (média conjunta do segundo e terceiro anos do torneio) foi de –0.26. O mesmo valor para os meteorologistas regulares foi de 0,00. (Em Mellers et al., "Identifying and Cultivating Superforecasters as a Method of Improving Probabilistic Predictions", *Perspectives on Psychological Science* 10, no. 3 [2015]: 270, tabela 1, doi:10.1177/ 1745691 615577794.) Mellers et al. definem a pontuação de Brier como: "A soma dos desvios quadrados entre as previsões e a realidade (em que a realidade é codificada como 1 para o evento e 0 caso contrário), variando de 0 (melhor) a 2 (pior). Suponha que uma pergunta tenha dois resultados possíveis e um previsor previu uma probabilidade de 0,75 para o resultado que ocorreu e 0,25 para o que não ocorreu. A pontua-

ção de Brier seria (1 - 0,75) 2 + (0 - 0,25) 2 = 0,125." ("Identifying and Cultivating Superforecasters", 269.)

7. Bethany Brookshire, "I went viral*. I was wrong", BethanyBrookshire.com (blog), 29 de janeiro de 2018, https://bethanybrookshire.com/i-went-viral-i-was-wrong/.
8. Scott Alexander, "Preschool: I was wrong", Slate Star Codex, 6 de novembro de 2018, https://slatestarcodex.com/2018/11/06/ preschool-i-was-wrong/.
9. Buck Shlegeris, "'Other people are wrong' vs 'I am right,'" Shlegeris.com (blog), http://shlegeris.com/2019/02/22/wrong.
10. Devon Zuegel, "What Is This thing?" DevonZuegel.com (blog), https://devonzuegel.com/page/what-is-this-thing.
11. Dylan Matthews, "This Is the Best News for America's Animals in Decades. It's About Baby Chickens", *Vox*, 9 de junho de 2016, https://www.vox.com/2016/6/9/11896096/eggs-chick-culling-ended.

Capítulo 11. Enfrente a Confusão

1. Earl Warren, National Defense Migration Hearings: Part 29, San Francisco Hearings, Fevereiro de 1942, 11011, https://archive.org/details/nationaldefense m29unit.
2. Charles Darwin, carta para Asa Gray, 3 de abril de 1860, https://www.darwinproject.ac.uk/letter/DCP-LETT-2743.xml.
3. Charles Darwin, *The Autobiography of Charles Darwin* (Nova York: W. W. Norton & Company, 1958), 141.
4. *Star Trek: The Original Series*, temporada 1, episódio 16, "The Galileo Seven", foi ao ar em 5 de janeiro de 1967 na NBC.
5. Philip E. Tetlock. *Expert Political Judgment: How Good Is It? How Can We Know?* (Princeton, NJ: Princeton University Press, 2017), 134.
6. Bruce Bueno de Mesquita, *The War Trap* (New Haven, CT: Yale University Press, 1983).
7. Deepak Malhotra e Max H. Bazerman, *Negotiation Genius: How to Overcome Obstacles and Achieve Brilliant Results at the Bargaining Table and Beyond* (Nova York: Bantam Books, 2008), 261.
8. Christopher Voss, *Never Split the Difference: Negotiating as if Your Life Depended on It* (Nova York: HarperCollins, 2016), 232.
9. Todos os detalhes históricos nesta seção, da investigação do conselho e do Hospital Homeopático de Londres, foram retirados de Michael Emmans Dean, "Selective Suppression by the Medical Establishment of Unwelco-

me Research Findings: The Cholera Treatment Evaluation by the General Board of Health, London 1854", *Journal of the Royal Society of Medicine* 109, no. 5 (2016): 200–2 05, doi:10.1177/0141076816645057.
10. Commentbyu/donnorama, "Whoops", 18 de junho de 2018, https://www.reddit.com/r/antiMLM/comments/8s1uua/whoops/.
11. Gary A. Klein, *Sources of Power: How People Make Decisions* (Cambridge: MIT Press, 2017), 276.
12. M. S. Cohen, J. T., Freeman, e B. Thompson, "Critical Thinking Skills in Tactical Decision Making: A Model and a Training Strategy", em *Making Decisions Under Stress: Implications for Individual and Team Training*, eds. J. A. Cannon-Bowers e E. Salas (Washington, DC: American Psychological Association, 1998), 155– 89, https://doi.org/10.1037/10278-006.
13. Sophia Lee, "Hindsight and Hope", *World,* 28 de janeiro de 2018, https://world.wng.org/2018/01/hindsight_and_hope.

Capítulo 12. Fuja de sua Câmara de Eco

1. Rachael Previti, "I Watched Only Fox News for a Week and This Is What I 'Learned,'" *Tough to Tame*, 18 de maio de 2019, https://www.toughtotame.org/i-watched-only-fox-news-for-a-week-and-heres-what-i-learned.
2. Ron French, "A Conservative and Two Liberals Swapped News Feeds. It Didn't End Well", *Bridge Magazine*, 6 de abril de 2017, https://www.bridgemi.com/quality-life/conservative-and-two-liberals-swapped-news-feeds-it-didnt-end-well.
3. Christopher A. Bail et al., "Exposure to Opposing Views on Social Media Can Increase Political Polarization", *Proceedings of the National Academy of Sciences* 115, no. 37 (2018): 9216–2 1, doi:10.1073/pnas.1804840115.
4. "Discuss Gender Equality", Reddit, https://www.reddit.com/r/FeMRADebates/.
5. proud_ slut (Usuário Reddit), comentado em "In Defense of Feelings and a Challenge for the MRAs", Reddit, 19 de janeiro de 2015, https://www.reddit.com/r/FeMRADebates/comments/2sxlbk/in_defense_of_feelings_and_a_challenge_for_the/cntu4rq/.
6. proud_slut (Usuário Reddit), comentado em "You Don't Hate Feminism, You Just Don't Understand It", Reddit, 24 de julho de 2014, https://www.reddit.com/r/FeMRADebates/comments/2bmtro/you_dont_hate_feminism_you_just_dont_ understand_it/cj6z5er/.

7. avantvernacular (Usuário Reddit), comentado em "Who has positively changed your view of a group from the opposite side on this sub?", Reddit, 29 de maio de 2014, https://www.reddit.com/r/FeMRADebates/comments/26t0ic/who_has_positively_changed_your_view_of_a_group/chubl5t/.
8. proud_slut (Usuário Reddit), comentado em "I'm leaving", Reddit, 7 de agosto de 2014, https://www.reddit.com/r/FeMRADebates/comments/2cx56b/im_ leaving/.
9. Jerry Taylor, "A Paid Climate Skeptic Switches Sides", entrevista por Indre Viskontas e Stevie Lepp, *Reckonings*, 31 de outubro de 2017, http://www.reckonings.show/episodes/17.
10. Jerry Taylor, "Episode 3: A Professional Climate Denier Changes His Mind", entrevista por Quin Emmett e Brian Colbert Kennedy, *Important Not Important,* podcast, https://www.importantnotimportant.com/episode-3-jerry-taylor-transcript.
11. Doris Kearns Goodwin, *Team of Rivals: The Political Genius of Abraham Lincoln* (Nova York: Simon & Schuster, 2005).
12. Cass R. Sunstein, *Going to Extremes: How Like Minds Unite and Divide* (Oxford: Oxford University Press, 2009), 29.
13. *Bill Moyers Journal*, exibido em 1 de fevereiro de 2008, na PBS, http://www.pbs.org/moyers/journal/02012008/transcript1.html.
14. "Lincoln put him in the Cabinet and then seems to have ignored him", em T. Harry Williams, "Review of Lincoln's Attorney General: Edward Bates of Missouri", *Civil War History* 12, no. 1 (1966): 76, Project MUSE, doi:10.1353/cwh.1966.0034.
15. Brian McGinty, *Lincoln and the Court* (Cambridge: Harvard University Press, 2008), 228.
16. Scott Alexander, "Talking Snakes: A Cautionary Tale", Less Wrong, 12 de março de 2009, https://www.lesswrong.com/posts/atcJqdhCxTZiJSxo2/talking-snakes-a-cautionary-tale.
17. Sarah McCammon, "Evangelical Writer Kisses an Old Idea Goodbye", NPR News, 17 de dezembro de 2018, https://www.npr.org/transcripts/671888011.

Capítulo 13. Como as Crenças se Tornam Identidades

1. Courtney Jung, *Lactivism: How Feminists and Fundamentalists, Hippies and Yuppies, and Physicians and Politicians Made Breastfeeding Big Business and Bad Policy* (Nova York: Basic Books, 2015), 19.

2. Kerry Reals, "Jamie Oliver, I Branded Myself a Failure Because of Pro-Breastfeeding Propaganda. Think Before You Speak", *The Independent*, 20 de março de 2016, https://www.independent.co.uk/voices/jamie-oliver-i-branded-myself-a-failure-because-of-pro-breastfeeding-propaganda-think-before-you-a6942716.html.
3. Glosswitch, "Our Regressive, Insensitive, and Cultish Attitudes Toward Breastfeeding", *New Statesman*, 11 de fevereiro de 2013, https://www.newstatesman.com/lifestyle/2013/02/our-regressive-insensitive-and-cultish-attitude-breastfeeding.
4. Adriana1987, "Breastfeeding Propaganda", BabyCentre, March 7, 2017, https://community.babycentre.co.uk/post/a30582443/breastfeeding_propaganda.
5. Eco Child's Play, "The Preemptive Strike on Breastfeeding", 18 de março de 2009, https://ecochildsplay.com/2009/03/18/the-preemptive-strike-on-breastfeeding.
6. Jung, *Lactivism*, 50.
7. "Breastfeeding vs. Bottle Debate Gets Ugly", ABC News, 21 de agosto de 2001, https://abcnews.go.com/GMA/story?id=126743&page=1.
8. Lauren Lewis, "Dear 'Fed Is Best' Campaigners, Parents, and Internet Trolls", *Breastfeeding World* (blog), 14 de abril de 2017, http://breastfeedingworld.org/2017/04/fed-up-with-fed-is-best/.
9. Justin McCarthy, "Less Than Half in U.S. Would Vote for a Socialist for President", Gallup, 9 de maio de 2019, https://news.gallup.com/poll/254120/less-half-vote-socialist-president.aspx.
10. J. Paul Nyquist, *Prepare: Living Your Faith in an Increasingly Hostile Culture* (Chicago: Moody Publishers, 2015).
11. Haley Swenson, "Breastfeed or Don't. You Do You", Slate, 30 de abril de 2018, https://slate.com/human-interest/2018/04/why-simply-giving-distressed-friends-permission-to-quit-breastfeeding-was-a-total-cop-out.html.
12. Stephanie Fairyington, "It's Time for Feminists to Stop Arguing About Breastfeeding and Fight for Better Formula", *The Observer*, 1 de setembro de 2012, https://observer.com/2012/09/time-for-feminists-to-stop-arguing-about-breastfeeding-and-fight-for-better-formula/.
13. Catskill Animal Sanctuary, "Optimism Is a Conscious Choice", https://casanctuary.org/optimism-is-a-conscious-choice/.
14. Morgan Housel, "Why Does Pessimism Sound So Smart?", *The Motley Fool*, 21 de janeiro de 2016, https://www.fool.com/investing/general/2016/01/21/why-does-pessimism-sound-so-smart.aspx.

15. Eli Heina Dadabhoy, "Why Are Those Polyamorists So Damn Preachy?", Heinous Dealings (blog), *The Orbit*, 23 de setembro de 2015, https://the-orbit.net/heinous/2015/09/23/poly-preachy/.
16. P. R. Freeman and A. O'Hagan, "Thomas Bayes's Army [The Battle Hymn of Las Fuentes]", em *The Bayesian Songbook*, ed. Bradley P. Carlin (2006), 37, https://mafiadoc.com/the-bayesian-songbook-university-of-minnesota_5a0ccb291723ddeab4f385aa.html.
17. "Breathing Some Fresh Air Outside of the Bayesian Church", *The Bayesian Kitchen* (blog), http://bayesiancook.blogspot.com/2013/12/breathing-some-fresh-air-outside-of.html.
18. Sharon Bertsch McGrayne, "The Theory That Will Never Die", palestra proferida no Bayes 250 Day, republicada no Statistics Views, 17 de fevereiro de 2014, https://www.statisticsviews.com/details/feature/5859221/The-Theory-That-Will-Never-Die.html.
19. Deborah Mayo, "Frequentists in Exile", *Error Statistics Philosophy* (blog), https://errorstatistics.com/about-2/.
20. Randall Munroe, "Frequentists vs. Bayesians", *XKCD* #1132, https://xkcd.com/1132.
21. Phil, Comentário no Andrew Gelman, "I Don't Like This Cartoon", *Statistical Modeling, Causal Inference, and Social Science* (blog), November 10, 2012, https://statmodeling.stat.columbia.edu/2012/11/10/16808/#comment-109389.
22. Comentário no "This is what makes science so damn wonderful", I Fucking Love Science (group), https://www.facebook.com/IFuckingLoveScience/posts/2804651909555802?comment_id=2804656062888720&reply_comment_id=2804664182887908.
23. Amy Sullivan, "The Unapologetic Case for Formula-Feeding", *New Republic*, July 31, 2012, https://newrepublic.com/article/105638/amy-sullivan-unapologetic-case-formula-feeding.
24. Suzanne Barston, *Fearless Formula Feeder*, http://www.fearlessformulafeeder.com/.
25. Megan McArdle, "How to Win Friends and Influence Refugee Policy", *Bloomberg* Opinion, 20 de novembro de 2015, https://www.bloomberg.com/opinion/articles/2015-11-20/six-bad-arguments-for-u-s-to-take-in-syrian-refugees.
26. Stephanie Lee Demetreon, "You Aren't a Feminist If...", *Odyssey*, 3 de abril de 2017, https://www.theodysseyonline.com/youre-not-really-feminist.

27. DoubleX Staff, "Let Me Tell You What the Word Means", *Slate*, 7 de outubro de 2010, https://slate.com/human-interest/2010/10/let-me-tell-you-what-the-word-means.html.
28. Kris Wilson, *Cyanide and Happiness* #3557, 14 de maio de 2014, http://explosm.net/comics/3557/.saratiara2, post #9 em "Anyone CFBC and Change Their Mind?", WeddingBee, Março 2014, https://boards.weddingbee.com/topic/anyone-cfbc-and-change-their-mind/.
29. Jung, *Lactivism,* Capítulo 7.

Capítulo 14. Mantenha sua Identidade com Leveza

1. Paul Graham, "Keep Your Identity Small", postagem no blog, fevereiro de 2009, http://www.paulgraham.com/identity.html.
2. Lindy West, "My Ten Favorite Kinds of Right-Wing Temper Tantrums", *Jezebel*, 8 de novembro de 2012, https://jezebel.com/my-ten-favorite-kinds-of-right-wing-temper-tantrums-5958966.
3. Jeffrey J. Volle, *The Political Legacies of Barry Goldwater and George McGovern: Shifting Party Paradigms* (Nova York: Palgrave Macmillan, 2010), 8.
4. Godfrey Sperling, "Goldwater's Nonpartisan Brand of Honesty", *Christian Science Monitor*, 9 de junho de 1998, https://www.csmonitor.com/1998/0609/060998.opin.column.1.html.
5. Peter Grier, "Richard Nixon's Resignation: The Day Before, a Moment of Truth", *Christian Science Monitor*, 7 de agosto de 2014, https://www.csmonitor.com/USA/Politics/Decoder/2014/0807/Richard-Nixon-s-resignation-the-day-before-a-moment-of-truth.
6. Godfrey Sperling, "Goldwater's Nonpartisan Brand of Honesty", *Christian Science Monitor*, 9 de junho de 1998, https://www.csmonitor.com/1998/0609/ 060998.opin.column.1.html.
7. Bart Barnes, "Barry Goldwater, GOP Hero, Dies", *Washington Post*, 30 de maio de 1998, https://www.washingtonpost.com/wp-srv/politics/daily/may98/goldwater30.htm.
8. Lloyd Grove, "Barry Goldwater's Left Turn", *Washington Post*, 28 de julho de 1994, https://www.washingtonpost.com/wp-srv/politics/daily/may98/goldwater072894.htm.
9. Timothy Egan, "Goldwater Defending Clinton; Conservatives Feeling Faint", *New York Times*, 24 de março de 1994, https://nyti.ms/2F7vznS.

10. Egan, "Goldwater Defending Clinton."
11. Bryan Caplan, "The Ideological Turing Test", *Library of Economics and Liberty*, 20 de junho de 2011, https://www.econlib.org/archives/2011/06/the_ideological.html.
12. Erin K. L. G., "In Which I Tell Conservatives I Understand Them Because I Used to Be One", *Offbeat Home & Life*, 14 de janeiro de 2019, https://offbeathome.com/i-used-to-be-conservative/.
13. Chez Pazienza, "Kristin Cavallari Is a Sh*tty Parent Because She Refuses to Vaccinate Her Kids", *Daily Banter*, 14 de março de 2014, https://thedailybanter.com/2014/03/kristin-cavallari-is-a-shtty-parent-because-she-refuses-to-vaccinate-her-kids/.
14. Ben Cohen, "A Quick Guide to Vaccines for Morons and Celebrities", *Daily Banter*, 18 de março de 2014, https://thedailybanter.com/2014/03/a-quick-guide-to-vaccines-for-morons-and-celebrities/.
15. Megan McArdle, "How to Win Friends and Influence Refugee Policy", *Bloomberg*, 20 de novembro de 2015, https://www.bloomberg.com/opinion/articles/2015-11-20/six-bad-arguments-for-u-s-to-take-in-syrian-refugees.
16. Adam Mongrain, "I Thought All Anti-Vaxxers Were Idiots. Then I Married One", *Vox*, 4 de setembro de 2015, https://www.vox.com/2015/9/4/9252489/anti-vaxx-wife.
17. Julia Belluz, "How Anti-Vaxxers Have Scared the Media Away from Covering Vaccine Side Effects", *Vox*, 27 de julho de 2015, https://www.vox.com/2015/7/27/9047819/H1N1-pandemic-narcolepsy-Pandemrix.
18. David Barr, "The Boston AIDS Conference That Never Was— And Other Grim Tales", Treatment Action Group, Janeiro/fevereiro de 2003, http://www.treatmentactiongroup.org/tagline/2003/january-february/necessary-diversions.
19. David France, *How to Survive a Plague: The Inside Story of How Citizens and Science Tamed AIDS* (Nova York: Knopf Doubleday Publishing Group, 2016), 355– 56.
20. Mark Harrington, entrevista por Sarah Schulman, *ActUp Oral History Project*, 8 de março de 2003, 46, http://www.actuporalhistory.org/interviews/images/harrington.pdf.
21. Steven Epstein, *Impure Science: AIDS, Activism, and the Politics of Knowledge* (Berkeley, CA: University of California Press, 1996).
22. France, *How to Survive a Plague*, 507.

Capítulo 15. Uma Identidade de Explorador

1. Susan Blackmore, "Why I Had to Change My Mind", em *Psychology: The Science of Mind and Behaviour*, 6ª ed., por Richard Gross (Londres: Hodder Education, 2010), 86–87. Rascunho anterior via https://www.susanblackmore.uk/chapters/why-i-had-to-change-my-mind/.
2. Ruth Graham, "Hello *Goodbye*", *Slate*, 23 de agosto de 2016, https://slate.com/human-interest/2016/08/i-kissed-dating-goodbye-author-is-maybe-kind-of-sorry.html.
3. Josh Harris, "3 Reasons I'm Reevaluating *I Kissed Dating Goodbye*", True LoveDates.com, 1 de agosto de 2017, https://truelovedates.com/3-reasons-im-reevaluating-i-kissed-dating-goodbye-by-joshua-harris/.
4. Jerry Taylor, "A Paid Climate Skeptic Switches Sides", entrevista com Indre Viskontas e Stevie Lepp, *Reckonings*, 31 de outubro de 2017, http://www.reckonings.show/episodes/17.
5. Josh Harris, "A Statement on *I Kissed Dating Goodbye*", postagem do blog, https://joshharris.com/statement/.
6. Holden Karnofsky, "Three Key Issues I've Changed My Mind About", Open Philanthropy Project (blog), 6 de setembro de 2016, https://www.openphilanthropy.org/blog/three-key-issues-ive-changed-my-mind-about.
7. Ben Kuhn, "A Critique of Effective Altruism", *Less Wrong* (blog), 2 de dezembro de 2013, https://www.lesswrong.com/posts/E3beR7bQ723kk-NHpA/a-critique-of-effective-altruism.
8. Vitalik Buterin (@vitalikButerin), no Twitter, 21 de junho de 2017, https://twitter.com/VitalikButerin/status/877690786971754496.
9. vbuterin (Usuário do Reddit), comentário em "We Need to Think of Ways to Increase ETH Adoption", Reddit, 21 de abril de 2016, https://www.reddit.com/r/ethtrader/comments/4fql5n/we_need_to_think_of_ways_to_increase_eth_adoption/d2bh4xz/.
10. vbuterin (Usuário do Reddit), comentário em "Vitalik drops the mic on r/btc", Reddit, 5 de julho de 2017, https://www.reddit.com/r/ethtrader/comments/6lgf0l/vitalik_drops_the_mic_on_rbtc/dju1y8q/.
11. phileconomicus (Usuário do Reddit), comentário em "CMV: Mass shootings are a poor justification for gun control", Reddit, 7 de agosto de 2019, https://www.reddit.com/r/changemyview/comments/cn7td1/cmv_mass_shootings_are_a_poor_justification_for/ew8b47n/?context=3.
12. pixeldigits (Usuário do Reddit), comentário em "CMV: Companies having my personal data is not a big deal", Reddit, 7 de setembro de 2018, https://

www.reddit.com/r/changemyview/comments/9dxxra/cmv_companies_having_my_personal_data_is_not_a/e5mkdv7/.
13. shivux (Usuário do Reddit), comentário em "CMV: The U.S. is doing nothing wrong by detaining and deporting illegal immigrants", Reddit, 24 de julho de 2019, https://www.reddit.com/r/changemyview/comments/ch7s90/cmv_the_us_is_doing_nothing_wrong_by_detaining/eus4tj3/.
14. Luke Muehlhauser, "I apologize for my 'Sexy Scientists' post", Common Sense Atheism, 22 de julho de 2010, http://commonsenseatheism.com/?p=10389.
15. Julian Sanchez, "Nozick", postagem do blog, 24 de janeiro de 2003, http://www.juliansanchez.com/2003/01/24/nozick/.
16. Steven Callahan, *Adrift* (Nova York: Houghton Mifflin, 1986), loc. 563 de 2977, Kindle.
17. Richard Dawkins, *The God Delusion* (Nova York: Houghton Mifflin Harcourt, 2006), 320.

Apêndice A

1. *Star Trek: The Original Series*, temporada 1, episódio 8, "Miri", exibido em 27 de outubro de 1966, na NBC.
2. *Star Trek: The Original Series*, temporada 1, episódio 14, "Balance of Terror", foi ao ar em 15 de dezembro de 1966 na NBC.
3. *Star Trek: The Original Series*, temporada 1, episódio 16, "The Galileo Seven", foi ao ar em 5 de janeiro de 1967 na NBC.
4. *Star Trek: The Original Series*, "The Galileo Seven."
5. *Star Trek: The Original Series*, temporada 1, episódio 20, "Court Martial", foi ao ar em 2 de fevereiro de 1967 na NBC.
6. *Star Trek: The Original Series*, temporada 1, episódio 24, "This Side of Paradise", foi ao ar em 2 de março de 1967 na NBC.
7. *Star Trek: The Original Series*, "This Side of Paradise."
8. *Star Trek: The Original Series*, temporada 1, episódio 25, "The Devil in the Dark", foi ao ar em 9 de março de 1967 na NBC.
9. *Star Trek: The Original Series*, temporada 1, episódio 26, "Errand of Mercy", foi ao ar em 23 de março de 1967, na NBC.
10. *Star Trek: The Original Series*, "Errand of Mercy."
11. *Star Trek: The Original Series*, temporada 2, episódio 6, "The Doomsday Machine", foi ao ar em 20 de outubro de 1967 na NBC.

12. *Star Trek: The Original Series*, temporada 2, episódio 11, "Friday's Child", foi ao ar em 1 de dezembro de 1967, na NBC.
13. *Star Trek: The Original Series*, temporada 2, episódio 16, "The Gamesters of Triskelion", foi ao ar em 5 de janeiro de 1968, na NBC.
14. *Star Trek: The Original Series*, temporada 2, episódio 18, "The Immunity Syndrome", foi ao ar em 19 de janeiro de 1968 na NBC.
15. *Star Trek: The Original Series*, temporada 2, episódio 22, "By Any Other Name", foi ao ar em 23 de fevereiro de 1968, na NBC.
16. *Star Trek: The Original Series*, temporada 3, episódio 3, "The Paradise Syndrome", foi ao ar em 4 de outubro de 1968, na NBC.
17. *Star Trek: The Animated Series*, temporada 1, episódio 1, "Beyond the Furthest Star", foi ao ar em 8 de setembro de 1973, na NBC.
18. *Star Trek: The Animated Series*, temporada 1, episódio 4, "The Lorelei Signal", foi ao ar em 29 de setembro de 1973 na NBC.
19. *Star Trek: The Animated Series*, temporada 1, episódio 10, "Mudd's Passion", foi ao ar em 10 de novembro de 1973, na NBC.
20. *Star Trek: The Animated Series*, temporada 1, episódio 16, "The Jihad", foi ao ar em 12 de janeiro de 1974 na NBC.
21. *Star Trek: The Animated Series*, "The Jihad."
22. *Star Trek: The Animated Series*, temporada 2, episódio 3, "The Practical Joker", aired 21 de setembro de 1974, na NBC.
23. *Star Trek Beyond*, dirigido por Justin Lin (Hollywood, CA: Paramount Pictures, 2016).

Índice

A

Abraham Lincoln 126, 179
Alan Turing 207
Alfred Dreyfus 3
    a degradação de Dreyfus 5
Amazon 120, 123
Análise 135
   cega de dados 58
   de erros 144
Andy Grove 66
Apostas hipotéticas 90
Arsenal mental 144
Atualização bayesiana 148
Autoceticismo 14
Autoconfiança 108, 125
Autoconsciência 90
Autoengano x, 31, 96, 122, 135
   intencional 23
Autoestima 102
Autoimagem 21
Autojustificação 96
Autopromoção 21
Autoproteção 21
Autossabotagem 34

Autovalorização 104
   propensão à 104

B

Barry Goldwater 206
Benefícios
   cumulativos 40
   emocionais 23, 97
   sociais 23
Ben Horowitz 113
Benjamin Franklin 125
Bethany Brookshire 145, 224, 238
Bryan Caplan 32

C

Cálculo de risco 111
Calibração 135
   perfeita 78
Carol Tavris 96
Caso Dreyfus 11
Cato Institute 232
Cerca de Chesterton 17, 28
Charles Darwin 58, 97, 155
Chris Voss 160
Cientistas cidadão 215

Confiança 124
    epistêmica 124
Confiança social 125
Conforto emocional 106
Consciência espiritual 89
Crenças 8, 52, 78, 105, 192
    como identidade 196
    falsas 40
    preexistentes 145
Criptomania 227
Crise da AIDS 217, 231
Críticas 207
    legítimas 97
Custos sociais 38

D

Daniel Kahneman 97
Dano cumulativo 40
David Coman-Hidy 149, 231
Deepak Malhotra 159
Desgaste do processo 149
Dogmatismo 51
Domínio
    específico 145
    geral 145

E

Elliot Aronson 96
Elon Musk 114, 121
Epistemologia masoquista 21
Equanimidade 119, 232
Eric Klinenberg 20
Erro de minimus 167
Estimativas informadas 131
Estratégias de enfrentamento 96, 122

Evidências conflitantes 154
Experimento mental 64

F

Falsa
    promessa 102
    sensação de segurança 155
Fase de execução 111
Ferdinand Walsin Esterhazy 10
Forçar, conceito 62
Fox News 172
Francis Bacon 35
Frequentistas vs. bayesianos 195

G

Gary Klein 167, 182
Georges Picquart 9
Gerenciamento de impressão 24
Grau
    de certeza 78
    de confiança 87

H

Habilidades de modelagem de padrões 182
Harold Sackeim 105
Hipótese da irracionalidade racional 32
Honestidade intelectual 15

I

IBM 111
Ideal abstrato 79
Identidade 192, 203, 222
    ausência de 204
    de explorador 223
    de oposição 200

poder da 203
Ideologia 197, 203
Ilusões 105
   positivas 104
Impressão de parcialidade 57
Incentivos emocionais 224
Incerteza 130
   admitir a 130
   comunicar a 130
Intel 66
Intelectualmente
   honesto 124
   honrado 233
Inteligência científica 48
Intuição 38
Irracionalmente otimista 109

J
Jeff Bezos 120, 123
Jerry Taylor 176, 223, 237
Jonathon Brown 105
Joshua Harris 184, 221
Justificativas contraditórias 100

L
Leon Kass 19
Linguagem da discordância 190
Lyndon B. Johnson 23
   ritual trabalhar para cima 23

M
Maioria dominante 192
Mapa da realidade 16, 37, 95, 184
Matthew Leitch 131
Max Bazerman 159
Mentalidade
   de explorador 15, 18, 136, 221
   de soldado 9, 15, 18, 136, 224
Mentes inconscientes 31
Modelo
   de motivação de "autoconfiança" 121
   de sucesso de autoconfiança 108
motivação 110
Movimento altruísta efetivo 225
Mudança
   de paradigma 163
   incremental 142
   subjacente 90
Mundo contrafactual 63

N
Narcisismo das pequenas diferenças 214
Narrativas autocontidas 14
Natalie Wynn 21
Natureza da realidade 58
Niilismo 25
Nils Brunsson 22
Norm Brodsky 112

O
Otimismo
   irracional 21, 111
   justificado 237

P
Paul Graham 203
Pensamento positivo 95
Percepção
   consciente 31
   da realidade 13, 154

Perfect Courier 112
Perspectiva de rejeição 38
Phillip Tetlock 139
Plano hipotético 100
Poder da intuição 182
Preconceito irracional 196
Probabilidade de fracasso 121
Projetar competência 128
Proteção da realidade 122
Pureza ideológica 217

Q

Quantificar sua incerteza 90
Questões empíricas 202

R

Rachael Previti 172
Raciocínio motivado 6, 18, 46, 77, 156
    pelo bem da autoestima 21
    por metas de direção 12
    por metas de precisão 12
    seis categorias sobrepostas do 18
        ânimo 21
        autoestima 20
        conforto 18
        imagem 24
        persuasão 23
        pertencimento 26
Racionalidade
    epistêmica 32
    instrumental 32
Richard Feynman ix
Robert Frank 21
Robert Kurzban 85

Ruben Gur 105

S

Saul Perlmutter 57
    Supernova Cosmology Project 57
Senso qualitativo de confiança 87
Shellye Archambeau 111
Sigmund Freud 214
Síndrome da papoula alta 27, 39
Sistema de crenças 198
SpaceX 114
Steven Callahan 93, 232
Stuart Varney 21
Suposição implícita 147

T

Teoria
    da "aceleração" 58
    da probabilidade 148
    da "rigidez da direita" 51
Teste
    cético seletivo 70
    da aposta equivalente 87
    de conformidade 68
    de dois pesos e duas medidas 65
    de tendência ao status quo 71
    do outsider 66
    ideológico de Turing 207
Tom Gilovich 6
Trevor Bauer 118

V

Variação aleatória 118
Viés presente 34
Vitalik Buterin 226

Projetos corporativos e edições personalizadas
dentro da sua estratégia de negócio. Já pensou nisso?

Coordenação de Eventos
Viviane Paiva
viviane@altabooks.com.br

Contato Comercial
vendas.corporativas@altabooks.com.br

A Alta Books tem criado experiências incríveis no meio corporativo. Com a crescente implementação da educação corporativa nas empresas, o livro entra como uma importante fonte de conhecimento. Com atendimento personalizado, conseguimos identificar as principais necessidades, e criar uma seleção de livros que podem ser utilizados de diversas maneiras, como por exemplo, para fortalecer relacionamento com suas equipes/ seus clientes. Você já utilizou o livro para alguma ação estratégica na sua empresa?

Entre em contato com nosso time para entender melhor as possibilidades de personalização e incentivo ao desenvolvimento pessoal e profissional.

PUBLIQUE seu livro

Publique seu livro com a Alta Books. Para mais informações envie um e-mail para: autoria@altabooks.com.br

/altabooks   /alta-books   /altabooks   /altabooks

CONHEÇA OUTROS LIVROS DA **ALTA BOOKS**

Todas as imagens são meramente ilustrativas.

- ENXAME HUMANO — Mark W. Moffett
- A DÚVIDA DE DARWIN — Stephen C. Meyer
- Trágica e Bela — Lucia Araujo
- AS GRANDES POTÊNCIAS E OS CONFLITOS MUNDIAIS
- SANDWORM — Andy Greenberg
- Segunda Guerra Mundial para leigos
- O ANO 1000 — Valerie Hansen
- O Diário de Rênia — Renia Spiegel

ALTA BOOKS EDITORA   ALTA LIFE EDITORA   ALTA NOVEL   ALTA/CULT EDITORA

FARIA E SILVA EDITORA   Editora ALAÚDE   TORDESILHAS   ALTA GEEK

Este livro foi impresso nas oficinas gráficas da Editora Vozes Ltda.,
Rua Frei Luís, 100 – Petrópolis, RJ.